社会治理河南省协同创新中心智库丛书

河南社会治理发展报告（2022）

ANNUAL REPORT ON SOCIAL GOVERNANCE DEVELOPMENT OF HENAN (2022)

主　　编／郑永扣
执行主编／樊红敏
副 主 编／郑志龙　高卫星

社会科学文献出版社
SOCIAL SCIENCES ACADEMIC PRESS (CHINA)

社会治理河南省协同创新中心简介

社会治理河南省协同创新中心（以下简称中心）成立于2012年10月。负责统筹的单位为郑州大学，协同单位包括河南大学、中共河南省平安建设领导小组办公室、河南省政府研究室、民政部政策研究中心、河南省民政厅、河南省人力资源和社会保障厅。中心自成立以来，致力于打造河南省社会治理智库，在智库成果报送机制、数据库建设、社会服务、人才培养等方面取得了以下成果。

建立资源共享、开放包容的河南省社会治理数据库。中心建立了集信息发布、数据共享、登陆服务、三库互联于一体的综合系统平台。每年开展寒暑假社会治理综合调查、专项调查、热点问题调查以及社会治理评价等，广泛收集了河南省社会治理相关的调查数据及原始资料，为智库建设奠定了基础。

形成了有影响力的智库品牌。中心建立了蓝皮书平台，发布出版了2014~2021年度《河南社会治理发展报告》，面向河南省经济发展的重大需求，围绕河南省重大发展战略和年度热点展开，已经成为河南社会治理的晴雨表，引起高校、学术机构、党政机关和社会各界的广泛关注，形成了有影响力的社会服务品牌。中心组织编写的《决策参考》是具有权威性和影响力的智库品牌和决策咨询服务平台，每月两期，定期报送省委、省政府相关部门，以及18个地市和直管县党政领导，促进了中心与政府、学术机构的沟通和联系，推动了科研成果的转化。多项研究成果获得相关部门的高度评价或采纳应用，中心的社会治理数据被河南省政府以及媒体作为权威数据运用，并与省委信息室等建立了密切合作关系，充分发挥了品牌影响力。

建立了一支强有力的社会治理智库研究团队。中心以国家和地方社会治理重大需求为导向，以任务为牵引，凝聚团队，形成了校内校外、固定流动、专职兼职相结合的学术团队。中心拥有专兼职研究人员40余名，涉及管理学、政治学、哲学、经济学、法学等多个学科。中心凝练了科研主攻方向——地方社会治理，围绕设定的重大任务，实行开放课题制，建立了一支开放融合高水平的学术团队，成功申报了省级创新团队和省级特色优势学科，产出了一批有影响力的研究成果。

本中心通过协同机制，发挥了学术研究部门、政府决策部门、基层实践部门协同创新平台功能。中心与省政府相关部室、地方政府、相关院校、企事业单位以及校内相关院系、部室建立了协同合作机制；以项目为支撑，以蓝皮书为平台，建立了跨学科、跨部门、跨学校的学术团队；充分发挥校内不同学科、校外各学术单位的优势，实现了协同发展。

主编简介

郑永扣 教授，博士生导师，社会治理河南省协同创新中心主任，郑州大学马克思主义哲学研究中心主任，河南省社会科学界联合会副主席，第十一届、十二届全国人大代表，郑州大学马克思主义理论一级学科、哲学学科学术带头人，河南省哲学学会会长。

长期从事马克思主义理论教学与研究工作，在马克思主义哲学、意识形态理论等方面，承担国家社科基金项目、省部级重大项目10余项。在《中国社会科学》《哲学研究》等刊物发表学术论文40余篇；出版学术著作《共产党员理想信念论》等5部。

摘　要

本报告是由社会治理河南省协同创新中心研究人员在对河南省深入调查研究的基础上撰写完成的。本报告的资料来源主要包括：一是中国统计年鉴、河南统计年鉴、2021年河南省各地市的工作总结、相关厅局年度工作报告、专题报告等；二是社会治理河南省协同创新中心开展的综合调查和专项调查，如"2021年城乡社会治理综合调查""2021年河南省宜居城市调查""2022年河南省基层党组织流动党员管理服务状况调查""2022年春政府疫情防控应急管理能力调查"等。

基于对社会治理内涵的理解，本报告的写作突出了四个特点：一是客观性，报告用数据说话，所用的调查数据为中心2014~2021年组织的社会调查和调研取得的一手资料；二是价值导向性，体现社会治理的价值导向如社会活力、社会参与、社会公平等；三是地方特色，面向河南省经济社会发展重大需求，总结河南省地方社会治理创新的实践探索；四是创新性，将社会治理与当前河南省社会发展面临的新形势、新问题、新任务结合起来，与各行动主体的创新性实践结合起来，聚焦最前沿的探索和命题。

2021年，河南省社会安全形势整体平稳，社会矛盾化解稳中向好，社会组织稳步发展，基本公共服务水平有待提升，社会公平状况有待改善。社会治理创新是党对社会建设提出的基本要求，是确保社会既充满活力又和谐有序的必然要求，也是实现国家治理体系和治理能力现代化的重要环节。综合2021年社会治理方面所推进的各项举措及取得的相应治理结果来看，河南省在营造安全的社会环境、协调复杂的社会矛盾、引导发展良性的社会组织、提供高效的社会服务、促进实现社会公平等方面已然取得了较大的成绩，但在统筹社会治理和促进社会经济发展方面仍有进一步提升的空间。进一步推进河南省社会治理实践创新，需要从以下几个方面着手：统筹疫情防控与社会安全，严格落实常态化防疫措施；创新基层社会治理，推进社会治理现代化；优化民生保障服务建设，提高政府公共服务质量；建立健全基层治理体系，强化对基层公共服务的引导；促进政府与社会组织深度融合，提高社会治理"凝聚力"；加强数字政府建设，促进资源优化配置。

关键词： 河南　社会治理　乡村振兴　数字政府

Abstract

This report was written by researchers from Henan Collaborative Innovation Center for Social Governance on the basis of in-depth research on the grass-roots level in Henan Province. The sources of this report mainly include: First, the National Statistical Yearbook, Henan Province Statistical Yearbook, 2021 work summary of various cities in Henan Province, the relevant bureau annual work report, special report, etc.; Second, the comprehensive investigation and special investigation carried out by the Henan Collaborative Innovation Center for social governance around the preparation of the development report, such as investigation of the government's emergency management capacity for epidemic prevention and control in the spring of 2022.

Based on the connotation of social governance, this report reflects 4 characteristics: the first is objectivity, the report is based on data, using first-hand data from social surveys and researches conducted by the Center from 2014 to 2021; the second is valuable guidance, this report gives prominence to the participation of social organization and citizens in governance and the change of social service mode, and shows the governance's value orientation such as social energy, participation and justice; the third is local features of Henan province, this report pays close attention to the current situation of social governance in Henan Province; the forth is practice and innovation, the report reflects innovations of local social governance practices, it combines the theory and the innovative practice of social governance well, focusing on the most cutting-edge exploration and propositions.

The report is divided into six parts: the first part is the general report, namely, "Analysis and Prospects of Social Governance Situation in Henan

Province in 2021", which systematically analyzes the social governance situation in Henan Province from the five dimensions of social security, conflict resolution, social organization, public service and social equity. The study found that the overall social security situation in Henan Province is stable, social contradictions are resolved steadily, social organizations are developing steadily, the basic public service need to be improved, and social equity needs to be improved. The second part is "emergency management", which mainly includes residents' happiness, residents' sense of security, residents' sense of gain and the evaluation of the emergency management ability of local governments, and makes an analysis and evaluation of urban social governance in Henan Province from different angles, and puts forward concrete countermeasures. The third part is "village revitalization", which mainly introduces the issues of rural revitalization, urban-rural integration, floating party members and administrative divisions. The fourth part is "Social Governance Evaluation", focusing on the city livability, the modernization of municipal social governance, business environment, green development quality, and nursery service supply and other issues, to promote the development of social governance in Henan Province provides a direction. The fifth part is "digital government", which mainly includes digital government construction, public opinion response, government response, open government and other issues, providing guidance for improving digital government construction in Henan Province. The sixth part is the "case" article, mainly introduces the construction of township (street) social work stations in Henan Province, sorting and governance of urban household garbage in Henan Province, Dengfeng city complete residential community, Zhengzhou social work supervision talent training and Quasi-property model for managing old communities in Guancheng District and other typical cases of social governance, these practices reflect the efforts and achievements of various parts of Henan Province in social governance, for social governance innovation and capacity improvement provides experience and reference.

Keywords: He'nan; Social Governance; Village Revitalization; Digital Government

目 录

Ⅰ 总报告

2022年河南省社会治理形势分析与展望 …………… 马　琳　刘　梦 / 001

Ⅱ 应急管理篇

河南省地方政府突发事件应急管理能力状况调查分析
………………………………… 樊红敏　王怡楚　李　祎 / 030
转危为安：应急管理对居民安全感的形塑机制研究
……………………………………………… 岳　磊　芦春燕 / 048
应急管理背景下河南省居民幸福感状况调查分析
……………………………………………… 梁思源　张译丹 / 062
突发事件应急管理背景下河南省居民获得感状况实证分析
………………………………… 樊红敏　张琼月　韩京颖 / 077

Ⅲ 乡村振兴篇

河南省乡村振兴发展指数评价分析 ……… 孙远太　焦西良　赵芊紫 / 093

河南省省辖市城乡融合水平评价研究
　　……………………… 王淑英　刘贝宁　田莉平　郜怡飞 / 110
河南省基层党组织流动党员管理服务状况调查分析
　　……………………… 樊红敏　耿琼琼　王华丽　李　卉 / 123
河南省县级行政区划调整的进展、问题及展望
　　…………………………………………… 何　水　高向波 / 139

Ⅳ　社会治理评价篇

2021年度河南省城市宜居度评价分析 ……… 梁思源　夏宇森 / 153
河南省试点市推进市域社会治理现代化调查评估
　　……………………………… 樊红敏　蔡子瑜　陈崇智 / 170
河南省托育公共服务供给现状、问题与优化路径
　　…………………………………………… 陈　宁　何树人 / 188
河南省地市营商环境评价分析 ……… 刘文楷　史文杰　郭婉玉 / 205
河南省地市绿色发展质量评价研究
　　……………………… 王淑英　梁　晟　刘雪莹　田莉平 / 223

Ⅴ　数字政府篇

2021年度河南省数字政府建设评估报告
　　……………………………… 马　闯　李若星　吴梦琪 / 236
2021年度河南省突发热点事件舆情分析 ……… 张彦帆　刘　爽 / 255
河南省地方政府回应民众网络诉求状况分析
　　——基于河南省四市"领导留言板"的数据分析
　　…………………………………………… 何　水　姚志茹 / 278
河南省开放政府数据建设状况调查分析
　　……………………… 张聪丛　张艺颖　熊欣欣　吴柯莹 / 291

Ⅵ 案例篇

河南省乡镇（街道）社工站建设调查报告
.... 王 维 程建平 禜宏涛 / 304
河南省城市生活垃圾分类治理调查分析 .... 姜利娜 王彦冯 / 315
郑州市社工督导人才培养经验探索 .... 王自兴 / 329
登封市完整居住社区建设探索经验及启示
.... 樊红敏 王雪婷 王 刚 / 343
管城区老旧小区治理"准物业"服务模式实践探索
.... 许 冰 申怡凡 周军波 / 356

CONTENTS

I General Report

Analysis and Prospect of social governance situation in Henan
   Province in 2022　　　　　　　　　　　　　　*Ma Lin, Liu Meng* / 001

II Emergency Management

Investigation and analysis of emergency management ability of local
   government in Henan Province　　*Fan Hongmin, Wang Yichu and Li Yi* / 030
Turning crisis into Safety: A study on the shaping mechanism of
   emergency management on residents' sense of security
   　　　　　　　　　　　　　　　　　　　Yue Lei, Lu Chunyan / 048
Investigation and analysis of the happiness status of residents in Henan
   Province under the background of emergency management
   　　　　　　　　　　　　　　　　Liang Siyuan, Zhang Yidan / 062

Empirical Analysis of residents' sense of gain in Henan Province under
   the background of emergency management
Fan Hongmin, Zhang Qiongyue and Han Jingying / 077

Ⅲ   Village Revitalization

Evaluation and analysis of rural revitalization development Index in Henan
   Province <i>Sun Yuantai, Jiao Xiliang and Zhao Qianzi</i> / 093
Research on the Evaluation of Urban-rural Integration Level of the Cities
   Under the jurisdiction of Henan Province
Wang Shuying, Liu Beining, Tian Liping and Gao Yifei / 110
Investigation and analysis of management and service status of floating Party
   members in Grassroots Party organizations in Henan Province
Fan Hongmin, Geng Qiongqiong, Wang Huali and Li Hui / 123
The progress, problem and prospect of county administrative division
   adjustment in Henan Province <i>He Shui, Gao Xiangbo</i> / 139

Ⅳ   Social Governance Evaluation

Evaluation and analysis of urban livability in Henan Province in 2021
Liang Siyuan, Xia Yusen / 153
Investigation and evaluation of pilot cities in Henan Province to promote the
   modernization of municipal social governance
Fan Hongmin, Cai Ziyu and Chen Chongzhi / 170
The current situation, problems and optimization paths of childcare
   public service supply in Henan Province <i>Chen Ning, He Shuren</i> / 188
Valuation and analysis of urban business environment in Henan Province
Liu Wenkai, Shi Wenjie and Guo Wanyu / 205

Research on the evaluation of green development quality of cities in
   Henan Province　　　　Wang Shuying, Liang Sheng, Liu Xueying and Tian Liping / 223

V　Digital Government

An evaluation report about construction of Henan Digital Government
   in 2021　　　　　　　　　　Ma Chuang, Li Ruoxing and Wu Mengqi / 236
Analysis on public opinion of sudden hot events in Henan Province in 2021
　　　　　　　　　　　　　　　　　　　　Zhang Yanfan, Liu Shuang / 255
Analysis on the response of local government of Henan Province to
   people's Network demands　　　　　　　　　　　He Shui, Yao Zhiru / 278
Investigation and analysis of the construction of open government data in
   Henan Province
　　　　　　Zhang Congcong, Zhang Yiying, Xiong Xinxin and Wu Keying / 291

VI　Cases

Investigation report on the construction of township (street) social work
   stations in Henan Province　　Wang Wei, Cheng Jianping and Cuan Hongtao / 304
Investigation and analysis on the sorting and governance of urban
   household garbage in Henan Province　　　Jiang Lina, Wang Yanfeng / 315
Exploration on the training experience of social work supervision
   talents in Zhengzhou　　　　　　　　　　　　　　　Wang Zixing / 329
Exploration experience and enlightenment of dengfeng city's complete
   residential community construction
　　　　　　　　　　　　Fan Hongmin, Wang Xueting and Wang Gang / 343
Practice and exploration of the "quasi-property" service model of the
   governance of the old community in the Guancheng District
　　　　　　　　　　　　　　　Xu Bing, Shen Yifan and Zhou Junbo / 356

总 报 告
General Report

2022年河南省社会治理形势分析与展望

马琳 刘梦*

摘 要： 本报告以《中国统计年鉴》、《河南统计年鉴》、民政部网站数据以及2021年社会治理河南省协同创新中心组织开展的城乡社会治理综合调查为基础，从社会安全、矛盾化解、社会组织、公共服务、社会公平五个维度对河南省社会治理状况进行了系统分析。研究发现，河南省社会安全形势整体平稳，社会矛盾化解稳中向好，社会组织稳步发展，基本公共服务水平有待提升，社会公平状况有待改善。进一步推进河南省社会治理实践创新，需要从以下几个方面着手：统筹疫情防控与社会安全，严格落实常态化防疫措施；创新基层社会治理，推进社会治理现代化；优化民生保障服务建设，提高政府公共服务质量；建立健全基层治理体系，强化对基层公共服务的引导；促进政府与社会组织深度融合，提高社会治理"凝聚力"；加强数字政府建设，促进资源优化配置。

---

* 马琳，郑州大学政治与公共管理学院副教授，社会治理河南省协同创新中心研究员，研究方向为新型城镇化与社会发展；刘梦，郑州大学政治与公共管理学院2021级硕士研究生。

关键词： 社会治理　社会安全　社会服务　社会公平　河南

一　社会治理评价指标体系

党的十九届六中全会进一步要求加强和创新社会治理，完善社会治理制度，要以现实问题为导向，全面把握社会治理整体状况，科学研判和评估社会治理过程中的潜在风险、薄弱环节和制度梗阻，前瞻性预判社会治理实践中的潜在问题，提升社会治理水平和能力。为了系统考察河南省社会治理实践的动态变迁过程，本报告沿用《河南社会治理发展报告》（2014～2021）中社会治理评价指标体系的总体框架，从社会安全、矛盾化解、社会组织、公共服务、社会公平五个方面评估河南省社会治理状况，并对其中的三级指标进行略微调整。具体指标如表1所示。

表1　河南省社会治理评价指标体系

一级指标	二级指标	三级指标
社会治理	社会安全	①社会治安 ②生活安全 ③生产安全 ④疫情中群众安全感
	矛盾化解	①人民调解 ②劳动人事仲裁 ③法律援助 ④公众对矛盾化解满意度
	社会组织	①社会组织数量 ②社会组织的增长速度 ③社会参与 ④疫情期间社区社会组织评价
	公共服务	①预算支出 ②人均水平省内比较 ③人均水平中部六省比较 ④公共服务满意度

续表

一级指标	二级指标	三级指标
社会治理	社会公平	①权利公平 ②规则公平 ③分配公平 ④社会保障公平满意度 ⑤社会公平满意度

二　数据来源

为准确描述和客观评价河南省社会治理的整体状况，本报告以国家及各省份统计年鉴中相关数据为主，并以社会治理河南省协同创新中心开展的2021年河南省宜居城市调查数据为补充，其主要包括以下两个部分。

一是《中国统计年鉴2021》《河南统计年鉴2021》和民政部网站公布的社会服务统计数据。

二是"2021年河南省宜居城市调查"。"2021年河南省宜居城市调查"是社会治理河南省协同创新中心于2022年1月4日至8日开展的问卷调查，涉及河南省18个地市。在问卷数量分布上，综合考虑人口、经济发展程度、城市规模等因素，郑州市和洛阳市分别回收有效问卷504份和299份；其余各地市两两一组，问卷回收都在200份左右。问卷内容主要涉及居民对疫情防控工作的满意度、公共服务满意度、居民政治参与状况、居民生活环境以及社会和谐等方面。据统计，此次调研共回收有效问卷4054份，基本实现调研预定目标。

调查样本中，男女比例约为49∶51，大多数为当地户籍人口，占调查人口总数的78.8%。调研对象的文化程度主要集中在高中及以上学历，占八成以上。调查对象以中青年为主，30~60岁占总样本量的61.1%。从职业分布来看，普通工人最多，有957人，占总数的23.6%。从年收入来看，大多数人的收入在2万~10万元，占比为55.3%。

本报告不仅利用数据对各个指标进行单变量描述，还对部分指标进行年度趋势分析。为突出河南省社会治理的基本特征，本报告还选取部分指标与中部地区其他省份以及全国平均水平进行对比分析，并从社会安全、矛盾化解、社会组织、公共服务和社会公平等方面对河南省社会治理状况进行评价，在此基础上结合社会环境变化提出了河南省社会治理形势的发展展望。

三 社会安全形势整体平稳

保障社会安全是经济社会稳定、健康发展的基本要求，也是社会治理的首要目标。以下主要从社会治安、生活安全、生产安全三个方面来分析河南省社会安全形势。

（一）社会治安形势整体平稳

良好的社会治安环境，对于维护社会政治稳定、提高社会治理水平和保障经济社会正常运行意义重大。河南省近年来社会治安形势较为平稳，主要表现在以下几个方面。

1. 万人刑事案件率逐年降低，万人犯罪率先升后降，高于全国平均水平

2020年河南省公安机关立案的刑事案件数目为344080件，较2019年降低9.51%；万人刑事案件率为34.61件，比2019年降低19.53%。法院审理刑事罪犯人数为112172人，较上一年降低5.05%；万人犯罪率为11.28人，比2019年下降7.92%（见表2）。

表2 2015~2020年河南省社会治安情况比较

类目	2015年	2016年	2017年	2018年	2019年	2020年
公安机关立案的刑事案件数目（件）	546891	527252	450876	414645	380261	344080
万人刑事案件率（件）	57.69	55.31	47.17	43.17	43.01	34.61
法院审理刑事罪犯人数（人）	71978	76144	94271	112927	118134	112172
万人犯罪率（人）	7.59	7.99	9.86	11.76	12.25	11.28

从全国平均情况来看，2020年，河南省万人刑事案件率为34.61件，高于全国的33.85件；河南省万人犯罪率为11.28人，高于全国的10.81人（见表3）。总体来看，河南省社会治安形势整体平稳。

表3　2020年河南省与全国社会治安情况比较

类目	全国	河南
万人刑事案件率（件）	33.85	34.61
万人犯罪率（人）	10.81	11.28

2.居民对社会治安情况的总体评价较高

在调查样本中，对于"本地社会治安状况的总体评价"问题，32.62%的被调查者认为"非常好"，48.19%的被调查者认为"比较好"，两者合计占比超过80%。总的来看，对周边社会治安的评价是"不太好"和"非常不好"的被调查者合计占2%左右，河南省居民对公共安全的整体评价较高。

（二）生活安全情况适中

1.十万人交通事故发生率低于全国平均水平，十万人交通事故死亡率中部六省最低

近年来，随着机动车数量的不断增长，交通事故频发，人员伤亡和财产损失严重，交通形势日益严峻。根据河南省2020年的相关数据，河南省共发生交通事故13197起，死亡人数2702人。从十万人交通事故发生率和十万人交通事故死亡率指标来看，2020年河南省交通事故安全形势优于全国平均水平。2020年，河南省十万人交通事故发生率为13.28起，低于全国的17.33起，在中部六省中仅高于湖南省和江西省；河南省十万人交通事故死亡率为2.72人，显著低于全国的4.37人，为中部六省最低（见图1）。

2.群众对食品安全评价较高

近年来，人们从关注"吃得饱"转向关注"吃得好"，也开始更加关

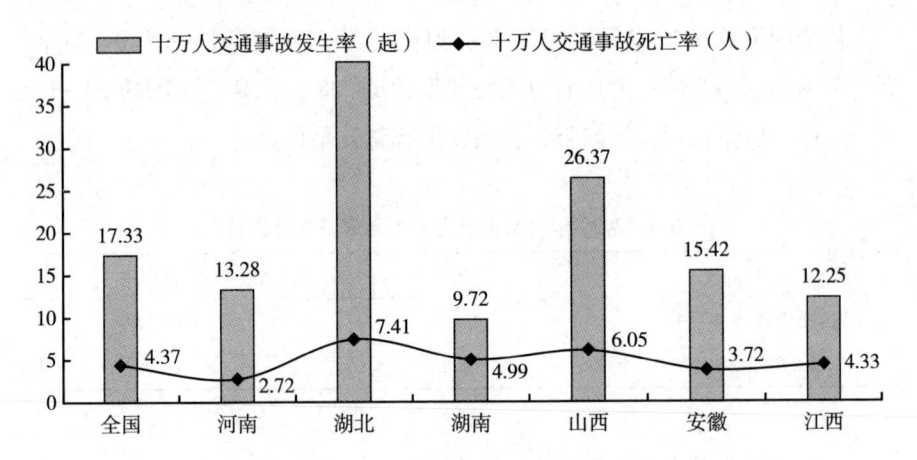

图1　2020年中部六省与全国交通事故发生率与死亡率比较

注食品安全。对于"本地食品安全状况的评价"问题,0.44%的被调查者认为"非常差",4.07%的被调查者认为"比较差",25.59%的被调查者认为"一般",45.28%的被调查者认为"比较好",24.62%的被调查者认为"非常好"。因此,从调查结果看,仅有不足5%的被调查者认为当地食品安全状况"非常差"和"比较差",群众整体对食品安全评价较高。

3. 群众对生态环境评价较高

居民对于"当地城市自然环境(水、空气、固体污染物等自然环境)的满意度"问题,仅有0.67%的被调查者认为"非常差",5.43%的被调查者认为"比较差",21.56%的被调查者认为"一般",45.55%的被调查者认为"比较好",26.79%的被调查者认为"非常好"。整体来看,群众对生态环境评价较高。

(三)生产安全形势平稳

安全生产是安全与生产的统一,保护劳动者的生命安全和职业健康是安全生产的核心内涵。表4显示了2020年河南省安全生产基本情况。

表4 2020年河南省安全生产基本情况

类目	商贸制造业	建筑业	交通运输仓储业
发生伤亡事故总数(起)	22	48	1124
造成死亡总人数(人)	40	68	922
一次死亡10人以上特大事故(起)	1	—	—

2020年，全省发生伤亡事故总计1194起，其中商贸制造业22起，占比为1.84%，建筑业48起，占比为4.02%，交通运输仓储业1124起，占比为94.14%；全省伤亡事故造成死亡总人数为1030人，其中商贸制造业40人，占比为3.88%，建筑业68人，占比为6.60%，交通运输仓储922人，占比为89.51%；发生1起一次死亡10人以上特大事故。

与前5年的数据对比可以发现，河南省安全生产形势持续改善。发生伤亡事故总数从2015年的1438起减少到2020年的1211起，减少15.79%；伤亡事故造成死亡总人数从2015年的753人增加到2020年的1055人；煤矿百万吨死亡率从2015年的0.109人减少到2020年的0.058人，减少46.79%（见表5）。

表5 2015~2020年河南省安全生产形势比较

类目	2015年	2016年	2017年	2018年	2019年	2020年
发生伤亡事故总数(起)	1438	1405	1324	1077	823	1211
造成死亡总人数(人)	753	932	891	756	568	1055
煤矿百万吨死亡率(人)	0.109	0.092	0.179	0.102	0.047	0.058

四 社会矛盾化解稳中向好

和谐稳定的社会局面是发展的前提条件，良好巩固的发展态势是和谐的可靠基础。近年来，河南省坚持以习近平新时代中国特色社会主义思想为指导,健全社会矛盾纠纷多元预防调处化解综合机制,健全自治、法治、德治相结合的乡村治理体系,加强社会治安防控体系建设,取得了一定成效。下面主要从人民调解情况、劳动人事仲裁情况、法律援助工作情况、群众满意度几个方面来分析河南省社会矛盾化解的形势。

(一)人民调解委员会数量变化不大,调解民间纠纷数量有所降低

人民调解是在人民调解委员会的主持下,以国家法律、法规、规章、政策和社会公德、规范为依据,对民间纠纷双方当事人进行调解、劝说,促使他们互相谅解、平等协商、自愿达成协议,从而消除纷争的一种群众自治活动。

从过去7年河南省人民调解工作基本情况的变化来看,人民调解委员会的数量变化不大,调解民间纠纷的案件数量2014~2015年显著增长,2016~2017年平稳,2018年出现回落,2020年大幅下降,为48.54万件,可能是由于疫情的影响(见表6)。

表6 2014~2020年河南省人民调解工作基本情况

类目	2014年	2015年	2016年	2017年	2018年	2019年	2020年
人民调解委员会(万人)	5.56	5.57	5.58	5.52	5.49	5.41	5.47
调解民间纠纷(万件)	90.76	101.80	100.71	101.75	80.79	81.82	48.54

(二)劳动人事仲裁委员会受理案件和集体争议数量有所降低

劳动仲裁是指由劳动争议仲裁委员会对当事人申请仲裁的劳动争议居中公断与裁决。我国劳动仲裁是劳动争议当事人向人民法院提起诉讼的必经程序。

2014~2020年,河南省劳动人事仲裁委员会立案受理案件总数有所增长,从2014年的21437件增长到2020年的24294件,增长13.33%;集体劳动(人事)争议数有所增长,从2014年的162起增长到2019年的186起,2020年由于疫情的影响下降到110起;立案受理案件涉及劳动者人数

有所增加，从 2014 年的 26276 人增加到 2019 年的 31556 人，2020 年由于疫情降低到 27312 人；集体劳动（人事）争议人数从 2014 年的 2552 人增加到 2019 年的 3766 人，2020 年降低到 1969 人（见表 7）。

表 7　2014~2020 年河南省劳动人事仲裁委员会受理情况

类目	2014 年	2015 年	2016 年	2017 年	2018 年	2019 年	2020 年
立案受理案件总数(件)	21437	23799	24273	23831	23055	26629	24294
集体劳动(人事)争议数（起）	162	209	168	200	170	186	110
立案受理案件涉及劳动者人数(人)	26276	28711	29706	29146	28160	31556	27312
集体劳动(人事)争议人数(人)	2552	2904	2941	4033	3009	3766	1969

（三）法律援助实有人数相对稳定，诉讼案件总数、咨询数增长

法律援助主要是通过向那些缺乏能力、经济困难的当事人提供法律帮助，使他们能够平等地站在法律面前，享受平等的法律保护，实现公平和正义，是衡量一个地区法制完善和社会文明程度的公认标准之一。

表 8 为 2014~2020 年河南省法律援助工作基本情况。法律援助机构数整体变化不大，实有人数相对稳定；诉讼案件总数由 2014 年的 81540 件增长至 2020 年的 146109 件，增长 79.19%；咨询（来访、来电）数大幅增长，由 2014 年的 648100 次增长至 2020 年的 806347 次，增长 24.42%（见表 8）。

表 8　2014~2020 年河南省法律援助工作基本情况

类目	2014 年	2015 年	2016 年	2017 年	2018 年	2019 年	2020 年
机构数(个)	209	211	213	234	207	252	278
实有人数(人)	1023	1023	1061	998	1054	955	999
诉讼案件总数(件)	81540	88402	97390	105648	112041	141509	146109
咨询(来访、来电)数(次)	648100	688791	719332	785623	795174	803267	806347

（四）居民矛盾化解满意度较高

调查结果显示，河南省居民对本地的矛盾化解满意度较高。问卷设计问题"您对本地化解矛盾纠纷的满意度"，有23.91%的被调查者认为"非常满意"，41.67%的被调查者认为"比较满意"，两者合计占比超过65%，"不太满意"和"非常不满意"合计占比不超过6%。整体来看，居民对于本地矛盾化解的满意度较高。

五 社会组织稳步发展

社会组织以其较强的专业性在整合社会资源、提供公共服务、维护社会稳定等方面发挥着独特的作用，是推进社会治理精细化的重要渠道和载体，更是营造共建共治共享社会治理格局不可或缺的中坚力量。本部分主要从社会组织数量、增长速度、居民社会参与意愿、疫情期间居民对社区社会组织评价等方面展开研究。

（一）河南省社会组织总数居中部六省首位，万人社会组织数量排倒数第一

近年来，河南省始终聚焦并不断深化社会组织管理制度改革创新，探索开展一系列创新性举措，如稳步推进登记体制改革、加快实施社会组织"三证合一"改革、推动行业协会商会与行政机构脱钩改革、实施省级社会组织网上年检、加强社会组织党建工作、推进慈善组织登记认定工作、探索开展社会组织第三方等级评估，有力地促进和保障了河南省社会组织快速健康有序发展。自2012年以来，河南省社会组织数量呈逐年上升趋势。2012年河南省各类社会组织数量为20970个、2014年27238个、2016年29293个、2020年47371个、2021年49604个。2021年河南省社会组织数量居中部六省首位（见表9）。

表9　2021年中部六省社会组织数量

单位：个

排名	省份	社会团体	民办非企业单位	基金会	合计
1	河南省	13282	36160	162	49604
2	湖南省	16448	21541	395	38384
3	安徽省	15678	19752	189	35619
4	湖北省	12339	19003	194	31536
5	江西省	12754	15458	88	28300
6	山西省	7762	10620	151	18533

图2显示了2021年中部六省万人社会组织数量，河南省为4.99个。因此，尽管河南省社会组织总数在中部六省最多，但是万人社会组织数量在中部六省排倒数第一。

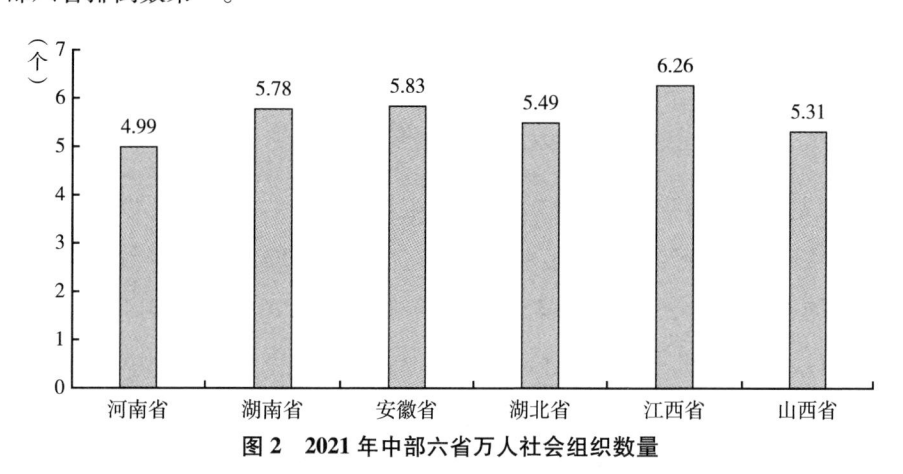

图2　2021年中部六省万人社会组织数量

从近六年中部六省社会组织数量来看（见表10），河南省社会组织数量始终位居前列。2017~2021年，河南省社会组织数量均居中部六省首位；仅在2016年，河南省社会组织数量略低于湖南省而居中部六省第二位。同时，在社会组织数量方面，河南省不断拉开与其他省份之间的差距：2017年河南省社会组织数量仅比湖南省多60个，2018年比湖南省多4693个，2019年比湖南省多7091个，2020年比湖南省多10253个，到了2021年比湖南省多11220个。由此可见，近年来河南省社会组织发展态势良好。

表10　2016~2021年中部六省社会组织数量及排名

单位：个

排名	2016年	2017年	2018年	2019年	2020年	2021年
1	湖南省（29842）	河南省（33358）	河南省（40254）	河南省（43967）	河南省（47371）	河南省（49604）
2	河南省（29293）	湖南省（33298）	湖南省（35561）	湖南省（36876）	湖南省（37118）	湖南省（38384）
3	湖北省（28296）	湖北省（29356）	安徽省（30778）	安徽省（32320）	安徽省（34130）	安徽省（35619）
4	安徽省（25708）	安徽省（28006）	湖北省（29750）	湖北省（30984）	湖北省（31697）	湖北省（31536）
5	江西省（16189）	江西省（18605）	江西省（24807）	江西省（26166）	江西省（27699）	江西省（28300）
6	山西省（13038）	山西省（13643）	山西省（15537）	山西省（16762）	山西省（17556）	山西省（18533）

（二）河南省社会组织数量增长速度略有放缓

首先，从河南省社会组织数量的增长速度来看，自2013年以来，河南省社会组织数量逐年上升，年平均增长速度约为10%。整体来看，河南省社会组织数量的增长速度呈现较为波折的状态。在2013年和2014年的快速增长后，2015年和2016年增长速度明显降低；在2017年和2018年经历高速增长之后，2019年到2021年的增长速度略有放缓，2019年河南省社会组织数量增长9.22%，2020年增长7.74%，2021年增长4.71%（见表11、图3）。

表11　2013~2021年河南省社会组织数量及增长速度

单位：个，%

年份	社会团体	民办非企业单位	基金会	合计	较上年增长
2013	10817	12068	98	22983	9.60
2014	11158	15976	104	27238	18.51
2015	11728	17365	114	29207	7.23

续表

年份	社会组织			合计	较上年增长
	社会团体	民办非企业单位	基金会		
2016	9576	19592	125	29293	0.29
2017	10719	22504	135	33358	13.88
2018	11839	28270	145	40254	20.67
2019	12249	31569	149	43967	9.22
2020	12977	34237	157	47371	7.74
2021	13282	36160	162	49604	4.71

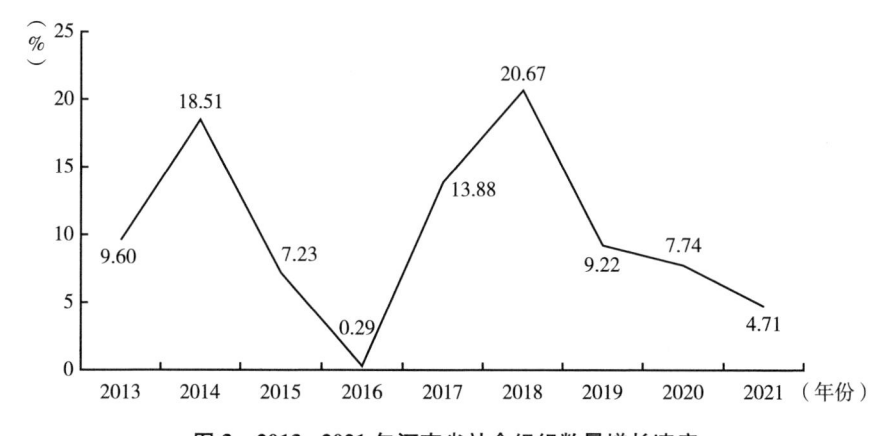

图3 2013~2021年河南省社会组织数量增长速度

其次，从2021年全国社会组织数量的平均增长速度来看，2021年河南省社会组织的增长速度为4.71%，高于全国平均增长速度（0.76%）。其中，河南省社会团体的增长速度（2.35%）和民办非企业单位的增长速度（5.62%）均高于全国的平均增长速度（-0.98%和1.96%）；河南省基金会的增长速度为3.18%，低于全国基金会的平均增长速度（5.96%）（见表12、图4）。

最后，从2021年中部六省社会组织数量的增长速度来看，除湖南省和山西省外，2021年中部六省社会组织数量的增长速度相较上一年均有所下降，河南省社会组织数量的增长速度居中部六省的第二位。具体来看，2021年

表12　2021年河南省社会组织数量及增长速度与全国比较

单位：万个，%

类别	河南省 数量	河南省 增长速度	全国 数量	全国 增长速度
社会团体	1.33	2.35	37.10	-0.98
民办非企业单位	3.62	5.62	52.10	1.96
基金会	0.02	3.18	0.89	5.96
合计	4.96	4.71	90.09	0.76

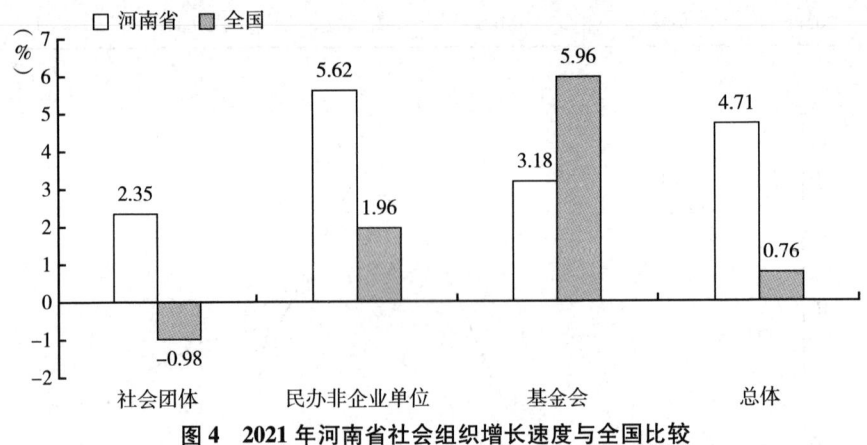

图4　2021年河南省社会组织增长速度与全国比较

河南省社会组织数量的增长速度为4.71%，比第一位山西省（5.57%）低0.86个百分点，比第三位安徽省（4.36%）高0.35个百分点（见表13）。

表13　2020~2021年中部六省社会组织数量及增长情况

单位：个，%

省份	2020年 社会组织数量	2020年 增长速度	2021年 社会组织数量	2021年 增长速度
河南省	47371	7.74	49604	4.71
湖南省	37118	0.66	38384	3.41
安徽省	34130	5.60	35619	4.36
湖北省	31697	2.30	31536	-0.51
江西省	27699	5.86	28300	2.17
山西省	17556	4.74	18533	5.57

同时，相较于民办非企业单位的增长速度，2021年河南省社会团体和基金会数量的增长速度相对缓慢（见表14），与上一年相比分别增长2.35%和3.18%。

表14 2021年中部六省社会组织各类别数量及增长情况

单位：个，%

省份	社会团体 数量	社会团体 较上年增长	民办非企业单位 数量	民办非企业单位 较上年增长	基金会 数量	基金会 较上年增长
河南省	13282	2.35	36160	5.62	162	3.18
湖南省	16448	1.88	21541	4.59	395	4.50
安徽省	15678	4.49	19752	4.24	189	6.18
湖北省	12339	-0.77	19003	-0.38	194	4.30
江西省	12754	0.61	15458	3.49	88	2.33
山西省	7762	1.64	10620	8.51	151	14.39

（三）居民社会参与意愿较强

1. 居民参与本地基层公共事务意愿较强

问卷设计"您是否愿意参与本地基层（社区或所在单位）公共事务"问题，有0.59%的被调查者认为"非常不愿意"，5.80%的被调查者认为"不太愿意"，20.75%的被调查者认为"一般"，42.59%的被调查者认为"比较愿意"，30.27%的被调查者认为"非常愿意"。从调查结果看，仅有约6%的被调查者"非常不愿意"和"不太愿意"参与本地基层（社区或所在单位）公共事务，因此，居民参与本地基层公共事务意愿较强。

2. 居民参与本地公共事务较少

问卷设计"您参与本地公共事务的状况（如居委会选举、当地政策意见征集等）"问题，有8.12%的被调查者认为"非常少"，15.99%的居民认为"比较少"，27.98%的被调查者认为"一般"，30.22%的被调查者认为"比较多"，17.69%的被调查者认为"非常多"。从调查结果看，认为参与本地公共事务"非常多"和"比较多"的占比不足50%。因此，居民参与基层公共事务较少。

（四）疫情期间居民对社区社会组织评价较高

1.居民对社区党组织疫情防控满意度较高

问卷设计"您对所在社区党组织疫情防控工作满意度"问题，有0.25%的被调查者认为"非常不满意"，2.62%的被调查者认为"不太满意"，14.83%的被调查者认为"一般"，44.09%的被调查者认为"比较满意"，38.22%的被调查者认为"非常满意"。从调查结果看，仅有不足3%的被调查者对所在社区党组织疫情防控工作表示"非常不满意"和"不太满意"，因此，居民对于所在社区党组织疫情防控工作满意度较高。

2.居民对疫情期间社区管控和服务满意度较高

问卷设计"您对所在社区疫情期间社区管控和服务的满意度"问题，有0.32%的被调查者认为"非常不满意"，2.64%的被调查者认为"不太满意"，15.05%的被调查者认为"一般"，45.82%的被调查者认为"比较满意"，36.17%的被调查者认为"非常满意"。从调查结果看，仅有不足3%的被调查者对所在社区疫情期间社区管控和服务表示"非常不满意"和"不太满意"，因此，居民对于疫情期间社区管控和服务满意度较高。

3.居民对疫情期间开展志愿服务活动评价较好

问卷设计"您认为疫情期间开展志愿服务活动的情况"问题，有0.94%的被调查者认为"非常少"，4.02%的被调查者认为"比较少"，17.76%的被调查者认为"一般"，45.52%的被调查者认为"比较多"，31.75%的被调查者认为"非常多"。从调查结果看，约5%的被调查者认为疫情期间开展志愿服务活动为"非常少"和"比较少"，因此，居民对疫情期间开展志愿服务活动评价较好。

六 基本公共服务水平有待提升

社会治理状况与公共服务的数量、质量和公平分配有着密切的关系。社会治理方式的创新与基本公共服务的均等化息息相关。下面从基本公共服务预算、人均基本公共服务支出及区域差异、人均公共服务支出中部六省比较、民众满意度几个方面来分析河南省基本公共服务状况。

（一）基本公共服务预算支出有所增长

表15显示了河南省2019年和2020年公共财政预算支出中公共服务类支出及占比情况。总体来看，2020年河南省公共财政预算总支出为10372.67亿元，较2019年增长2.05%。从绝对量来看，社会保障和就业、科学技术、教育、卫生健康的公共预算支出均实现不同程度的增长；从支出占比来看，上述四项也都有不同程度的增加。其中，社会保障和就业支出占比从2019年的14.34%增加到2020年的15.18%；科学技术支出占比从2019年的2.08%增加到2020年的2.45%；教育支出占比从2019年的17.82%增加到2020年的18.15%；卫生健康支出占比从2019年的9.71%增加到2020年的10.46%。

表15 2019年、2020年河南省公共财政预算支出及占比情况

单位：亿元，%

类目	2019年支出	2020年支出	2019年占比	2020年占比
公共财政预算总支出	10163.93	10372.67	100.00	100.00
社会保障和就业	1457.14	1575.03	14.34	15.18
科学技术	211.07	254.28	2.08	2.45
教育	1810.71	1882.56	17.82	18.15
卫生健康	986.78	1085.39	9.71	10.46

（二）人均基本公共服务支出区域差异显著

从统计数据来看，河南省各地市基本公共服务水平区域差异明显。表16为2019年和2020年河南省18个地市教育、科学技术、社会保障和就业、卫生健康四项人均公共服务预算支出情况。纵向看，2020年三门峡市的人

均教育支出为 2206.86 元，而商丘市仅为 1268.93 元；郑州市的人均科学技术支出为 547.31 元，周口市仅为 76.05 元；可以看出，18 个地市之间人均公共服务财政预算支出差异较为显著。横向看，大部分地区 2020 年人均公共服务财政预算支出有不同程度的增长，但是郑州市各项支出均出现不同程度的降低。原因主要是郑州市在公共服务财政预算总支出没有显著增长的情况下，常住人口由 2019 年的 1035 万人增加到 2020 年的 1262 万人，使得各项人均支出显著降低。

表 16　2019 年与 2020 年河南省各地市人均公共服务财政预算支出

单位：元

地域	教育 2020 年	教育 2019 年	科学技术 2020 年	科学技术 2019 年	社会保障和就业 2020 年	社会保障和就业 2019 年	卫生健康 2020 年	卫生健康 2019 年
郑州市	1907.13	2387.05	547.31	612.17	1120.52	1544.93	995.88	1112.95
开封市	1409.11	1469.37	179.71	146.17	1254.45	1264.33	1050.72	1046.83
洛阳市	1704.96	1630.78	384.70	375.43	1176.49	1104.77	953.82	931.50
平顶山市	1617.64	1538.97	140.48	115.90	1091.78	1003.38	943.09	932.01
安阳市	1532.66	1561.66	112.04	91.71	938.32	882.66	980.84	914.26
鹤壁市	1638.22	1468.10	331.21	219.63	1146.50	960.74	996.82	804.29
新乡市	1443.29	1504.30	161.18	193.98	1036.10	942.86	847.76	770.22
焦作市	1392.90	1266.11	151.42	133.33	1253.69	1129.44	995.74	880.00
濮阳市	1904.77	1888.64	180.64	73.13	1136.07	1152.35	1068.44	963.16
许昌市	1634.47	1552.91	197.72	164.57	1047.26	1017.26	892.69	809.19
漯河市	1657.81	1365.92	275.53	208.61	1140.08	991.76	910.97	737.08
三门峡市	2206.86	1946.49	235.29	225.88	1439.22	1170.18	1340.20	1046.49
南阳市	1703.09	1543.27	145.47	120.14	1178.70	1039.88	1036.93	924.73
商丘市	1268.93	1270.40	136.45	126.60	1021.23	974.76	1046.93	999.32
信阳市	2064.58	1835.45	147.44	37.31	1283.33	1136.22	1183.65	1117.65
周口市	1439.80	1394.34	76.05	50.35	1080.49	1044.00	1039.02	1001.85
驻马店市	1696.29	1653.19	259.63	100.99	1325.82	1234.18	1224.25	1162.55
济源市	2169.86	1986.30	169.86	161.64	1226.03	1212.33	845.21	804.11

从2020年各地市分项水平来看，在教育方面，三门峡市（2206.86元）、济源市（2169.86元）、信阳市（2064.58元）的人均财政预算支出位于前三名；在科学技术方面，郑州市（547.31元）、洛阳市（384.70元）、鹤壁市（331.21元）的人均财政预算支出位于前三名；在社会保障和就业方面，三门峡市（1439.22元）、驻马店市（1325.82元）、信阳市（1283.33元）的人均财政预算支出位于前三名；在卫生健康方面，三门峡市（1340.20元）、驻马店市（1224.25元）、信阳市（1183.65元）的人均财政预算支出位于前三名（见表17）。

表17　2020年河南省人均公共服务财政预算支出前三名

单位：元

名次	教育		科学技术	
	地市	人均财政预算支出	地市	人均财政预算支出
1	三门峡市	2206.86	郑州市	547.31
2	济源市	2169.86	洛阳市	384.70
3	信阳市	2064.58	鹤壁市	331.21

名次	社会保障和就业		卫生健康	
	地市	人均财政预算支出	地市	人均财政预算支出
1	三门峡市	1439.22	三门峡市	1340.20
2	驻马店市	1325.82	驻马店市	1224.25
3	信阳市	1283.33	信阳市	1183.65

（三）人均公共服务支出在中部六省排名靠后

表18显示了2020年中部六省人均公共服务财政支出情况。总体来看，由于人口众多，2020年河南人均公共服务财政支出在中部六省排名靠后。其中，河南省教育人均财政支出为1821.46元，在中部六省排名倒数第一；河南省科学技术人均财政支出为212.32元，在中部六省倒数第二，略高于山西省；河南省社会保障和就业的人均财政支出为1465.79元，在中部六省排名倒数第一；河南省医疗卫生人均财政支出为992.64元，在中部六省排名倒数第一。

表18　2020年中部六省人均公共服务财政支出比较

单位：元

省份	教育 数值	教育 名次	科学技术 数值	科学技术 名次	社会保障和就业 数值	社会保障和就业 名次	医疗卫生 数值	医疗卫生 名次
河南	1821.46	6	212.32	5	1465.79	6	992.64	6
湖北	2074.88	3	501.04	2	2470.17	1	1774.95	1
湖南	1994.36	5	332.07	4	1956.69	3	1110.04	5
山西	2101.32	2	189.37	6	2321.49	2	1242.26	4
安徽	2066.93	4	606.03	1	1921.49	4	1247.53	3
江西	2707.66	1	433.15	3	1915.58	5	1421.46	2

（四）居民对教育、公共交通服务评价较高，对就业、养老服务评价较低

1. 居民对各项公共服务的满意度存在差异

居民对于教育服务、就业服务、医疗服务、养老服务、公共交通服务等的评价整体类似，但也有部分差异。被调查者对教育服务的评价最高，认为"非常满意"和"比较满意"的比例达到77.28%，其次是公共交通服务，认为满意（选择"非常满意"和"比较满意"）的占比为75.15%。而被调查者对于就业服务和养老服务的评价较低，占比分别为56.43%和63.93%（见图5）。

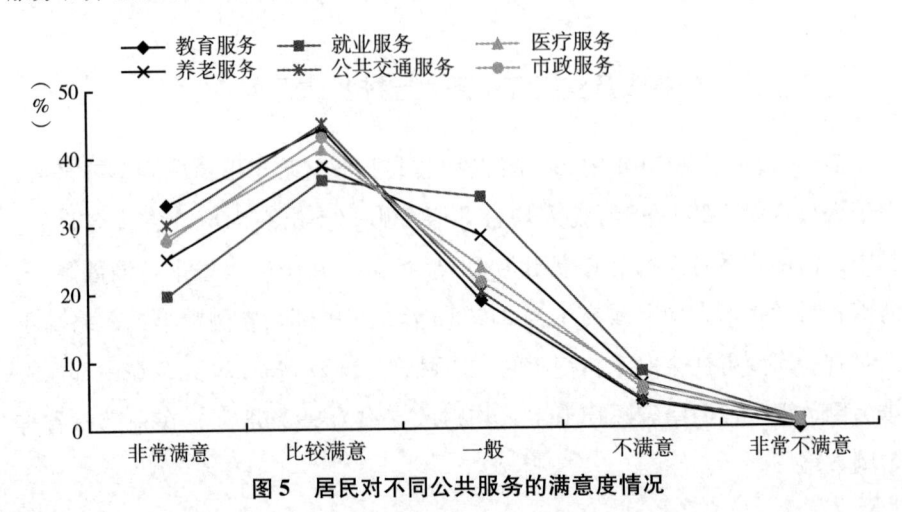

图5　居民对不同公共服务的满意度情况

2.居民对教育"双减"政策满意度较高

2021年7月,教育部出台"双减"政策,要求有效减轻义务教育阶段学生过重作业负担和校外培训负担。调查涉及"您对本地政府执行教育'双减'政策的满意度"问题,认为"非常不满意"和"不太满意"的分别占0.86%和5.26%,认为"一般"的占23.27%,而认为"比较满意"和"非常满意"的分别占41.18%和29.43%。整体来看,仅有约6%的被调查者对本地政府执行教育"双减"政策表示"非常不满意"和"不太满意",居民对教育"双减"政策满意度较高。

七 社会公平状况有待进一步改善

社会公平是一种价值判断,建立在权益平等的基础之上。衡量社会公平的指标主要有权利公平、规则公平、效率公平、分配公平和社会保障公平。下面主要从权利公平、规则公平、分配公平、社会公平感等方面对河南省社会公平状况进行分析。

(一)权利公平评价较好

调查结果显示,河南省居民对于本地居民正当权益维护情况评价较好。问卷设计问题"您认为本地居民正当权益维护情况",有25.22%的被调查者认为"非常好",43.33%的被调查者认为"比较好",26.57%的被调查者认为"一般",4.29%的被调查者认为"比较差",0.59%的被调查者认为"非常差"。整体来看,居民对于本地居民正当权益维护情况评价较好。

调查问及"您对本地政府民意反映渠道(群众来信、市长信箱、市长热线电话)的满意度"问题时,认为"比较满意"和"非常满意"的分别占42.26%和25.36%,认为"一般"的占26.97%,认为"非常不满意"和"不太满意"的分别占0.84%和4.56%。因此,约68%的被调查者对本地政府民意反映渠道表示"比较满意"和"非常满意",权利公平状况仍有改善空间。

（二）规则公平情况较好

调查问及"您认为本地政府在执行公务时，严格遵守法律的情况"时，认为"非常差"和"比较差"的分别仅占0.42%和2.62%，认为"一般"的占21.00%，认为"比较好"和"非常好"的分别占47.30%和28.67%。因此，仅有3%左右的被调查者认为本地政府在执行公务时，严格遵守法律的情况"非常差"和"比较差"，居民对于政府在执行公务时严格遵守法律的情况评价较高。

（三）分配公平有待改善

1. 城乡居民收入差距显著，生活水平差异不显著

图6显示了河南省10年来城镇居民人均可支配收入与农村居民人均可支配收入的对比情况。无论是城镇居民还是农村居民，其人均可支配收入均稳步上涨，但是城乡居民人均可支配收入差距依然显著。

图6　2012~2021年河南省城镇、农村居民人均可支配收入对比

表19为2013~2020年河南省城乡居民人均可支配收入比值（以农村居民为1）。整体来看，比值从2013年的2.64逐年下降到2020年的2.16，但2015年之后下降速度明显变慢，城乡居民收入差距依然较大。

表19　2013~2020年河南省城乡居民人均可支配收入比值

年份	2013	2014	2015	2016	2017	2018	2019	2020
比值	2.64	2.59	2.36	2.33	2.32	2.30	2.26	2.16

恩格尔系数是食品支出总额占个人消费支出总额的比重。家庭生活越贫困，恩格尔系数就越大；反之，家庭生活越富裕，恩格尔系数就越小。图7为河南省过去8年城镇、农村居民家庭恩格尔系数的对比情况，从城乡居民恩格尔系数的差距来看，河南省城镇居民和农村居民的恩格尔系数均在缓慢下降，反映了河南省人民整体生活水平有所提升，但是2020年恩格尔系数出现上升走势，可能是由于疫情，全省居民收入受到影响。此外，城乡居民的恩格尔系数差距也有所缩小，2020年河南省城镇居民的恩格尔系数为27.05%，略低于农村居民的27.84%。因此，从恩格尔系数来看，河南省城乡居民的生活水平差异不显著。

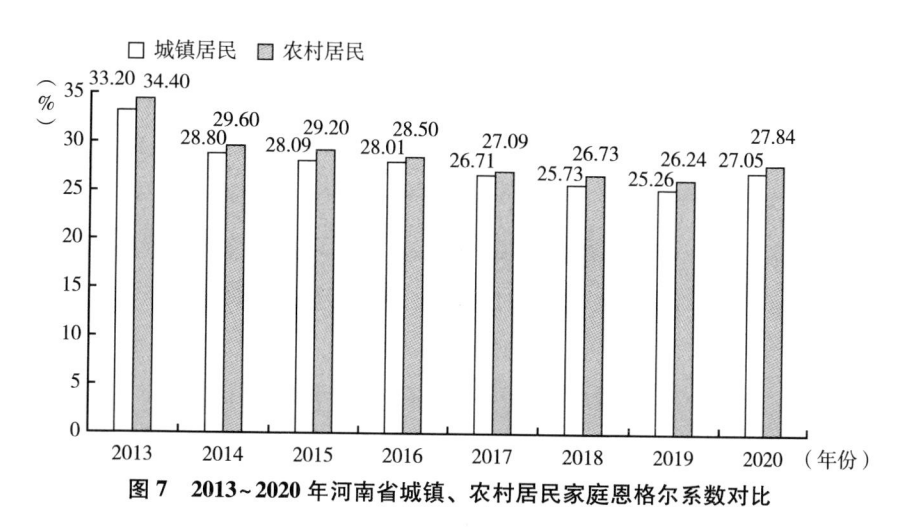

图7　2013~2020年河南省城镇、农村居民家庭恩格尔系数对比

2. 城镇居民收入支出差距进一步扩大

表20显示了2020年按收入等级分城镇居民家庭生活情况。城镇居民家庭人均可支配收入为34750元，工资性收入占比为56.50%，支出为26517元，消费性支出占比为77.90%。收入方面，高收入户为低收入户的5.47

倍，2019年这一数字为5.61倍，2020年城镇居民低收入户与高收入户的收入差距小幅缩小；支出方面，高收入户为低收入户的3.21倍，2019年这一数字为2.05倍，城镇居民低收入户与高收入户的支出差距进一步扩大。

表20 2020年按收入等级分城镇居民家庭生活情况

单位：元，%

类目	家庭人均可支配收入	工资性收入占比	家庭人均总支出	消费性支出占比
城镇平均	34750	56.50	26517	77.90
低收入户	14111	65.30	15100	78.40
中低收入户	22624	67.20	18097	83.80
中等收入户	30799	59.70	24455	80.20
中高收入户	42068	54.40	31537	79.30
高收入户	77118	51.60	48522	72.90

3. 农村居民收入支出差距依然存在，但小于城镇居民

表21显示了2020年按收入等级分农村居民家庭生活情况。农村居民家庭人均总收入为19409元，经营性收入占比为41.80%，家庭人均总支出为18011元，消费性支出占比为67.70%。收入方面，高收入户为低收入户的3.97倍；支出方面，高收入户为低收入户的2.26倍。因此，农村居民低收入户与高收入户不论是在家庭人均总收入还是家庭人均总支出方面差距依然存在，但是相较于城镇居民，农村居民收入支出差距相对较小。

表21 2020年按收入等级分农村居民家庭生活情况

单位：元，%

类目	家庭人均总收入	经营性收入占比	家庭人均总支出	消费性支出占比
农村平均	19409	41.80	18011	67.70
低收入户	10226	39.90	13165	69.40
中低收入户	13123	32.50	14760	72.70
中等收入户	16422	32.50	15434	75.90
中高收入户	21841	34.20	19161	69.20
高收入户	40559	54.80	29717	59.70

（四）居民的整体社会公平感较高

从居民对于社会公平的总体评价来看，有 0.49% 的被调查者认为"非常不公平"，4.10% 的被调查者认为"不太公平"，23.86% 的被调查者认为"一般"，49.79% 的被调查者认为"比较公平"，21.76% 的被调查者认为"非常公平"。从调查结果看，仅有不到 5% 的被调查者对社会公平的总体评价为"非常不公平"和"不太公平"，因此，河南省居民的整体社会公平感较高。

八　河南省社会治理发展展望

社会治理创新是党对社会建设提出的基本要求，是确保社会既充满活力又和谐有序的必然要求，也是实现国家治理体系和治理能力现代化的重要环节。"十四五"规划纲要提出"要坚持党的全面领导，推动社会治理重心向基层下移，向基层放权赋能，加强城乡社区治理和服务体系建设，促进群众、群团和社会组织参与，及时就地化解社会矛盾风险，为社会安全和民生改善筑牢坚实基础"。综合 2021 年社会治理方面所推进的各项举措及取得的相应治理结果来看，河南省在营造安全的社会环境、协调复杂的社会矛盾、引导发展良性的社会组织、提供高效的社会服务、促进实现社会公平等方面已然取得了较大的成绩，但在统筹社会治理和促进社会经济发展方面仍有进一步提升的空间。

（一）统筹疫情防控与社会安全，提升风险应对能力

党的十九届四中全会要求"健全公共安全体制机制""构建统一指挥、专兼常备、反应灵敏、上下联动的应急管理体制，优化国家应急管理能力体系建设"。河南省应关注应急管理在社会治理中的重要主体地位，加强社会安全管理。一是加强疫情防控救治体系建设。积极建设省辖市传染病医院和县级公共卫生医学中心，提升省辖市疾控中心检验检测能力，在疫情发生时

能够迅速将普通病床转换为传染病病床。二是加强应急物资储备体系建设。促进应急物资储备专业化和社会化的有机结合，建立从省级到家庭的多层级综合储备体系，并合理安排应急物资储备的规模和地域，使应急物资储备在全省做到合理布局，更好应对疫情反复出现的复杂态势。三是建立专业化的基层工作队伍，提升大量应急物资的接收、分配工作能力。调配应急物资是一项复杂的任务，需要软件和硬件相结合，以及专业设备、设施和人力的支持。在此过程中，应当充分利用互联网等新型治理工具，并聘请专业化的工作人员来充实防疫队伍，以此实现治理的专业化和高效化。

（二）完善社区治理体系，创新基层社会治理

一是推动社区治理主体社会化。近年来，社区建设快速推进，社会组织、社工等社会力量蓬勃发展，政社关系逐步理顺，居民主体性意识不断增强，社区治理社会化具备了一定的社会基础。要提高社区服务的组织化与专业化水平，吸纳社会资源参与社区治理，利用社区社会组织、居民代表、楼栋长、专业社工、社团领袖搜集居民相关需求信息，准确把握居民需求，采取项目示范等方式，实施政府购买社区服务，探索社区服务机构与市场主体、社会力量合作机制，推动政府与社区其他治理主体的跨界与协同。二是完善社区治理机制。建立健全社区居民自治机制，着力培育社区自治的召集人，带动居民积极参与社区治理，增强社区居民对社区的认同感、归属感。健全社区事务共商机制。建立社区议事制度，针对社区公共环境卫生、公共秩序、公共基础建设等公益事项，开展民主协商、民主决策，充分听取党员、群众、物管、群团组织等多方面的意见建议，制定社区居民公约、楼栋管理规定，规范居民言行。三是加强社区治理保障。推动人才、政策、资金等各类资源向社区倾斜。建立职业培训制度，实施社区工作者免费培训课程和激励机制，鼓励社区工作者参加学历教育和专业深造。加强城市社区专职工作者队伍建设，足额保障社区工作者薪酬待遇，提高社区党建经费、为民服务和发展专项资金配套标准。

（三）激发多元主体参与，完善共建共治共享社会治理制度

一是盘活多元力量激发主体活力。从中部六省的万人社会组织数量来看，2021年河南省为4.99个，在中部六省排名倒数第一。公共机构、企业、社会组织、基层组织、群众等多元主体的积极性有待进一步提升。多措并举以市场机制激发政府购买社会服务的活力，包括养老、环境治理、疫病防控等。打造社会治理服务信息需求平台，共享需求信息，创新信息发布渠道。鼓励引导社会多方力量参与社会治理。例如，在抗疫救灾过程中，在公共信息服务平台发布灾民的物质需求、心理健康需求，引导社会多方力量有序、精准地参与社会治理。二是构建科学化的多元治理机制。建立重大公共事务多元参与决策机制，对于涉及区域经济社会发展的重大问题，把群众参与、专家论证、风险评估、集体讨论作为必要环节，确保重大公共事务多元参与决策机制程序合理、公开透明、责任清晰。此外，建立政府主导与社会协同的互动机制，推进社会多方力量与政府在社会治理过程中良性互动，使政府和社会力量在社会治理过程中承担好各自职责。三是构建多维度的共建共治共享治理制度。完善健全党委领导、政府负责、民主协商、社会协同、公众参与、科技支撑的社会治理制度，建立健全联勤联动、激励表彰等管理制度，优化激励奖励制度，提高多元主体参与社会治理的参与感、获得感和成就感，激发其参与基层社会治理的积极性。

（四）加强乡村社会治理，夯实乡村振兴基础

一是加强乡村党组织建设。要突出班子建设，实施村党组织带头人整体优化提升行动，尽可能鼓励本村中有经商致富经验、愿意为村庄发展做贡献、为人公道正派的各类精英人士加入村"两委"班子。要健全民生服务体系，推动党群服务中心布局合理化、建设规范化和服务综合化，让党员群众在家门口就能找到组织、享受便利服务。要运用现代技术手段，创新"互联网+基层党建"模式，通过信息化手段，提供技能培训、电子

商务等服务，促进农民增收致富，着力提高服务便捷化水平。二是健全保障机制。幼有所育、学有所教、劳有所得、病有所医、老有所养、住有所居、弱有所扶，基本物质生活的满足和改善是做好村庄治理的基础条件。资金上，需要政府投入、企业投入、社会投入等多方投入相结合；政策上，需要在乡村建立和完善农产品销售保障机制、基础设施维护保障机制、农民持续增收保障机制等。三是健全自治、法治、德治相结合的乡村治理体系。深化乡村自治，提升乡村社会治理内生动力。强化乡村法治，实现乡村治理法治化。加强德治建设，厚植乡村治理的道德风尚，实现乡村善治。

（五）加强数字政府建设，提升社会治理智慧化水平

一是推进新型基础设施建设，丰富信息和数据的获取来源与方式，帮助有关部门感知社情民意、畅通沟通渠道、提高群众满意度。比如，聚焦教育、医疗、养老、抚幼、就业、文体、助残等领域，搭建远程公共服务平台、推动数字化服务普惠应用，既有效扩大高质量公共服务的覆盖范围，又促进区域间、城乡间公共服务的合作与共享，将持续提升人民群众的获得感、幸福感、安全感。二是完善信息模型平台和运行管理服务平台，构建数据资源体系、推进数据大脑建设，推动社会治理更加精准、更加科学。数字技术发展与应用催生出的海量数据，能够反映人民群众的生产生活需要。在确保安全和保护隐私的前提下，对这些数据和信息进行分析解读，有助于相关部门提供更精准、更有针对性的服务。在此次疫情防控中，郑州市政府推出"郑好办"App，使得郑州居民可方便登记、查询、申诉核酸检测和健康码，也有助于政府疫情防控和协调指挥。此外，郑州市民还能在平台上在线办理提取公积金、申领老年卡、办理居住证、缴纳契税、郑州市区智慧停车缴费等业务，极大地提升了政府公共服务效能，方便了人民群众。三是将数字技术更广泛地应用于政府管理服务，提高决策科学性和服务效率。在此次疫情防控中，支付宝、微信的扫描登记功能得到广泛运用，有利于政府针对此次疫情建立数据监测、分析、预

警、管理、决策等一整套应急管理机制,帮助相关部门预测疫情发展趋势、甄别风险,增强社会治理的预见性,提高社会治理智能化水平,创新行政管理方式,使政府的决策更科学、监管更到位、服务更优质,也增强人民群众的获得感、幸福感、安全感。

应急管理篇
Emergency Management

河南省地方政府突发事件应急管理能力状况调查分析[*]

樊红敏　王怡楚　李祎[**]

摘　要： 本报告显示：河南省地方政府突发事件应急管理能力指数整体"比较高"，略低于全国平均水平；突发灾情考验各地市应急管理能力，济源、安阳、濮阳市排名靠前，郑州、新乡、鹤壁等市排名较上年有所下降；应急处置能力得分最高，居民认可度较高；风险预警好于启动响应；地方政府应急信息发布及回应能力突出。但也面临应急准备能力得分不高，经济秩序恢复、生活秩序恢复未达到居民预期，就业服务、灾后心理安抚、应急志愿服务体系建设是短板和弱项等问题。宜从以下几方面着力：一是着力于应急预防制度体系建设，提升应急预防能力；二是加强应急指挥及协调联动，提升应急处置能力；三是以社区为应急管理单元，推

---

[*] 基金项目：河南省重大软科学研究项目"河南省加快推进市域社会治理现代化实施机制及路径研究"（项目编号：212400410001）；河南省高校哲学社会科学创新团队项目"市域社会治理融合发展研究"（项目编号：2021-CXTD-07）。

[**] 樊红敏，郑州大学政治与公共管理学院教授，博士生导师；王怡楚，郑州大学马克思主义学院2020级博士研究生；李祎，郑州大学政治与公共管理学院2021级硕士研究生。

进基层应急管理能力建设；四是从平台、资源和队伍建设着力，提升应急社会动员能力；五是提升数字化应急管理技术运用能力。

关键词： 突发事件　政府应急管理能力　河南

应急管理是国家治理体系和治理能力的重要组成部分，发挥着防范化解重大安全风险、及时应对处置各类灾害事故、保护人民群众生命财产安全和维护社会稳定的重要功能。2022年2月，河南省人民政府发布了《河南省"十四五"应急管理体系和本质安全能力建设规划》，提出以推进应急管理体系和本质安全能力建设为主线，聚焦事故灾难和自然灾害两大类突发事件，着力完善应急管理体系，不断增强人民群众的获得感、幸福感、安全感，建设更高水平的平安河南。河南省灾害种类多、分布地域广、发生频率高，各类存量增量变量风险交织叠加、事故灾害易发多发，2021年河南省的重大突发事件主要有"7·20特大暴雨"、新冠肺炎疫情和登封工厂爆炸事故等，给河南省地方政府突发事件应急管理工作带来重大挑战。本报告基于社会治理河南省协同创新中心"2022年度突发事件应急管理政府应对公众满意度调查"，以及相关网站关于突发事件应急管理的报道、政府公告、新闻公告等数据，整体分析河南省政府2021年以来突发事件应急管理状况、优势、不足并提出对策建议。

一　地方政府突发事件应急管理能力评价指标体系

突发事件是指突然发生的、使社会公众受到侵害，必须采取有效措施加以处理的公共卫生事件、事故灾难、安全事件以及自然灾害，可分为自然灾害、事故灾难、公共卫生事件、社会安全事件四类。[1] 应急管理是指为应对

---

[1] 参见《中华人民共和国突发事件应对法》。

重大突发性公共危机事件，以政府为主体的公共部门协同其他社会主体，整合公共资源，有效预防、应对和消除公共危机的全方位管理过程。地方政府应急管理能力是指地方政府协同其他社会主体，有效预防、应对和消除公共危机过程中的行为及其绩效。

目前，学界关于突发事件地方政府应急管理能力评价指标体系的研究各有侧重，有学者强调基于突发事件应急管理过程构建评价指标体系，将突发事件应急管理过程分为三个阶段[1]或四个阶段[2]，以此构建应急管理能力评价指标体系。有学者强调基于突发事件应急管理内容构建评价指标体系，涉及应急基础能力、信息收集能力、应急救援能力、资源整合能力、维护稳定能力等。[3] 有学者提出基于突发事件应急管理绩效构建评价指标体系，利用预防绩效、预警绩效、处置绩效、恢复绩效等指标构建框架。[4] 也有学者针对政府应急准备、应急预警能力提出了专门的评价指标体系。[5] 2021年《河南社会治理发展报告》尝试对新冠肺炎疫情防控应急管理能力进行评价，并建构了以应急预防能力、应急管控能力、应急恢复能力为框架的指标体系。[6] 疫情防控应急管理和突发事件应急管理既有相同之处，也有很大区别，前者属于常态化防控，已经建立了较为完备的应急响应预案，疫情防控工作得到保障并处于逐步有效落实状态；而后者具有突发性、紧急性及难以预见性，对应急预警及应急响应的要求更高。

本报告在借鉴上年评价指标体系的基础上，突出突发事件及其应急管理

---

[1] 曹惠民、黄炜能：《地方政府应急管理能力评估指标体系探讨》，《广州大学学报》（社会科学版）2015年第12期。
[2] 范德志、王绪鑫：《突发公共卫生事件应急能力评价研究——以华东地区为例》，《价格理论与实践》2020年第6期。
[3] 陈升、孟庆国、胡鞍钢：《政府应急能力及应急管理绩效实证研究——以汶川特大地震地方县市政府为例》，《中国软科学》2010年第2期。
[4] 凌学武：《三维立体的政府应急管理能力评估指标体系研究》，《江西行政学院学报》2010年第2期。
[5] 宋林飞：《国家公共卫生应急管理原则与指标体系》，《社会学研究》2020年第4期。
[6] 樊红敏、刘东梅、韩京颖：《河南省十八地市疫情防控应急管理能力状况评价》，载《河南社会治理发展报告（2021）》，社会科学文献出版社，2021，第36~63页。

的全过程性、紧急性等特质,构建评价指标体系,将突发事件发展过程分为事前准备、事发预警、事中处置及事后恢复四个阶段,构建了包括应急准备能力、应急预警能力、应急响应能力、应急处置能力、应急救援能力、应急恢复能力六个一级指标的评估框架。其中,应急准备能力是指政府为应对突发事件,事前通过应急制度建设、资源准备、预防教育等开展应急预防的能力,选取应急制度建设、危机教育、应急资源保障等指标测量。应急预警能力是指政府对可能发生的风险及风险演化过程中可能产生的危害加以监测和发布预警的能力,选取风险监测和风险预警等指标测量。应急响应能力是指在突发事件发生的第一时间政府各相关领导、部门进入防灾减灾状态的速度,选取启动响应等指标测量。应急处置能力是指政府在突发事件应对中采取具体管制措施有效控制意外发生并降低其危害性的能力,选取应急指挥、现场处置、信息发布及回应、应急资源动员等指标来评估。应急救援能力是指针对突发的、具有较大破坏力的公共危机事件采取一系列救援活动的能力,选取事故救援等指标测量。应急恢复能力是指突发事件的威胁及危害得到控制后,政府及社会各界投入资源,将生产、生活等经济社会秩序恢复到正常状态的能力,选取总结评估、生活秩序恢复、经济秩序恢复、心理安抚等指标测量。具体见表1。

表1 地方政府突发事件应急管理能力评价指标体系

单位:%

应急过程	一级指标	权重	二级指标	权重	三级指标
事前准备阶段	应急准备能力	20	应急制度建设	7	应急预案建设
					志愿服务体系
			危机教育	7	安全预防教育
					教育宣传效果
			应急资源保障	6	应急设施保障
					应急物资保障
					应急人才队伍
事发预警阶段	应急预警能力	10	风险监测	5	信息收集能力
			风险预警	5	风险预警发布

续表

应急过程	一级指标	权重	二级指标	权重	三级指标
事中处置阶段	应急响应能力	10	启动响应	10	应急反应时效
					级别准确与否
	应急处置能力	20	应急指挥	5	应急指挥能力
					应急决策能力
			现场处置	5	危机管控
			信息发布及回应	5	信息发布
					政府回应
			应急资源动员	5	物质资源动员
					志愿服务动员
					社会动员
	应急救援能力	20	事故救援	20	救援速度
					救援效果
事后恢复阶段	应急恢复能力	20	总结评估	4	调查评估
					问责激励
			生活秩序恢复	6	灾后安置
					应急设施恢复
			经济秩序恢复	6	行业企业政策支持
					经济恢复状况
					居民就业状况
			心理安抚	4	居民灾后心理安抚

二　数据选取与评价方法

（一）数据选取

本研究所采用数据均来自社会治理河南省协同创新中心于2022年初开展的"突发事件应急管理状况调查"，该问卷调查覆盖全国大部分省区市，全国数据（含河南省）共获得调查样本8005人，其中，男性3719人，女性

4286人，男女比例为46.5∶53.5；调查对象中，30岁以下占比最高，为58.1%。调查对象的文化程度分布中，本科占近一半，占比为48.4%（见表2）。本报告基于主体内容将总体数据分为"河南省内"及"省外其他地市"两部分进行分析，主要筛选了河南省"突发事件"数据5643份，对数据进行重新整理和分析。

表2 调查样本描述分析

单位：%

变量	指标	比例	变量	指标	比例
性别	男	46.5	年龄	30岁以下	58.1
				30~50岁	29.3
	女	53.5		51~65岁	9.5
				65岁以上	3.1
职业	党政机关及事业单位工作人员	12.4	文化程度	高中及以下	26.6
	专业技术人员或高级管理人员	6.2		中专及大专	19.4
	私营企业主	2.7		本科	48.4
	个体工商户	7.3		硕士及以上	5.6
	农民工或农民	13.3	个人总收入	3万元以下	54.0
	普通工人	15.6		3万~5万元	17.7
	高校学生	33.8		5万~8万元	14.8
	退休或无业	1.5		8万~12万元	8.8
	其他	7.1		12万元以上	4.8

（二）评价方法

依据层次分析和模糊综合评价法，确定地方政府突发事件应急管理能力评价指标体系中各级指标的权重。政府突发事件应急管理能力评价指标体系包括应急准备能力、应急预警能力、应急响应能力、应急处置能力、应急救援能力和应急能力恢复六个一级指标，权重分别为20%、10%、10%、20%、20%和20%；二级指标包括应急制度建设、危机教育、应急资源保障、风险监测、风险预警、启动响应、应急指挥、现场处置、信息发布及回应、应急资源动员、事故救援、总结评估、生活秩序恢复、经济秩序恢复、心理安抚，具体权重见表1。本报告把河南全省及18市应急管理能力指数划分为"非常低、比较低、一般、比较高、非常高"5个等级，按照5级量表的形式进行赋值，1分表示非常低，5分表示非常高。通过加权计算得出全省及18市三级指标得分，以此类推。将指数转换为百分制后，得到河南省18市政府突发事件应急管理能力评价得分，最终得出政府突发事件应急管理能力指数。

三 18市政府突发事件应急管理能力状况分析

（一）河南省地方政府突发事件应急管理能力指数整体"比较高"，略低于全国平均水平

河南省政府突发事件应急管理能力得分为76.2分，略低于全国平均水平，仍有较大改进空间。数据表明，河南省政府突发事件应急管理能力综合得分略低于全国得分（76.5分），均处于"比较高"水平。其中，应急恢复能力（76.0分）与全国平均水平相差较大（见表3）。2021年7月，河南省遭遇历史罕见特大暴雨，郑州、新乡、安阳、周口、焦作等地区发生严重洪涝灾害，对地方政府应急管理能力提出严峻考验，省委、省政府出台了关于财政支持防汛救灾、灾后恢复重建等一系列政策措施，水利、住建、自然资源、交通运输等单位密集协商调度应对灾情，积极推进应急设施恢复重建和防灾减灾能力建设。暴雨过后又来疫情，在做好灾后恢复重建工作的同时，河南省地方政府迅速打响了疫情防控阻击战，采取有力措施使受灾城市加速"重生"。当前，河南省突发事件应急管理能力建设取得一定进展，但仍需为形成共建共治共享的应急管理新格局而努力，以整体提升城市防灾减灾水平。

表3 2021年河南省和全国政府突发事件应急管理能力指数

单位：分

维度	指标	河南	全国
能力评价	应急准备能力	71.7	71.9
	应急预警能力	78.0	78.2
	应急响应能力	77.6	77.8
	应急处置能力	78.2	78.3
	应急救援能力	77.6	77.8
	应急恢复能力	76.0	76.4
	综合得分	76.2	76.5

（二）突发灾情考验各地市应急管理能力，济源、安阳、濮阳市排名靠前，郑州、新乡、鹤壁等市排名较上年有所下降

济源、安阳、濮阳、郑州等7市得分高于全国平均水平。从地市比较来看，河南省18市政府突发事件应急管理能力均处于"比较高"水平，18市突发事件应急管理能力差距不明显。其中，济源、安阳、濮阳、郑州、开封政府突发事件应急管理能力指数排名靠前，分别为81.7分、80.5分、78.2分、77.5分、77.3分。18市应急预警能力及应急处置能力得分普遍较高，有3个城市得分在80分以上，属于"非常高"水平。应急准备能力普遍较低，得分均在80分以下，其中鹤壁、周口、南阳等6市得分在70分以下，有很大的提升空间，具体见表4。

表4 2021年河南省18市政府突发事件应急管理能力指数

单位：分

排名	地市	应急准备能力	应急预警能力	应急响应能力	应急处置能力	应急救援能力	应急恢复能力	均值
1	济源	77.8	83.6	80.8	83.3	83.3	82.0	81.7
2	安阳	75.0	82.7	81.8	82.3	82.8	80.2	80.5
3	濮阳	74.0	80.1	79.6	80.5	79.2	77.4	78.2
4	郑州	73.2	79.2	79.4	79.6	78.7	76.8	77.5

续表

排名	地市	应急准备能力	应急预警能力	应急响应能力	应急处置能力	应急救援能力	应急恢复能力	均值
5	开封	72.4	78.8	78.6	79.8	78.8	76.9	77.3
6	漯河	72.4	77.6	78.2	78.3	78.4	77.0	76.8
7	焦作	72.1	78.8	78.9	78.8	78.3	75.6	76.7
8	洛阳	71.9	77.6	78.1	78.4	78.0	76.3	76.5
9	许昌	71.4	79.0	77.6	78.4	77.4	76.1	76.3
10	驻马店	72.3	78.0	77.2	77.4	77.3	76.5	76.2
11	商丘	71.5	77.8	78.1	78.1	77.6	75.6	76.1
12	鹤壁	69.6	75.6	77.9	77.3	76.4	75.5	75.1
13	周口	69.8	75.5	75.4	76.2	76.4	74.7	74.5
14	新乡	70.3	75.8	75.7	76.1	74.8	74.7	74.3
15	南阳	69.0	74.9	74.6	75.5	75.3	74.6	73.8
16	信阳	69.1	77.0	74.2	75.0	74.2	73.6	73.3
17	平顶山	68.0	74.5	73.9	74.6	74.1	72.4	72.7
18	三门峡	66.8	74.2	74.3	74.6	75.2	71.4	72.5
全省平均		71.7	78.0	77.6	78.2	77.6	76.0	76.2

突发灾情考验各地市应急管理能力，郑州、新乡、鹤壁等市排名较上年有所下降。在应急管理能力指数上，3市出现较大变化：郑州从2020年位列第1下降至第4，名次下滑3位，"7·20特大暴雨"中应急管理问题凸显，但疫情防控组织严密、能力突出，总体排名仍较为靠前；新乡从2020年位列第7下降至第14，名次下滑7位；鹤壁从2020年位列第4下降至第12，名次下滑8位。事实上，郑州、新乡、鹤壁3市都是受河南省暴雨灾害影响较大的地区，面临突如其来的罕见暴雨，政府应急管理能力受到考验与挑战。

（三）应急处置能力得分最高，居民认可度较高

从突发事件发展过程来看，其可以分为事前准备、事发预警、事中处

置、事后恢复四个阶段。在此基础上，政府突发事件应急管理能力指标体系涵盖了应急准备能力、应急预警能力、应急响应能力、应急处置能力、应急救援能力和应急恢复能力。从一级指标比较来看，河南省应急处置能力得分最高，为78.2分，应急准备能力得分最低，为71.7分。其后依次为应急预警能力（78.0分）、应急响应能力（77.6分）、应急救援能力（77.6分）等，具体见表3。河南省地方政府高度重视突发事件应急处置能力，始终坚持"人民至上、生命至上"理念。2021年河南省大部分地区出现暴雨后，各级党委、政府迅速安排部署，省防汛抗旱指挥部开展紧急视频会议，密切关注雨情、水情变化，预警信息传递入户到人。河南省应急管理厅对专业和社会救援队发出紧急通知，统筹消防救援队伍、专业抢险队伍等进行精准预置布防，对各县（市、区）中心区易积水点和居住在危险区域的群众，进行紧急转移，有力的应急处置保障了人民的生命安全。

（四）风险预警发布具有准确性和及时性，风险预警好于启动响应

风险预警可以最大限度预防和减少突发事件及其造成的损害。数据显示，在政府突发事件应急管理能力的15个二级指标中，风险预警得分79.7分，位列第一（见表5）。暴雨灾害面前，河南省气象局逐小时滚动制作气象信息快报，提供过程雨量、近1小时雨量监测数据及未来天气预报信息，郑州市气象局连夜建成与市委、市政府应急指挥中心连线的视频会议系统，向市委、市政府领导汇报天气实况监测、预报预警。在"您认为所在地市政府突发事件风险预警发布情况"这道题目中，地方政府突发事件风险预警发布的及时性得分82.5分、准确性得分83.1分、预见性得分79.4分，说明河南省政府风险预警水平整体较高，准确性和及时性获得认可，在突发事件预见方面仍有提升空间。相较于风险预警，启动响应得分较低，为77.5分，表明突发事件中政府部门联动性较差，协调能力和共享机制不足，应急联动制度建设仍需加强。

表 5　应急管理能力二级指标得分

单位：分

二级指标	得分	二级指标	得分
风险预警	79.7	应急资源动员	77.4
信息发布及回应	79.6	风险监测	76.3
应急指挥	77.9	心理安抚	75.8
现场处置	77.8	经济秩序恢复	73.4
生活秩序恢复	77.7	应急制度建设	72.9
总结评估	77.6	危机教育	72.4
事故救援	77.6	应急资源保障	69.5
启动响应	77.5		

（五）善用新媒体，地方政府信息发布及回应能力突出

地方政府信息发布及回应二级指标得分靠前。数据显示，在政府突发事件应急管理能力的15个二级指标中，信息发布及回应（79.6分）得分排名第二。信息发布及回应是突发事件应急管理的重要环节，及时收集、处理、传递与共享信息是现代社会危机管理的关键。河南省政府通过新闻发布会、"河南发布"微信公众号、门户网站专栏等多种渠道，发布暴雨抢险救灾动态。地方政府积极运用新媒体发布及回应灾情信息，"郑州发布""平安焦作""安阳日报"等互动账号加强了政府与民众之间的信息沟通，拓宽了社会和民众向政府表达民情民意民愿、反映社会问题的渠道，防止出现因信息沟通阻滞导致的矛盾激化和爆发。在"您对当地政府突发事件处置中信息发布及沟通的满意度评价"这道题目中，河南省政府信息发布及沟通及时度得分81.35分、透明度得分79.77分、真实度得分80.94分、回应性（随时回应民众）得分78.67分，说明河南省在突发事件信息发布及回应方面表现突出，获得居民高度认可。

（六）职业稳定性和事故损失程度影响群体评价，农民群体满意度最低

党政机关及事业单位工作人员对河南省政府突发事件应急管理的满意

度评价最高，农民群体（农民工或农民）满意度评价最低。在受访人员中，党政机关及事业单位工作人员对应急管理各阶段总体满意度最高，达到80.9分，并远高于群体满意度均分（77.5分）；其他依次为专业技术人员或高级管理人员、普通工人、私营企业主、个体工商户、农民工或农民（见表6）。农民工或农民对各阶段总体满意度最低，为75.2分。该顺序与六类人员抗风险能力的顺序基本一致，党政机关及事业单位工作人员、专业技术人员或高级管理人员有稳定的工资保障和完善的福利待遇，面对突发事件时有更强的抗风险能力与恢复能力，对社会突发事件的负面影响感受较少。而农民工或农民由于缺乏稳定的收入来源，在突发事件发生后，极易产生失业危机或重大财产损失，在现阶段的社会福利保障制度下，缺少对农民工或农民的风险兜底措施，从而导致农民群体对突发事件各阶段的总体满意度较低，因此对农民群体的风险兜底是下一阶段的重点工作。

表6 河南省不同职业群体对政府突发事件应急管理的满意度评价

单位：分

职业一级指标	应急预防	应急预警	应急处置	应急恢复	评价均分
党政机关及事业单位工作人员	80.4	79.7	81.9	81.8	80.9
专业技术人员或高级管理人员	76.6	76.3	79.4	78.4	77.7
普通工人	77.1	76.3	78.9	77.2	77.4
私营企业主	77.9	74.9	78.0	77.7	77.1
个体工商户	76.7	76.2	77.6	75.6	76.5
农民工或农民	74.3	74.5	76.9	75.2	75.2

四 问题分析

（一）应急准备能力得分最低，应急制度建设及预防教育是短板

一是应急准备能力得分仅71.7分，排名末位。从六个一级指标来看，

应急准备能力得分最低（71.7分），在15个二级指标中，应急制度建设（72.9分）、危机教育（72.4分）、应急资源保障（69.5分）均排名靠后，与最高分（79.7分）差距较大。疫情防控、洪涝灾害等应急突发事件暴露了应急预防领域的短板和不足。

二是应急制度体系不完善。应急制度建设得分较低，在15个二级指标中排在后三位。应急制度体系中，应急预案建设是短板，实地调查显示，河南省大多数社区没有制定本社区的应急预案，街道、社区应急领导小组及应急志愿者队伍等形同虚设，应急预警、救援等缺乏相应的制度规范。"7·20"报告指出，施工单位、交通运营单位、村庄等因应急预案不完善或未严格按照应急预案执行，导致重大事故和损失。[1]

三是居民应急预防教育是弱项。危机教育得分较低，在15个二级指标中排名后两位。实地调查表明，居民应急风险认知和应对知识匮乏，缺乏风险防范意识，突发事件中自我救援能力欠缺，加剧了突发事件的负面影响。各地市公共场所、新媒体有关应急教育的公益广告不足。

四是应急资源保障是短板。在应急资源保障三级观测点的调查中，"应急设施保障"（66.3分）、"应急物资保障"（68.1分）得分都在70分以下，在三级指标中排名末位。实地调查表明，突发事件发生初期，应急物资、救援设备不足问题突出，如新冠肺炎疫情初期口罩、消毒液等短缺，暴雨灾害初期防洪沙袋、应急用电、通信设施等问题凸显。

（二）经济秩序恢复得分较低，就业服务是弱项

一是经济秩序恢复得分整体较低。在应急恢复能力维度，本报告选取"总结评估"（77.6分）、"生活秩序恢复"（77.7分）、"经济秩序恢复"（73.4分）及"心理安抚"（75.8分）4个指标来测量，其中经济秩序恢复得分最低。据省政府统计，截至2021年8月9日，洪涝灾害共造成全省150个县（市、区）1664个乡镇1481.4万人受灾，直接经济损失约1337.15亿

---

[1] 国务院灾害调查组：《河南郑州"7·20"特大暴雨灾害调查报告》，2022年1月。

元，受灾农作物面积为 1600 多万亩，社会消费也有所下滑，受灾情影响出现停产半停产的 2459 家工业企业中已有 1767 家恢复生产。① 同时，河南省出台了助企惠企政策帮助企业全面恢复生产经营，积极促进灾区经济秩序恢复发展，但经济秩序恢复状况仍未达到居民预期。

二是就业服务是弱项。经济秩序恢复由"行业企业政策支持"（75.1分）、"经济恢复状况"（74.7分）、"居民就业状况"（70.3分）3个观测点来评价，其中居民就业状况得分最低。截至 2021 年末，河南省城镇就业困难人员实现就业 13.84 万人，年末城镇登记失业率为 3.40%。② 面对水灾、疫情等多重困难和考验，河南省人社部门出台了减负稳岗扩就业政策措施，受灾害影响生产经营出现较大困难的企业可以暂缓缴纳保险费，2021 年 9 月，河南省下达失业保险省级调剂金 1 亿元，专项用于支持受灾地区实施稳岗返还政策，对于稳定全省就业局面起到积极作用。③ 但面对灾情和多轮疫情带来的失业率攀升，加强就业服务仍是经济秩序恢复的重中之重。

（三）生活秩序恢复未达到居民预期，灾后心理干预有待重视

一是生活秩序恢复得分较上年有所下降。2021 年生活秩序恢复得分为 77.7 分，与 2020 年（79.2 分）相比有所下降。2021 年洪涝灾害发生后，河南省采取了一系列措施推进复工复产，截至 2021 年 12 月，省财政厅累计下达防汛救灾和灾后恢复重建资金 195.29 亿元④，用于保障受灾群众基本生活、扶贫项目恢复重建、水毁水利工程修复等方面，但与居民的期望仍有

---

① 《河南经济长期向好基本面没变——从7月份"答卷"看经济预期》，河南省人民政府网站，https://www.henan.gov.cn/2021/08-20/2296971.html。
② 《2021年河南省国民经济和社会发展统计公报》，河南省人民政府网站，http://www.henan.gov.cn/2022/03-12/2413033.html。
③ 《省财政下达1亿元失业保险省级调剂金》，河南省人民政府网站，https://www.henan.gov.cn/2021/09-11/2311137.html。
④ 《河南近日下达126亿元助灾后重建》，河南日报网，https://www.henandaily.cn/content/2021/1122/333437.html。

差距。

二是心理安抚得分较低。心理安抚是应急恢复能力的4个二级指标之一，其得分为75.8分，低于应急恢复能力总体得分（76.0分），表明灾后心理安抚工作相对落后，需要加强对突发应急心理障碍和压力的疏导和救助，将灾后心理救助作为常态化、制度化应急救援事项纳入应急恢复过程。

（四）应急志愿服务仍是弱项

一是应急志愿服务体系建设逐年向好，但得分不高。对比2019~2021年应急志愿服务体系建设，在"您所在地市应急志愿者招募官方渠道状况"这一调查中，2019~2021年得分分别为45.5分、49.3分、71.6分，表明应急志愿服务体系建设逐年向好，2021年有较大提升。但"志愿服务体系"（71.6分）得分偏低，排在29个三级指标中第26位，仍有较大提升空间。实地调查发现，河南省各地大多存在应急志愿服务常态化教育缺失、应急志愿者准入制度不完善、志愿服务能力不足、响应缓慢等问题。

二是应急志愿者队伍建设滞后。应急志愿者队伍建设（如人员、装备、技能等）状况的调查得分为74.5分，低于三级指标平均分（76.0分）。实地调查表明，各地基层社区（村）未形成固定的志愿服务队伍和培养体系，面临志愿服务缺乏有效组织动员、演练培训不到位、应急志愿参与意识薄弱、专业能力不足等问题。

五　对策建议

（一）着力于应急预防制度体系建设，提升应急预防能力

一是坚持以防为主的管理理念。突发事件应急管理本质上是预防管理，要坚持以防为主，从注重灾后救助向注重灾前预防转变。向前延伸应急管理链条，在社会治理中化解致灾因素，提高治理韧性，从应急预案、应急教育

演练、应急物资等方面加强制度建设，将以防为主的理念贯彻到应急管理的各个层面。二是完善应急预防体系建设。要建立立体化的应急预防制度体系，从应急组织体系、应急防控制度规范、应急物资保障体系、风险预警和监测体系及预防教育体系方面着力，强化应急决策、信息沟通、资源保障、组织协调和应急预警监测。推进事前预防与应急准备、应急处置与救援、事后恢复与重建的标准化建设，如编制各级各类应急预案、演练指南等，制定突发事件应急处置标准，推进突发事件总结评估工作标准化等，研究制定覆盖应急管理全过程的标准化制度，提升政府应急响应和预警监测能力。三是实时更新重大突发事件应急预案。应急预案是应急预防的重要组成部分，应急预案包括政府预案、部门预案、企事业单位预案、社区预案等，要根据自然、社会环境动态变迁对各层次应急预案进行定期调整和更新，实现政府预案与部门预案、企事业单位预案、社区预案有效衔接，形成有机衔接的重大突发事件应急预案体系。

（二）加强应急指挥及协调联动，提升应急处置能力

一是优化应急指挥体系。完善突发事件应急管理小组体制，纵向到底，横向到边，完善基层应急管理组织体系，落实属地管理的权责清单，使应急管理的关口前移。强化小组体制的联席会议功能，推动应急指挥协调制度化、常态化。二是构建应急联动机制。要构建政府统一指挥、部门协同合作、社会有序参与的应急联动机制，形成党政协同、部门协同、政社协同和区域协同的格局，构建既分工明确又协同有力的应急管理机制。三是构建基层应急协同机制。要坚持"优化、协同、高效"原则，形成基层区域联动的应急响应和处置协同机制，形成应急管控合力。有效统筹和凝聚基层范围内各类主体的资源和力量，在赋权赋能的基础上推进应急管理重心下移。四是推动应急响应精准化、科学化。应急响应是应急处置的首要环节，加强应急预警和响应的联动，在响应条件、响应级别、响应启动等方面形成科学规范的响应规则与运行流程，发挥应急管理部门的综合优势和相关职能部门的专业优势，做到科学、及时、精准、有效，实现应急预警和响应一体化管理。

（三）以社区为应急管理单元，推进基层应急管理能力建设

一是完善区、街道、社区应急管理组织体系。基层是安全隐患排查治理的第一关口，也是应急处置的第一现场。要建立区-街道-社区-居民小区应急管理组织体系，完善街道、社区应急管理组织和志愿服务队伍，做好基层风险评估、风险预警、应急处置、灾后重建等社区应急管理制度化建设，提升基层应急管理能力和水平。二是强化基层应急资源保障。将社区作为重要的危机管理单元，加大基层应急资源投入，出台政策在社区应急管理资金、社区应急人力资源配备、应急物资储备、应急管理基础信息库等方面制定标准化手册，做到应急资源准备制度化、系统化及标准化。三是加强基层应急预案建设。要完善街道-社区应急管理预案体系，如突发灾害事件、突发安全事故、突发社会事件应急预案等。推进基层应急预案规范化试点建设，总结一批试点单位应急预案向全市推广，不断夯实应急管理基层基础。

（四）从平台、资源和队伍建设着力，提升应急社会动员能力

一是构建党建引领基层社会动员体系和平台。要充分发挥党组织在基层治理中总揽全局、协调各方的引领及战斗堡垒作用，建立以街道（乡镇）党工委、社区（村）党支部、楼栋党小组、基层党员为轴心的社会动员体系，通过区域化党建等多种方式建立与社会力量的共识机制、组织机制和资源动员机制等，强化街道、社区应急资源链接、信息沟通及综合协调功能。二是完善应急资源动员体系。充分发挥市场组织、社会组织等主体的作用，调动各方社会资源，实现基层各方物资动态管理和调配无缝衔接，建立由政府主导、社会共建、多元互补的应急物资动员体系。三是加强应急志愿服务队伍建设。完善应急志愿者招募、准入、注册等制度和渠道，建立志愿服务数据库和网络，加强应急志愿服务组织和个体管理与规范，从主体、资金、培训、义务、责任等方面完善制度机制，形成专兼职结合、以兼职为主的专业性应急服务队伍。

（五）提升数字化应急管理技术运用能力

一是加强综合应急指挥平台和综合应用平台建设。要综合利用物联网、云计算、大数据、人工智能、卫星遥感等信息化技术手段，打造统一高效的综合性应急决策和处置指挥平台，推动建设地市智慧应急安全大脑，形成应急管理"数据-人-资源-处置-反馈"的闭合性管理系统，实现应急指挥统一联动和高效调度。借助物联网感知数据、业务数据、视频监控数据等技术手段，强化对自然灾害、安全生产、消防安全等突发事件的智能监测和预警。二是提升基于大数据的集成决策能力。推动应急管理相关数据开放、共享和利用，实现跨区域、跨行业、跨部门数据融合。在此基础上，在动态监测、资源匹配、事故救援等方面深化大数据处理和运用，推动政府在应急管理、安全生产、防灾减灾等方面提升大数据集成决策能力。三是培养应急管理智慧运用专门人才。培养具备应急管理和大数据运用能力的复合型人才是当务之急，要建立专门人才数据库，形成专业人才参与决策咨询的长效机制。要优化引进和培养智慧运用专门人才的制度环境，形成"政府-高校-科研院所"之间的协同培养模式，建立一支稳定的智慧运用专门人才队伍。

转危为安：应急管理对居民安全感的形塑机制研究*

岳磊 芦春燕**

摘　要： 本报告对河南省居民开展调查研究，通过定量分析发现应急管理对公众安全感具有显著正向影响，但不同管理阶段的影响力度不同，应急恢复对公众安全感的作用强度最大，其次为应急预防、应急预警，应急处置的影响力最小；另外，应急管理还存在通过社会信心影响公众安全感的中介机制，即有效的应急管理措施通过增强公众的社会信心进而提升公众安全感。以此研究发现为基础，本文从灾后恢复与重建、危机预防预警、提振社会信心、加强信息沟通等方面提出相应对策建议来完善应急管理机制，切实发挥好应急管理对公众安全感的提升作用。

关键词： 应急管理　居民安全感　社会信心　中介效应

党的十九大报告中将增强公众的获得感、幸福感、安全感作为国家治理的根本目标；习近平总书记在党的十九届五中全会对平安中国建设作出重要指示时再次强调要"落实总体国家安全观，聚焦影响国家安全、社会安定、人民安宁的突出问题……不断增强人民群众获得感、幸福感、安全感"。其

---

* 基金项目：河南省高等学校哲学社会科学创新人才支持计划项目（2022CXR07）；河南省高等学校重点科研项目（22A630027）。
** 岳磊，郑州大学政治与公共管理学院副教授，博士生导师；芦春燕，郑州大学政治与公共管理学院硕士研究生。

中安全感是建立在公众对当前所处环境的主观判断与对未来发展预期的推断之上，不仅是衡量社会治理成果的重要标准，也体现了公众对自身及社会整体发展的态度，并且在三感之间发挥着"连接器"的中介作用与"催化剂"的调节作用。[1] 在突发事件频发的现代社会中，如何稳定社会秩序、提升居民安全感已经成为推进社会治理的重要落脚点。

在稳态的社会情境中，社会规则和执行体系正常运转，人们具有稳定的安全预期。但当危机事件突然发生时，人们的正常生活环境发生了剧烈改变，不确定性的增强必将带来居民安全感的短暂下降，容易诱发极端行为或导致群体性事件的发生。此时，如何通过有效的应急管理措施做好危机应对、恢复正常的生产生活秩序，是促进居民安全感回升的关键。2021年河南省遭遇了德尔塔、奥密克戎病毒的侵袭和暴雨洪涝灾害等各类危机事件，居民的正常生活秩序受到了不同程度的冲击，各地各级政府部门迅速启动应急响应机制，采取相应的应急管理措施以减少危机事件可能对公众造成的伤害，帮助个体生活回归正轨。本文的分析重点在于，遭遇突发事件时，应急管理措施的施行对居民安全感的提升作用是否真正得以发挥以及这一过程是如何实现的，进而在此研究基础上探讨如何进一步完善当前的应急管理体系。

本研究使用定量研究方法来检验应急管理对居民安全感的作用，所使用的数据主要来源于社会治理河南省协同创新中心于2022年初开展的"突发事件应急管理状况调查"，从中选取来自河南省18市的有效问卷共5629份，其中男性居民占47%，女性居民占53%。

一　研究设计

（一）应急管理与居民安全感

安全感是公众根据外界条件判断自身所处环境安全与否得出的情感体

---

[1] 郑建君：《中国公民美好生活感知的测量与现状——兼论获得感、安全感与幸福感的关系》，《政治学研究》2020年第6期。

验，外在环境是导致居民安全感变化的最主要原因。突发性危机事件大多具有突发性强、破坏性严重、有潜在衍生危害、影响范围广泛等特征，严重的风险感知易使人们产生恐慌与焦虑心理，导致居民安全感降低。应急管理是危机应对的最直接手段，有效的管理措施能够增强公众的控制感，提高公众对所处环境的熟悉性，从而降低风险感知，[1] 给处于危机中的社会公众带来积极的情感体验。王俊秀和应小萍通过对七个时间段内湖北省内外公众在风险认知、社会情绪、社会行动三个方面的心理和行为认知，以及公众对信息管理、医疗物资、防护物资、生活资源供应情况等应急管理方面评价的实地调查，来了解疫情应急响应下的社会心态。分析指出，专业应急管理部门的应急响应机制能够在风险认知、社会情绪、社会行动与社会资源层面产生显著影响，应急管理的效率和效能是其中的关键因素。[2] 在公共危机事件突然发生时，社会处于暂时的失序状态，整体环境中充斥着不确定性，公众致力于寻求能够摆脱自身困境的确定性策略。应急管理作为政府社会管理和公共服务职能的基本内容之一，是应对突发事件的有效手段，应急管理效能已经成为保障经济发展与社会稳定的关键因素，也是检验政府行政能力的重要标志。

根据上述讨论，本文提出研究假设1：应急管理显著影响居民安全感，应急管理效能越高，居民安全感越高。

（二）社会信心与居民安全感

J. 维尔强调安全感是一种幸福、安全的状态，表现在个人对目标达成的信心与对外在环境的持续性期望上，而不安全感是一种恐惧的状态，表现为目标无法达成的无力感与面对未知的不确定感，[3] 对预期目标能够实现的

---

[1] 李华强、范春梅、贾建民等：《突发性灾害中的公众风险感知与应急管理——以5·12汶川地震为例》，《管理世界》2009年第6期。

[2] 王俊秀、应小萍：《认知、情绪与行动：疫情应急响应下的社会心态》，《探索与争鸣》2020年第4期。

[3] Vail, J., Wheelock, J. & Hill, M., *Insecure Times: Living with Insecurity in Contemporary Society*, Newcastle University, 1999: 1-3.

信心构成了安全感的重要来源。社会信心作为人们某种主观态度的总体性体验，主要是指人们对国家经济发展形势等社会事项及个体的发展机会、收入状况等个体事项的未来判断和预期，[1]体现了公众对自身发展的期望与对社会整体发展状况的预期。社会信心是一种能够使公众相信某一事物（目标）未来可以实现的心理力量，社会信心对个体安全感知与行为预期产生重要影响。遭遇突发事件时，如果公众社会信心水平较高，便会倾向于相信这一危机会被顺利解决，相信生活终将回到正轨上，更加倾向于具有更高的安全感知。反之，如果缺乏社会信心会导致社会凝聚力的下降，最终形成负向集体意识，甚至酿成社会结构性怨恨心态，导致深层次的社会危机，[2]此时的居民安全感必然不会高。

综合以上讨论，提出研究假设2：社会信心对居民安全感具有显著正向影响，民众越相信危机事件能够得到妥善解决，自身安全感也越高。

（三）社会信心的中介效应

社会信心是基于某些社会事实对社会是否良性运行与发展进行评估与判断的客观实在，由外在环境所决定。张彦等人指出社会信心既是一定时期民众的总体性心理预期，具有稳定性，又易受经济社会等宏观结构环境变迁的影响，因而社会信心的变动状况能够反映当下社会的发展状况，是人们在对当下状况评判的基础上产生的；同时，社会信心具有能动性，不仅是人们的主观心理表征，而且会引导民众的行为，进而影响总体的经济社会发展状况。[3]也就是说，社会信心由外在环境所决定，同时又对个体心理与行为具有能动的反作用。公共危机事件的突然发生打破了人们的常态化生活，公众的生产生活秩序遭到剧烈冲击，社会发展的高度不确定性在短时间内带来社

---

[1] 李汉林、魏钦恭：《社会景气与社会信心研究》，中国社会科学出版社，2013，第12~15页。
[2] 刘程：《城市青年的社会信心现状及其影响因素》，《青年研究》2016年第2期。
[3] 张彦、魏钦恭、李汉林：《发展过程中的社会景气与社会信心——概念、量表与指数构建》，《中国社会科学》2015年第4期。

会信心的动摇和低迷。此时，及时有效的应急管理措施能够迅速降低突发事件对人们造成的伤害，以有效手段促进信心回升，进而提升个体对所处环境的确定性和把握度，居民自身安全感随之得以提升。

由此提出研究假设3：应急管理通过增强社会信心进而提升公众安全感，也就是说，社会信心在应急管理对公众安全感的作用关系中发挥中介效应。

为了更加清晰直观地反映各变量之间的相互关系与作用方式，本文构建了公众安全感分析框架，如图1所示。

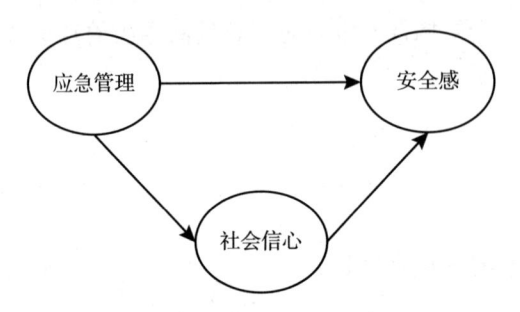

图1 公众安全感分析框架

二 居民安全感的现状分析

（一）居民安全感状况整体良好，半数以上居民安全感较上年有所提升

安全感指的是人们对自己所处环境安全状况的主观感知和心理感受，不仅是衡量个体心理健康的重要标准，同时也是体现社会发展与稳定程度的晴雨表。在对安全感的测量中，将"过去一年您对自身安全感的评价"作为被访者安全感的直观反映，答案设置为"非常低、比较低、一般、比较高、非常高"，并分别赋值为1~5分。得分越高，表明居民安全感越高。统计结果显示（见图2），分别有1.5%、10.1%的受访者认为自身安全感"非常低""比较低"，二者合计占11.6%；对自身安全感评价为"比较高""非

常高"的分别占39.6%和20.1%,二者合计占59.7%;其余28.6%的调查对象选择"一般"。这一结果表明有近六成的被访者明确表示具有较强的安全感,且全省调查对象的安全感均值为3.67分,高于赋值为3分的"一般"水平。总体来看,突发事件背景下多数公众对自身的安全状况有较为积极的感知。

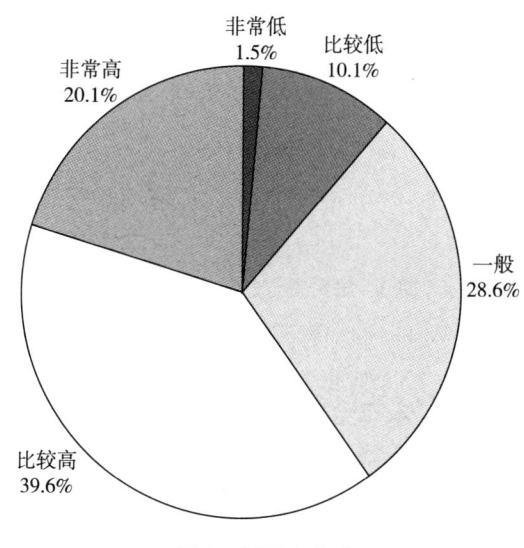

图2 居民安全感

2021年河南省居民经历了新冠肺炎疫情的数轮冲击、暴雨洪涝灾害等,多项突发事件冲击了社会整体的正常运行秩序,居民的生活环境也难免随之变动。通过分析与上一年居民安全感的对比情况,来考察应急管理工作是否具有有效应对危机、稳定社会心态的积极作用。调查结果显示,与上年相比,公众感到自身安全感"大幅下降"与"略有下降"的分别占2.6%、17.1%,二者合计占19.7%;感觉"没有变化"的占23.4%;安全感知"略有上升"与"大幅上升"的分别占36.1%、20.7%,二者合计占56.8%(见图3)。也就是说,在突发事件的冲击下,超过一半的居民安全感不降反升,只有小部分居民安全感有所下降,反映出各地政府部门的应急管理工作卓有成效,能有效应对危机事件对个体心态的冲击。

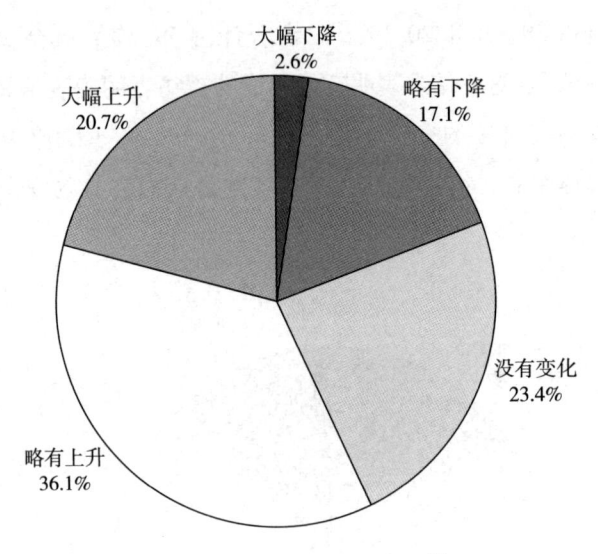

图3 居民安全感与上年比较

（二）不同职业群体安全感存在差异，农民工或农民及个体工商户安全感最低

在调查中，将受访者分为农民工或农民，普通工人或商业，服务业人员，个体工商户，私营企业主，专业技术人员或高级管理人员，党政机关及事业单位工作人员，从事不同职业的受访对象安全感存在显著差异。其中农民工或农民、个体工商户安全感最低，安全感得分均为3.55分；专业技术人员或高级管理人员，普通工人或商业、服务业人员，私营企业主安全感较低，安全感得分分别为3.68分、3.69分、3.72分；党政机关及事业单位工作人员对自身安全感的评价最高，安全感得分为3.92分（见表1）。这一结果表明在公共危机事件频发背景下，与其他群体相比，农民工或农民、个体工商户等职业群体对自身所处环境具有更低的掌控感和确定感，安全感最低。相反，就业环境更加稳定的职业群体则具有更加积极的情感体验，自身安全感更高。

表 1 不同职业群体安全感得分

单位：分

职业	得分
党政机关及事业单位工作人员	3.92
私营企业主	3.72
普通工人或商业、服务业人员	3.69
专业技术人员或高级管理人员	3.68
农民工或农民	3.55
个体工商户	3.55

三　应急管理、社会信心对居民安全感的影响

（一）模型选取

首先，对应急管理的各维度进行探索性因子分析，结果显示其巴特利特检验显著，KMO值为0.843，适合做因子分析。随后，运用主成分分析法将应急管理四个维度的题项聚合成一个有效因子，这一个因子解释了77.65%的总方差，具体结果见表2。接着，将提取的因子命名为应急管理，作为自变量纳入之后的回归分析过程中。

表 2　应急管理各维度因子分析结果

单位：人，%

变量	样本量	公因子方差	成分矩阵	提取载荷平方和
应急预防	5629	0.757	0.870	77.65
应急预警	5629	0.799	0.894	
应急处置	5629	0.791	0.889	
应急恢复	5629	0.759	0.871	

资料来源：作者自制。

在模型的选择上，把居民安全感的原始得分"1~5"转化为"20~100"的取值范围，将其作为定距变量来处理，建立OLS回归模型。除解释变量

外，还将性别、年龄、学历等人口学变量，以及收入满意度、获得感、社会治安、食品安全、公共服务等其他可能影响居民安全感的变量作为控制变量共同纳入模型中，以更准确地检验变量间关系。

（二）数据分析结果

在具体建模过程中，第一，以公众安全感为因变量，纳入控制变量的同时将应急管理的四个维度作为自变量纳入，建立模型1，目的在于比较不同阶段的应急管理工作对公众安全感的影响力；第二，将提取出来的应急管理因子作为自变量纳入，建立模型2，以考察在控制其他变量的情况下应急管理总体对安全感的影响力；第三，在模型2的基础上，将因变量转换为社会信心建立模型3，考察应急管理是否能够影响政府信任；第四，仍以公众安全感为因变量，同时纳入应急管理与社会信心建立模型4，目的是考察社会信心是否影响公众安全感以及社会信心是否在应急管理影响公众安全感的过程中发挥中介作用。统计分析结果具体见表3。

表3 公众安全感回归分析结果

类目		模型1(安全感)(OLS)	模型2(安全感)(OLS)	模型3(社会信心)(OLS)	模型4(安全感)(OLS)
解释变量					
社会信心					0.162 *** (0.016)
应急管理	应急预防	0.089 *** (0.016)	0.252 *** (0.014)	0.491 *** (0.012)	0.222 *** (0.016)
	应急预警	0.067 *** (0.018)			
	应急处置	0.020 * (0.018)			
	应急恢复	0.120 *** (0.018)			

续表

类目	模型1(安全感)(OLS)	模型2(安全感)(OLS)	模型3(社会信心)(OLS)	模型4(安全感)(OLS)
控制变量				
社会治安	0.031 * (0.019)	0.029 ** (0.019)	0.013 (0.016)	0.029 * (0.019)
食品安全	-0.015 (0.020)	-0.013 (0.020)	0.079 *** (0.016)	-0.018 (0.020)
公共服务	0.081 *** (0.019)	0.082 *** (0.019)	0.090 *** (0.016)	0.076 *** (0.019)
获得感	0.274 *** (0.016)	0.281 *** (0.016)	0.189 *** (0.013)	0.270 *** (0.016)
收入满意度	0.231 *** (0.012)	0.233 *** (0.012)	0.014 (0.010)	0.232 *** (0.012)
性别	-0.035 *** (0.017)	-0.034 *** (0.017)	-0.005 (0.014)	-0.034 *** (0.017)
年龄	-0.011 (0.012)	-0.011 (0.012)	0.024 ** (0.010)	-0.012 (0.012)
受教育程度	0.009 (0.010)	0.009 (0.010)	0.032 *** (0.008)	0.007 (0.010)
截距	0.167 *** (0.017)	1.452 *** (0.090)	2.393 *** (0.074)	0.477 *** (0.064)
F	586.956	778.473	997.258	704.660
调整后 R^2	0.555	0.554	0.614	0.596
有效样本量(人)	5629	5629	5629	5629

注：*** $p<0.01$，** $p<0.05$，* $p<0.1$，括号内为标准误差。
资料来源：作者自制。

1. 应急管理显著提升居民安全感，但不同维度影响强度不同

根据回归分析结果，不管是应急管理的各维度，还是公众对于应急管理的总体评价，应急管理对居民安全感的影响始终显著为正，即应急管理工作越有效，居民安全感越高，因此假设1得到了经验数据的支持。表3中模型2结果显示，公众对应急管理的总体评价每提高一分，居民安全感将随之提高0.252个标准差。危机事件突然发生时，对事态的未知加剧了人们对自身安全状况的担忧，若此时政府能够做好应急管理工作，人们的生命财产安全能够得到有力保障，自身的安全感知也会更高。

具体来看，应急管理的不同维度对居民安全感的影响力度不尽相同。比较不同阶段应急管理对居民安全感影响的标准化系数，模型1结果表明应急恢复对居民安全感的作用强度最大（0.120），其后为应急预防（0.089）、应急预警（0.067），应急处置的影响力最小（0.020）。不难理解，相比于应急管理的其他阶段，应急恢复作为政府应急管理的结果，体现了突发事件发生后的政府应对与应急管理成效。应急恢复工作越有效，公众的正常生活秩序便能越早恢复，因此对自身所处环境会有越高的安全感知。

2. 社会信心显著影响公众安全感，且发挥中介效应

本研究使用认可度较高的逐步法对社会信心的中介效应进行检验，在验证应急管理对社会信心（模型2）、社会信心对公众安全感（模型3）均具有显著影响的基础上，将应急管理与社会信心同时纳入（模型4）。结果表明，应急管理与社会信心对公众安全感的影响依然显著，表明研究假设2得到了经验数据的支持，且应急管理对公众安全感的影响作用显著下降，说明政府信任的中介效应得以验证。

逐步法能够检验中介变量在其中的作用机制，但存在检验力弱的问题。本报告在上述研究的基础上进一步运用目前学界公认的检验中介效应更为准确的Bootstrap方法对社会信心的中介作用机制进行检验，结果如表4所示，社会信心在应急管理对公众安全感的影响中解释了30.6%的总效应，假设3得到了本研究的支持。也就是说，应急管理不仅对公众安全感具有直接提升作用，同时还具有通过提升社会信心，从而提升公众安全感的间接作用。有效的应急管理措施能够以尽可能快的速度和尽可能小的代价终止紧急状态，帮助公众回到正常状态，在这一过程中政府战胜危机的能力与决心显而易见，进而提升了公众的社会信心，对未来发展具有更加积极的预期，自身安全感也会提升。

表4 社会信心的中介机制分析结果

类目	点估计值	95%置信区间	
中介效应	0.074**	0.053	0.105
直接效应	0.213***	0.182	0.244
总效应	0.242***	0.214	0.270
中介解释力(%)	30.6	24.8	38.9

注：表中为基于 Bootstrap 重复抽样 1000 次的估计结果。
资料来源：作者自制。

四 强化应急管理对居民安全感的提升策略

从 2003 年 SARS 事件为起点，我国的应急管理进入新的发展阶段，在风险社会特征越来越明显、复合型灾害危机增多的背景下，我国的应急管理体系也需在危机应对中不断完善，建立"统一指挥、专常兼备、反应灵敏、上下联动"的中国特色应急管理体制，推动形成"源头治理、动态管理、应急处置相结合的社会管理机制"。

（一）做好灾后恢复与重建工作，满足公众安全需求

根据上文的数据分析结果，在应急管理的各维度中，应急恢复对居民安全感的提升作用最为强烈，其次为应急预防和应急预警，影响力相对最小的是应急处置。表明在突发事件中，相对于危机应对，强调恢复与重建的事后追踪对居民安全感具有更高的提升效应。首先应转换以往在应急管理中存在的"重应对、轻管理"的理念误区，有效的应急管理不应把眼光仅仅集中于事发之后的紧急应对上，同时要给予紧急应对处置之后应急恢复与重建更多的关注，以防连锁反应和衍生灾害的发生使得应急管理的社会效益大打折扣。其次要注重关键基础设施恢复，作为社会功能正常运转的"硬件"，关键基础设施是社会经济生存与发展的命脉，也是城市灾害危机脆弱性的重要标志，关键基础设施的恢复状况关乎社会成员生活回归正轨的时间，对社会

心态的稳定具有重要作用。最后要强化应急管理评估与服务供给机制，做好灾后服务工作。政府、市场和社会是灾后社会服务的三大供给主体，应以公共利益为目标，提供就业支持、个人心理服务、教育等灾后社会服务，不断创新服务内容以回应社会需求。

（二）完善应急预警和应急响应联动机制，稳定社会心态

有助于风险排查的事前预防以及危机事件发生初始的危机预警是提升应急管理能力的重要一环，以精确预警助力高效应急响应，确保应急管理各环节系统联动。一方面，运用现代信息技术以及信息资源管理技术提高对突发事件的监控、预警能力，建立统一高效的灾害预警发布机制，从而提醒公众及时采取措施有效规避风险。通过风险识别技术在预防与准备、预警与监测阶段强调对危险源的识别、确认以及分析，同时加强对突变中社会行为的预测与分析、对应灾能力的评估等，为应急响应提供分析基础和决策来源。另一方面，强化预警机制和响应机制的系统联动，以系统治理为标力争实现科学高效响应、分层分级处置、有力有序应对，推动应急管理体系和能力现代化建设。通过构建应急管理信息系统互通与共享机制，突破部门、条块分割所造成的信息系统分离状况，切实推进应急反应机制一体化。预警信息发布后依据预案和制度启动响应、落实措施，并及时向指挥部反馈行动进展，确保关键时刻管用顶用。

（三）提振社会信心，增强公众安全预期

回归分析结果表明，突发事件下的社会信心不仅对居民安全感具有显著的正向影响，同时在应急管理提升居民安全感的过程中也发挥部分中介效应。社会信心主要体现在两个方面，个体自我实现的程度与社会为人提供的福祉。[①] 前者强调的是社会信心主要来源于个体长期的生活经历与现实体验，是一种相对稳定的心理特征，后者则注重的是社会福利与公共服务对社

---

① 曾胜、伍麟：《应急时期调节社会心态的中国经验》，《决策与信息》2021年第1期。

会信心的影响，主要来源于外部保障。突发事件打破了人们惯常的心态，原有的社会信心难免在短时间内有所下降，此时灾后基础设施的恢复工作、资源的及时供给与社会福利的提供等是保障公众安全、提振社会信心的关键。此外，应注重风险沟通在危机事件中对社会信心的影响。不论是预防与准备、预警与监测、处置与救援还是善后与恢复等应急管理的不同阶段，风险沟通都具有满足公众信息需求、提振社会信心的重要作用，因此应通过及时有效的信息发布和舆论回应增加公众对当前危机应对成效的了解，尤其是通过正面案例的宣传提升公众社会信心，从而形成更加积极的安全预期，自身安全感也会更高。

（四）加强信息沟通，提升公众确定性感知

在危机事件发生时，面对事件发展态势的未知，处于信息弱势地位的公众具有强烈的信息渴求，不仅想要知道危机事件本身的特点、发生原因与发展态势，也希望了解政府举措和应对成效，从而能够在整体把握突发事件发展状况的基础上提升对所处环境的确定性感知。如今越来越多的公众倾向于在新媒体平台获取信息、交流意见，互联网对公众价值观的形塑作用越来越凸显，应给予大数据时代的信息治理更多的关注，加强政府与公众之间的信息沟通，通过及时有效的信息发布让公众了解相关事件进展和政府政策制定、制度执行的过程与结果，以高透明度展示政府的坦诚与负责，平息公众的焦虑与不安。不管是在危机事件潜伏期的事前预警阶段、危机爆发期的事中应对阶段，还是事件发生后的恢复重建阶段，都应主动拓宽信息沟通与传播渠道，充分利用好政务新媒体平台，具体可以通过探索建立重大危机事件新闻发布制度、网络信息安全管理制度等完善信息公开制度，敦促媒体真正履行好提供信息、引导舆论导向和稳定社会的职责，保障公民的知情权，最终构建全面、协调、可持续的信息传播网络，降低公众信息获取的成本，以良好的信息沟通增强战胜危机的信心。

应急管理背景下河南省居民幸福感状况调查分析

梁思源　张译丹*

摘　要：本报告对2021年河南省城市居民幸福感状况进行评估分析，结果表明，2021年河南省居民幸福感有所下降，略低于全国平均水平；18个地市幸福感差距增大，安阳市、济源市、洛阳市幸福感指数相对较高；农民和普通工人群体幸福感最低。从应急管理对幸福感的影响来看：河南省18个地市应急管理总体水平与幸福感正相关；应急管理相关感知性因素均对居民幸福感有一定的影响，其中应急恢复维度影响最为显著；志愿服务队伍、信息沟通、应急保障、经济秩序分别是影响应急预防、应急预警、应急响应和应急恢复阶段居民幸福感的最显著因素。河南省宜通过以下措施提升幸福感水平：增强弱势群体的抗冲击能力，切实解决民生问题；发展志愿服务队伍，积极促进社会参与；强化信息沟通，提高社区居民应对突发事件能力；加大公共服务供给和应急保障力度，减少突发事件负面影响；有序恢复经济秩序，逐步提高社会稳定性和居民幸福感水平。

关键词：居民幸福感　应急管理　河南

---

* 梁思源，郑州大学政治与公共管理学院副教授，社会治理河南省协同创新中心研究员，研究方向为社会治理与社会发展、土地资源管理；张译丹，郑州大学政治与公共管理学院2020级行政管理专业硕士研究生。

居民幸福感是衡量当前我国社会治理水平的一项重要指标，也是测量居民心理感受及生活水平变化的重要标准。幸福感是个体对自己生活状况的整体性评价，包括情感（正面情绪和负面情绪）和认知两方面评价[1]，其强调的是个体根据自定标准对生活质量水平的评价，受性别、年龄、生活质量、个体人格特质等主观或客观因素的影响[2]。追求幸福是人类社会发展的永恒课题，社会治理水平是影响居民幸福感的重要因素。近年来多发频发的公共安全突发事件，对城市应急管理能力提出了严峻的考验，影响了居民对"幸福"的感知度。本报告基于社会治理河南省协同创新中心2022年1月开展的"突发事件应急管理状况调查"数据，对河南省突发事件应急管理背景下居民幸福感水平及影响因素进行分析，为提升居民幸福感提供参考路径。

一 2021年河南省城市居民幸福感总体状况分析

（一）2021年河南省居民幸福感总体有所下降，略低于全国平均水平

2021年河南省频发公共突发事件，在新冠肺炎疫情防控背景下经历"7·20特大暴雨"等自然灾害，居民幸福感也随之起伏变化。通过对本次问卷调查赋值计算，结果显示，2021年河南省居民幸福感总体得分为73.0分，略低于全国平均水平（73.5分）；相对于2020年疫情防控背景下河南省居民幸福感76.0分与全国幸福感得分76.1分[3]，总体来看，2021年河南省居民幸福感与全国居民幸福感均呈下降状态；相较上一年度，2021年河南省居民幸福感下降幅度达到3.0分，大于全国总体下降幅度（2.6分）。2021

---

[1] Diener E., "Subjective Well-being. The Science of Happiness and a Proposal for a National Index", *American Psychologist*, 2000（1）.

[2] 池丽萍、辛自强：《幸福感：认知与情感成分的不同影响因素》，《心理发展与教育》2002年第2期。

[3] 梁思源、张译丹：《疫情防控背景下河南省城市居民幸福感状况调查分析》，载《河南社会治理发展报告（2021）》，社会科学文献出版社，2021，第68页。

年全国新冠肺炎疫情呈多点散发态势，虽然政府不断创新疫情管控方式，但常态化管控仍对居民日常生活和出行产生了不利影响。河南省多地市在2021年7月突发暴雨，形成城市内涝等严重灾害现象，造成重大人员伤亡和财产损失，均对居民幸福感产生一定影响，同时给各行各业的生产活动带来一定的阻碍，这些可能是河南省居民幸福感水平总体有所下降的主要原因。

（二）18个地市幸福感差距增大，安阳市、济源市、洛阳市幸福感指数相对较高

通过赋值计算河南省18个地市幸福感指数发现，2021年河南省18个地市中幸福感指数最高的为安阳市、济源市和洛阳市，得分分别为77.0分、76.7分和75.0分；低于70分一共有2个城市，最低的为三门峡市67.6分，其次为信阳市68.3分；其中，幸福感指数排名第9位的新乡市得分72.9分，接近平均分（73.0分），和许昌市（73.1分）一同处于中等水平。此外，通过与2020年18个地市幸福感指数相比较，济源市、安阳市居民幸福感呈提升状态，分别提升4.2分和1.4分，除此之外其余地市居民幸福感均有所下降。三门峡市幸福感变化最大，下降8.6分；其次是信阳市，下降7.2分；鹤壁市、平顶山市、许昌市、商丘市和焦作市五地均下降4分以上，洛阳市近两年居民幸福感相对稳定（见表1）。通过数据分析，2021年18个地市中得分最高的安阳市与得分最低的三门峡市相差9.4分，2020年幸福感最高分与最低分的差距为5.8分，相较而言，2021年河南省18个地市居民幸福感差距增大。

表1　近两年河南省18个地市居民幸福感排名

单位：分

序号	城市	2021年	2020年	差值
1	安阳	77.0	75.6	1.4
2	济源	76.7	72.5	4.2
3	洛阳	75.0	75.4	-0.4

续表

序号	城市	2021年	2020年	差值
4	濮阳	74.4	78.3	-3.9
5	郑州	74.0	76.5	-2.5
6	驻马店	73.8	76.8	-3.0
7	开封	73.5	75.2	-1.7
8	许昌	73.1	77.6	-4.5
9	新乡	72.9	76.7	-3.8
10	周口	72.4	75.2	-2.8
11	焦作	72.4	76.6	-4.2
12	漯河	72.1	75.2	-3.1
13	鹤壁	72.0	77.5	-5.5
14	南阳	71.8	74.4	-2.6
15	商丘	71.5	75.9	-4.4
16	平顶山	71.0	75.9	-4.9
17	信阳	68.3	75.5	-7.2
18	三门峡	67.6	76.3	-8.6
	河南省	73.0	76.0	-3.0

（三）农民和普通工人群体幸福感最低，高收入人群幸福感相对较高

农民和普通工人群体幸福感最低。本文根据问卷将职业划分为党政机关及事业单位工作人员，专业技术人员或高级管理人员，私营企业主，个体工商户，农民工或农民，普通工人或商业、服务业人员和其他人员共7类。首先，通过研究不同职业人群的幸福感程度可知，农民工或农民的幸福感水平最低，得分为69.9分；其次为普通工人或商业、服务业人员（70.3分）和个体工商户（70.7分）；党政机关及事业单位工作人员幸福感水平最高，得分为77.3分。为了研究突发事件对居民幸福感的影响，本文分析了"与突

发事件发生之前相比,您的幸福感程度有何变化"的调研结果,并重点统计了突发事件对居民幸福感的负面影响(大幅下降、略有下降)情况。统计结果显示,普通工人或商业、服务业人员(24.3%)、农民工或农民(24.1%)、个体工商户(23.8%)是受影响相对较大的人群,认为突发事件后幸福感下降;而党政机关及事业单位工作人员只有14.2%(见表2)。这说明2021年河南省内农民工或农民和普通工人或商业、服务业人员的幸福感最低,且突发事件给幸福感带来的负面影响超过其他群体,受突发事件负面影响最大。

表2 不同职业人群的幸福感水平及幸福感下降人群占比

单位:分,%

职业分类	幸福感水平	幸福感下降人群占比
党政机关及事业单位工作人员	77.3	14.2
专业技术人员或高级管理人员	74.6	15.6
私营企业主	73.0	16.7
个体工商户	70.7	23.8
农民工或农民	69.9	24.1
普通工人或商业、服务业人员	70.3	24.3
其他人员	73.9	18.0

高收入人群幸福感相对较高。本文将收入分为五大组,分别为全年总收入3万元及以下、3万~5万元(含)、5万~8万元(含)、8万~12万元(含)和12万元以上。通过研究应急管理背景下不同收入人群幸福感水平发现,8万~12万元(含)和12万元以上的高收入人群的幸福感水平相对较高,分别为76.2分和76.3分;仅有13.3%的12万元以上高收入人群认为幸福感受到了突发事件的负面影响(见表3)。物质生活水平是衡量幸福感的重要影响因素,尤其是在突发事件背景下,经济收入是居民幸福的根本保障。在本次疫情防控和暴雨灾害的双重影响下,高收入人群抗冲击能力较强,受突发事件的负面影响更小,幸福感相对较高。

表3 不同收入人群的幸福感水平及幸福感下降人群占比

单位：分，%

年收入	幸福感水平	幸福感下降人群占比
3万元及以下	72.5	19.6
3万~5万元(含)	72.7	20.9
5万~8万元(含)	72.4	22.4
8万~12万元(含)	76.2	16.0
12万元以上	76.3	13.3

二 基于应急管理分析框架的感知性因素对居民幸福感的影响分析

（一）分析方法

1. 方程设定与变量解释

根据应急管理分析框架，感知性因素可以分为应急预防、应急预警、应急响应、应急恢复四个维度。采用线性回归模型来分析感知性因素与河南省居民幸福感之间的关系，本部分主要研究应急管理感知性因素中二级指标、三级指标与居民幸福感的关系。在线性回归中，采取逐步回归的办法，先引入相关控制变量（非感知性因素）做回归分析，再根据应急预防、应急预警、应急响应和应急恢复四个二级指标维度，依次添加其三级指标进入回归模型，进行嵌套式回归分析，探讨自变量与因变量的独立关系，这种逐步回归的策略使得自变量对因变量的影响作用逐步清晰，可以较清楚地反映各种变量之间的相关关系。

本文根据影响因素指标体系设定如下回归方程：

$$Happiness_i = \beta_0 + \beta_1 x_1 + \beta_2 x_2 + \beta_3 x_3 + \cdots + \beta_i x_n + u$$

其中，$Happiness_i$ 代表因变量城市居民幸福感，相应的问卷调查问题为

"过去一年您对您的幸福感评价",其赋值是1~5的整数,分别代表幸福感"非常低""比较低""一般""比较高""非常高",数值越大,表示幸福感越高。

x_1,…,x_n代表本文的各核心变量与控制变量,在控制变量的选取中,本文参考问卷内容,设定幸福感受控制变量性别、职业、学历和收入等非感知性因素的影响;在核心变量的选取中,将应急预防、应急预警、应急响应和应急恢复二级指标中的三级指标作为各维度的主要变量,其数据赋值是1~5的整数,分别代表应急管理相关指标评价"非常差""比较差""一般""比较好""非常好",数值越大,表示居民评价越高。

β_0为常数项;β_i(i=1,2,3,…,n)为变量系数;u代表随机误差。变量的多重共线性检验主要是判断各模型的拟合程度以及各变量进行回归分析的基础性检验。因此,本文中各变量的方差膨胀因子VIF平均值为3.09,大于1小于10,说明模型不存在严重的多重共线性,可继续进行回归模型分析。

2. 模型设计与建构

基于"突发事件应急管理状况调查"数据,建立回归模型。模型设计思路如下。模型1是在加入控制变量的情况下,探究应急预防变量对居民幸福感产生的影响。模型2是在模型1的基础上添加应急预警变量,以探讨在控制变量和应急预防变量不变的情况下,应急预警对居民幸福感的影响程度。模型3在模型2的基础上加入应急响应变量,模型4在模型3的基础上加入应急恢复变量,以研究不同变量对居民幸福感的影响程度及其相互关系(见表4)。

表4 应急管理对居民幸福感的回归模型

	解释变量	模型1	模型2	模型3	模型4
	常数项	1.061	0.728	0.404	0.246
	性别	-0.090***	-0.087***	-0.082***	-0.068***
控制变量	职业	0.005	0.005	0.004	0.001
	学历	0.082***	0.085***	0.079***	0.059***
	收入	-0.013	-0.014	-0.011	-0.002

续表

解释变量		模型1	模型2	模型3	模型4
应急预防	物资储备	0.070***	0.047**	0.029*	0.025
	安全知识宣传	0.100***	0.064***	0.042***	0.026**
	管理制度建设	0.136***	0.068**	0.029	0.004
	志愿服务队伍	0.146***	0.099***	0.058***	0.048***
应急预警	信息沟通		0.149***	0.047*	0.005
	风险预警		0.057***	0.023***	0.008
应急响应	政府决策			0.081**	0.048*
	危机管控			-0.006	-0.037
	指挥救援			0.071**	0.023
	应急保障			0.088***	-0.001
	社会参与			0.079***	0.034**
应急恢复	调查评估				0.040**
	灾后救助				0.105***
	经济秩序				0.337***
	社会秩序				0.040
R^2		0.360	0.382	0.415	0.485
模型显著水平 F值		373.548***	327.919***	251.050***	262.929***

注：*、**、***分别表示相关系数通过0.05、0.01和0.001水平的显著性检验。

（二）主要结论

1.应急管理感知性因素均对居民幸福感有显著影响，其中应急恢复对幸福感的影响更为显著

回归模型结果显示，应急管理感知性因素均和居民幸福感呈正相关关系，对幸福感有显著影响。其中，模型4是在模型3的基础上引入应急恢复变量，包括调查评估、灾后救助、经济秩序和社会秩序四个三级指标，结果表明，在引入应急恢复变量后，R^2由模型3的0.415增加为模型4的0.485，模型解释力有了7.0%的提升，相比于引入应急预警（2.2%）、应急响应（3.3%）等变量，引入应急恢复变量后R^2的变化幅度最大，可以发现应急恢复对居民幸福感的影响最为显著。

应急恢复虽处于应急生命周期末端，但其跨域性与持久性特征对城市应急管理及社会治理具有至关重要的作用，及时有效的恢复重建不仅关注当前危机事件的解决，更重要的是以此为特殊契机探索面向未来的发展措施。应急恢复工作呈现承接性与递进性特征，灾后恢复和重建应是前后相继、依次递进的关系，因此应急恢复重建状况与灾后城市发展具有正相关的递进关系。[①] 突发事件对城市经济建设具有一定影响，据调查，2021年三季度以来，严重的洪涝灾害、新冠肺炎疫情等因素对河南省经济发展产生了较大冲击，主要指标增速出现不同程度回落，根据地区生产总值统一核算结果，前三季度全省地区生产总值44016.24亿元，增速比上半年回落3.1个百分点[②]，经济恢复对城市发展至关重要。灾后城市恢复还包括政治、社会、文化、环境等治理方面的恢复，最重要的是涉及民生问题的基础生活设施、道路交通、公共服务等方面的恢复，其影响居民生产生活的便利性。应急恢复的差异性同时关系着居民社会心理的差异性，影响居民对未来生活的心理预期和发展信心，城市居民是否可以在遭遇突发事件后快速、高效、平稳地回归正常的就业生活，直接影响居民幸福感高低。

2. 志愿服务队伍在应急预防维度中对居民幸福感影响最为显著

社区和基层群众志愿服务队伍建设是有效预防灾害的关键保障。模型1是在非感知性因素的基础上加入应急预防维度的三级指标，回归结果显示，在应急预防维度，物资储备、安全知识宣传、管理制度建设、志愿服务队伍均与居民幸福感呈正相关关系，其中，志愿服务队伍影响最为显著，回归系数为0.146，其次为管理制度建设（0.136）、安全知识宣传（0.100）和物资储备（0.070），上述指标均通过0.1%的显著性检验，均提升居民幸福感。突发事件发生时，总是伴随着不确定风险，这些突发事件的处置、救助需要具备一定专业知识和专业能力的人才队伍，而志愿服务队伍是现代社会

[①] Brandon, "Extreme Management in Disaster Recovery", *Procedia Engineering*, 2011, 14 (9).
[②] 河南省统计局：《2021年前三季度全省经济运行情况》，http://tjj.henan.gov.cn/2021/10-20/2330056.html。

基层治理的重要支撑力量。在应急预防阶段依据突发事件的性质、类型特点等建立专业化的志愿服务队伍，做好充分的安全知识宣传工作可以增强居民的预防能力，在事件发生的第一时间开展自我救助工作；完善的管理制度建设和物资储备在应急预防阶段也能增强居民自身的安全保障能力，对提升幸福感有着关键作用。

3. 信息沟通是应急预警维度对幸福感产生显著影响的关键因素

从模型2的回归结果可以看出，信息沟通和风险预警在应急预警维度均对居民幸福感起到正向作用，信息沟通的回归系数为0.149，相比于风险预警（0.057），是影响幸福感的最关键因素。在新媒体时代，突发公共事件发生后的心理感受往往与网络信息、现实集体行动交织共振，在风险认知偏差、沟通不及时等社会机制作用下产生放大效应，迅速、及时、准确地发布与传递信息可以正向影响居民对风险事件的评估和感受。在应急预警阶段，信息可以借助互联网迅速扩散，个体是信息的有效接受者，同时也是信息的传播节点，有效的信息沟通和风险预警可以减少突发事件带来的社会恐慌等负面情绪，稳定群众心理，提高居民身心承受能力，降低焦虑感和不安全感。

4. 应急保障在应急响应维度显著影响居民幸福感

模型3在模型2的基础上加入了应急响应维度，其回归结果显示，政府决策、指挥救援、应急保障、社会参与均和幸福感呈现正相关关系，显著影响居民幸福感。其中，应急保障（0.088）、社会参与（0.079）和指挥救援（0.071）对幸福感的影响最为显著，均通过0.1%的显著性检验；政府决策也对幸福感产生一定影响；除此之外，危机管控未通过显著性检验。从新冠肺炎疫情和"7·20特大暴雨"两次突发事件中可以看出，充足的物资、及时有效的应急保障是帮助群众渡过危机的关键，为应急管理提供必要条件，应急保障还可以在一定程度上安抚居民情绪，减少心理恐慌，起到促进社会稳定的作用。同时，随着社会的发展，社会治理主体呈现多元化趋势，城市居民主人翁意识不断增强，积极参与社会治理，尤其是在公共危机事件中，社会参与展示了人民巨大的凝聚力，也提升了居民自身的参与感和防护救助能力，在一定程度上提升居民幸福程度。政府决策和指挥救援也对幸福感有一定影响，正确的决策、高效的指挥救援可以在应急响应阶段有效提升政府的救援质量，节约相应的人力、物力成本，使得应急响应的救助效果最大化。

5. 在应急恢复维度经济秩序是影响居民幸福感的最显著因素

由模型4的回归结果可知，在控制变量、应急预防、应急预警和应急响应变量不变的情况下加入应急恢复变量，经济秩序（0.337）和灾后救助（0.105）最影响居民幸福感水平，其中经济秩序是最显著因素；调查评估也对居民幸福感产生一定影响。突发事件是"变量"，经济社会发展是"常量"。突发事件、自然灾害对国家经济社会的影响是暂时性、可控的，但是政府要充分估计和应对短期灾害造成的负面影响，如果拖成"持久战"，应急恢复就会更加困难，对经济社会发展、个人精神物质生活等的冲击就更大。因此，经济秩序是应急恢复中最关键的环节，与居民的日常生活和工作息息相关，最能影响居民幸福感程度。同时，灾后救助对于应急管理过程而言是不可或缺的关键步骤，食物、水源供应是重中之重，受灾群众的生活保障和心理承受能力不可忽视，灾后救助的实际情况可直观反映居民幸福感水平。

三　启示与建议

（一）增强弱势群体抗冲击能力，切实解决民生问题

在"大应急"的时代背景下，切实解决民生问题就是提升居民幸福感的"总开关"。党的十九届六中全会指出："必须以保障和改善民生为重点加强社会建设，在幼有所育、学有所教、劳有所得、病有所医、老有所养、住有所居、弱有所扶上持续用力，加强和创新社会治理，使人民获得感、幸福感、安全感更加充实、更有保障、更可持续。"不同群体的民生需求差异显著，其中，弱势群体的应急能力较差，在应对突发事件时力量薄弱，需要

重点关注。一是重视弱势群体的需求，加强其抗冲击能力建设。首先要改善弱势群体经济状况。根据其主体构成的差异性，采用不同的救助方式与救助程度；通过畅通利益诉求与维权渠道、积极的创业就业引导等方式，提高弱势群体"造血能力"，达到可持续的经济改善效果。其次要重点把握弱势原因与群体自身需求，加强医疗、教育、养老、住房等方面的资源建设，有效、适宜、精准地为弱势群体匹配资源，满足其物质、精神等各层面的需求，提高弱势群体的安全感与幸福感。最后，在摸清弱势群体知识和技能需求的基础上，结合生活生产特点，政府部门及当地社区应提供多样化、系统化的应对突发事件的知识及能力培训，结合新媒体引导和积极的心理干预措施，增加现身说法与案例展示等，使弱势群体在自身综合素质、应急能力、社会融合等方面得到全面改善。二是解决好衣食住行等民生问题，加强人文关怀和心理疏导。在"大应急"时代，保障居民的基本需求，要把提高收入水平放在关键位置，增加就业岗位，优化创业环境，加快收入分配体制改革，缩小不同人群收入差距；加强人文关怀和心理疏导，提高居民的心理健康水平，注重文化熏陶和应急安全知识宣传，引导居民建立自尊自信、积极向上、坚定理性的社会心态。

（二）发展志愿服务队伍，积极促进社会参与

在应急预防阶段，志愿服务队伍最影响居民幸福感程度。应急管理背景下，社会参与是重要的社会治理方式之一，一方面可以充分利用社会力量减轻突发事件带来的负面影响；另一方面可以满足居民社交等多方面需求，增强自救互救能力，从而降低风险来临时的焦虑感与紧张感，提升幸福体验。第一，发展志愿服务队伍，拓宽社会救援组织、志愿服务队伍的参与渠道。要细化志愿者招募程序，对正式注册参与应急管理的社会力量进行规范化管理，按照专业领域和特长对社会组织、社会工作者、志愿者等进行分类统计和资质认定，从而在不同的应急领域和应急阶段调用；搭建平台，做好管理服务和信息共享，协调社会力量参与志愿服务队伍。第二，强化培训，提升志愿服务队伍专业化能力。我国的社会力量普遍缺乏教育培训，虽然参与热

情高涨,但在专业技能和知识要求方面存在一定差距,迫切需要完善培训机制,加强专业能力培训。可以采取资格认证培训和继续教育培训等多种方式,对志愿者开展专业能力培训;鼓励社会团体、公益机构广泛开展"应急教育和自救互救培训工程",针对不同群体特点,制订"菜单式"培训方案,突出针对性、实用性。第三,多措并举,激发社会力量参与应急管理的热情。鼓励社会力量通过参与应急救援、实施款物捐赠、设立帮扶项目、投资基础设施、提供志愿服务等方式积极参与应急管理;采用市场化方式,以合同、付费购买等形式开展应急管理合作,提高应急管理效率、降低管理成本;充分运用财政补贴、保险、税费、信贷等手段,引导企业积极参与应急物资产品研发制造、应急教育培训等,适应保障公共安全的要求;借助媒体,广泛发动,宣传社会力量参与应急管理的典型事迹,多种形式表彰奖励先进组织和个人,营造社会力量参与应急管理的良好氛围。

(三)强化信息沟通,提高社区居民应对突发事件能力

社区作为社会治理的基本单元,是应急预防、预警、响应和恢复的关键环节,其应急管理功能直接影响公共安全和居民幸福感。社区应急管理更是居民生命安全保障的"第一步"。要提高社区居民应对突发事件的能力,第一,要有切实可行的应急预案。凡事预则立,切实可行的指导性预案能在面临突发事件时迅速采取行动,同时社区制定应急预案要有针对性、专业性,提高实际效力。第二,要建立准确畅通的信息发布、沟通渠道,强化信息沟通。充分运用科技手段建立综合的应急公共服务平台,以大数据、互联网和人工智能等新技术,为应急管理工作提供信息技术支撑,有效推动基层政务公开标准化、规范化,提升社区舆情管理和处理能力。此外,在突发事件发生的第一时间,社区应向公众发布简要信息,并及时发布初步核实情况、政府应对措施和居民防范措施等信息,并根据事件处置情况做好后续信息发布工作,避免造成恐慌,同时强化居民的警觉意识和自我防护意识。第三,要普及安全防护知识,加强实战演练,提高居民自救互救能力。要充分利用社区范围内活动室、文化站、文化广场以及宣传栏等空间,通过多种形式广泛

开展应急知识普及教育；开展"社区防灾论坛"，提升居民对危机的认识，锻造居民应对危机的能力；以提升应急能力为目的，组织社区居民参加防灾减灾安全演练行动，提高居民的预防、避险、自救互救和减灾能力。

（四）加大公共服务供给和应急保障力度，减少突发事件负面影响

应急保障是应急响应阶段的最关键因素，应急保障体现人力、物力、财力等资源的储备调配水平，同时公共服务高质量供给和应急保障力度的加大可以从心理层面安抚缓解居民的紧张、不安情绪，从物质层面保障居民的基本生活，有效降低突发事件给居民幸福感带来的负面影响。稳定应急管理背景下的居民幸福感水平，一是要强化应急保障体系建设，以保障突发事件下居民的基本生活。首先要建立统一的应急物资保障机制，按照"集中统一、科学储备、精准调配、资源共享"的原则，建立以城市应急管理部门为核心、其他部门共同协作的应急物资保障体系。其次要加强区域间协调，强化物资信息平台应用，全面推广使用"应急资源管理平台"，实现应急救灾物资管理工作的信息化、网络化，并在实战中检验和完善平台功能，保障居民生活。最后要提高物资管理水平，建立健全物资管理、调配制度，规范管理程序，对物资进行分类堆码，加强对储备物资的维护保养。二是要加大公共服务供给，强化部门协同性、响应性。应急管理背景下居民的公共服务需求具有紧迫性、多样性、特殊性和突出性的特点，更需要发挥公共服务保障民生安全和发展的积极作用。要进一步完善基础设施建设，重点强调医疗卫生系统的支持和社会保障的"兜底"作用；合理利用公共空间，必要时转变为应急避难场所、公共卫生中心、临时收容场所等应急场地，切实提高风险抵御能力；同时应急公共服务要求在突发事件发生时医疗、消防、交通等各个部门快速协同、积极响应，全力开展抢险救灾工作，最大限度降低灾害损失和突发事件负面影响。

（五）有序恢复经济秩序，逐步提高社会稳定性和居民幸福感水平

在城市应急恢复过程中，经济社会恢复程度最能反映城市居民的幸福感

水平。突发事件在一定程度上影响社会稳定性，想要有序恢复和谐稳定的社会环境，就要重点关注经济、社会秩序的恢复重建。首先，要结合疫情防控措施，加快畅通人流物流。推动不同行业人员合理有序流动，迅速恢复交通运输服务；畅通物流运输通道，通过为企业人员和特殊人群发放车辆通行证、人员出入证等方式，为居民复工复产开辟交通运输绿色通道。其次，要加快政府投资和项目建设，推进服务业等行业复苏。积极推进重点项目建设恢复，引进招商引资项目；简化商贸企业复商复市手续，加快推动批发零售、住宿餐饮和居民服务业恢复正常经营，保障居民生活必需品供应。最后，政府要及时、透明地向居民发布因灾害造成的损失及对应的灾后恢复重建信息，使居民准确掌握生活环境动态；同时采取一系列有利于经济秩序恢复的措施，如发放购物优惠券等，鼓励居民理性消费，对当地小微企业或受影响较大的企业进行适当的帮扶和经济上的援助，科学统筹灾后重建工作。灾后恢复水平最能影响居民幸福感程度，只有重视经济秩序方面的恢复，才能快速、有效地恢复和谐安全的社会环境，才能逐步提高居民幸福感。

突发事件应急管理背景下河南省居民获得感状况实证分析[*]

樊红敏　张琼月　韩京颖[**]

摘　要： 本报告基于2022年"突发事件应急管理状况调查"河南省数据，分析突发事件应急管理对居民获得感的影响。研究结果表明，2021年河南省居民获得感较往年大幅下降；其中个体工商户和私营企业主获得感、青年人群获得感下降幅度较大。回归分析发现，应急恢复和应急救援对居民获得感影响更显著；应急预防维度风险监测和风险预警对居民获得感影响更为明显；应急处置维度信息发布与回应和应急资源动员显著影响居民获得感；应急恢复维度生活秩序恢复对居民获得感影响更大。在突发事件应急管理背景下河南省宜从以下四个方面提升居民获得感：一是加强应急预防教育，增强居民应对突发事件的信心和能力；二是提高风险预警和信息沟通能力，为提升居民获得感保驾护航；三是强化灾后救援工作，提升居民战胜灾情的信心和心理预期；四是着力于生活秩序恢复，提升居民安全感和舒适感。

关键词： 突发事件应急管理　居民获得感　河南

---

[*] 基金项目：河南省高校哲学社会科学创新团队项目"市域社会治理融合发展研究"（项目编号：2021-CXTD-07）。

[**] 樊红敏，郑州大学政治与公共管理学院教授，博士生导师；张琼月、韩京颖，郑州大学政治与公共管理学院2020级硕士研究生。

获得感是一个具有中国特色的概念,是指人民群众在社会发展过程中获得物质和精神利益而产生的主观感受。党的十九届六中全会要求以保障和改善民生为重点,加强和创新社会治理,使人民获得感、幸福感、安全感更加充实、更有保障、更可持续。2021年河南省突发事件多发频发,涉及多个领域、多种类型,包括自然灾害类、公共卫生事件类、事故灾难类等,对突发事件应急管理提出了挑战,也对居民获得感产生了重大影响。河南省十一次党代会强调着力保障和改善民生,加快推进灾后重建,保障受灾群众基本生活。因此,突发事件应急管理背景下如何提升居民获得感是一个重大议题。

本文以社会治理河南省协同创新中心2022年1月开展的"突发事件应急管理状况调查"河南省有效问卷5643份为数据基础,建立分析框架,对突发事件应急管理(如暴雨洪灾、新冠肺炎疫情等)背景下河南省城市居民获得感变化及影响因素进行评价分析,并在此基础上提出增强河南省居民获得感的政策建议。

一 获得感概念界定及评价方法

(一)概念界定

关于居民获得感的内涵,学界普遍认为居民获得感是个体基于客观获得产生的主观感受,客观获得指的是经济社会发展过程中,居民在个人收入、社会安全、公共服务、权利保护以及社会参与等方面实实在在的获益和"得到",主观感受指的是客观获得带来的精神愉悦以及在实现个体权利与尊严方面得到的满足。居民获得感不仅强调实实在在的获得以避免过于抽象,还结合了实际获得带来的积极心理感受,体现了社会个体对外在客观物质利益与内在主观精神感知的统一。《河南社会治理发展报告》连续5年开展河南省居民获得感评价,建立了包括居民安全感、尊严感与满足感3个二级指标和11个三级指标的评价指标体系。2021年居民获得感评价充分考虑并关注突发事件应急管理（如暴雨洪灾、新冠肺炎疫情等）背景，以居民获得感的主观感知和突发事件前后居民获得感变化为评价指标和因变量，建立分析框架，重点关注突发事件对居民获得感的影响以及如何提升居民获得感。

（二）评价方法

本文首先对河南省居民获得感按5级量表进行等次划分，分别为"非常低、比较低、一般、比较高、非常高"，并按照李克特量表将5个等级分别赋值为1~5分，计算得出居民获得感指数，将指数转换为百分制后，得到全省及18个地市居民获得感评价得分。其中，居民获得感指数评定标准为：20~40分（含）为"低"；40~60分（含）为"比较低"；60~70分（含）为"中"；70~80分（含）为"比较高"；80~100分（含）为"高"。另外，本文把河南省居民获得感变化状况划分为"大幅下降、略有下降、没有变化、略有提升、大幅提升"5个等级并进行赋值，-2表示大幅下降，2表示大幅提升，计算得出居民获得感变化指数。其中，居民获得感变化指数评定标准为：负值代表下降，负值越小下降程度越大，正值代表提升，正值越大提升程度越大，0代表没有变化。

其次，本文采用最小二乘法建立4个嵌套回归模型，将突发事件应急管理中的应急预防、应急处置、应急救援、应急恢复纳入模型进行分析，进一步考量突发事件对居民获得感产生的影响。

二 突发事件应急管理对居民获得感影响分析框架

（一）突发事件应急管理对居民获得感影响分析框架

关于突发事件应急管理的概念内涵，学界分别从其包含的领域、涉及的主体、过程特征等角度进行了研究探讨。本文认为突发事件应急管理的内涵可以界定为政府为了防止事态扩大，减少损失，在突发公共事件爆发前后的整个时期内，有步骤、有秩序地对其进行预警、处置、救援和恢复的动态管理过程。

《河南社会治理发展报告（2021）》从应急管理的全过程管理视角分析评价了居民获得感状况，建立疫情防控要素框架，将要素分为应急预防、应急管控、应急恢复三个维度。2022年，本报告从突发事件应急管理全过程的视角，建立新的要素框架，参考突发事件应急管理的不同阶段，将要素分为应急预防、应急处置、应急救援、应急恢复四个维度。在应急预防维度，选取了应急制度建设、危机教育、应急资源保障、风险监测、风险预警五个要素；在应急处置维度，选取启动响应、应急指挥、现场处置、信息发布与回应、应急资源动员五个要素；在应急救援维度，以灾后救援为关键要素；在应急恢复维度，选取总结评估、生活秩序恢复、经济秩序恢复、心理安抚四个要素。以系统性、代表性、可操作性及互斥性为原则，建立突发事件应急管理影响居民获得感的要素框架（见表1）。

表1　突发事件应急管理对居民获得感影响分析框架

一级指标	二级指标
应急预防	应急制度建设
	危机教育
	应急资源保障
	风险监测
	风险预警
应急处置	启动响应
	应急指挥
	现场处置
	信息发布与回应
	应急资源动员
应急救援	灾后救援
应急恢复	总结评估
	生活秩序恢复
	经济秩序恢复
	心理安抚

（二）研究假设

面对突发事件（如新冠肺炎疫情、暴雨洪涝等），人民群众的心理情绪、生命健康、财产安全和生活秩序都受到严重影响，同时社会和经济的健康稳定发展也受到了消极影响。突发事件与居民获得感负相关。突发事件背景下，积极有效的应急管理可以降低一定的负面影响，对居民获得感产生积极效应。积极有效的突发事件应急管理过程包括应急预防、应急处置、应急救援和应急恢复，这四个维度的要素都可能对居民获得感产生积极影响，因此本报告提出第一个研究假设。

假设一：居民获得感变化受到应急预防、应急处置、应急救援、应急恢复四个维度全过程的影响，获得感与突发事件应急管理水平呈正相关关系。

在突发性危机中，公众面对的风险，不仅受到外部危机水平的影响，而且受社会灾害预防水平的影响。因此应急预防是影响获得感的重要变量之一，应急预防五个要素应急制度建设、危机教育、应急资源保障、风险监测和风险预警可以降低突发事件的消极影响，基于此，本报告提出第二个研究假设。

假设二：在应急预防维度，应急制度建设、危机教育、应急资源保障、风险监测和风险预警与居民获得感呈正相关关系。

从经验来看，对于新冠肺炎疫情、暴雨洪涝等这类重大突发事件，有效启动应急响应、发动应急指挥效能，组织动员志愿服务并充分调配应急物资，保证信息发布及时、政府回应到位，能够给予居民战胜危机的明确预期，从而影响居民在突发事件过程中的获得感。基于此，本报告提出第三个研究假设。

假设三：在应急处置维度，启动响应、应急指挥、现场处置、信息发布与回应和应急资源动员与居民获得感呈正相关关系。

灾后救援作为应急救援最核心的组成部分，致力于最大限度保障人民群众的生存权利。面对突发性灾难，救援有力能大幅提升公众的安全感和个体在灾害危机中的生存信心。基于此，本报告提出第四个研究假设。

假设四：在应急救援维度灾后救援与居民获得感呈正相关关系。

恢复与重建是突发事件应对的重要环节。应急恢复包括总结评估、生活秩序恢复、经济秩序恢复和心理安抚，总结评估有助于完善当地突发事件应急管理体系，增强居民安全感；生活秩序恢复有助于居民尽快脱离危机状况，恢复有序生活状态；经济秩序恢复有助于尽最大可能减少居民个人财产损失，保证居民就业和收入稳定；心理安抚有助于缓解居民遭遇突发事件后产生的心理创伤，在精神层面传递正能量。基于此，本报告提出第五个研究假设。

假设五：在应急恢复维度，总结评估、生活秩序恢复、经济秩序恢复和心理安抚与居民获得感呈正相关关系。

三 2021年居民获得感状况总体分析

（一）河南省居民获得感总体为中下等水平，较往年大幅下降

2021年河南省居民获得感指数在60分以下。对全省居民获得感进行赋值计算，转换得分后，2021年河南省居民获得感指数为54.2分，处在中等偏下水平。与2018年（67.9分）、2019年（70.3分）、2020年（67.5分）

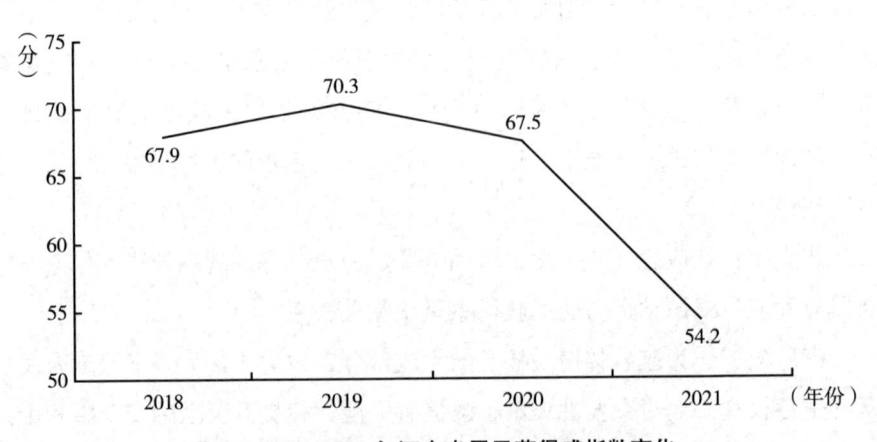

图1 2018~2021年河南省居民获得感指数变化

相比，2021年河南省居民获得感指数下降明显。同时，经过频数分析可知，居民认为获得感与疫情前相比有所下降和基本没变的占85.5%，认为获得感有所增加的占比低于15%，大多数居民的获得感未发生变化或有所下降。

（二）18个地市获得感明显下降，济源、驻马店、濮阳获得感指数排名靠前

从2021年各地市的获得感指数对比来看，济源、驻马店、濮阳获得感指数排名靠前，得分依次为57.6分、57.4分、56.3分。驻马店市连续3年获得感指数排名靠前，洛阳等城市的居民获得感指数近3年持续下降，其他地市的居民获得感指数受突发事件影响起伏明显，获得感指数与2020年、2019年相比均下降明显（见表2）。

表2 2019~2021年18个地市居民获得感指数

单位：分

序号	城市	2021年	2020年	2019年
1	济源	57.6	66.4	72.7
2	驻马店	57.4	68.4	76.4
3	濮阳	56.3	69.4	66.1
4	周口	55.3	66.8	70.9
5	安阳	55.2	66.2	69.0
6	新乡	55.0	68.2	67.4
7	商丘	54.7	66.0	71.0
8	洛阳	54.4	66.8	69.4
9	南阳	54.2	66.0	69.3
10	开封	54.2	66.4	69.6
11	信阳	54.1	65.4	70.8
12	鹤壁	54.0	67.8	66.9
13	平顶山	54.0	65.8	66.5
14	郑州	53.2	67.2	68.9

续表

序号	城市	2021年	2020年	2019年
15	漯河	52.5	69.6	74.2
16	许昌	51.8	67.4	72.5
17	焦作	51.1	67.6	72.7
18	三门峡	49.3	70.6	72.2

（三）群体比较中个体工商户和私营企业主获得感下降幅度最大

个体工商户和私营企业主获得感下降最多，个体工商户和农民工或农民获得感最低。按照受访者职业的不同，将社会群体划分为农民工或农民，普通工人或商业、服务业人员，个体工商户，私营企业主，专业技术人员或高级管理人员、党政机关及事业单位工作人员。其中个体工商户获得感最低，得分为49.6分，且个体工商户和私营企业主获得感下降幅度最大，分别下降16.6分和16.3分。农民工或农民的获得感也最低，且其获得感下降幅度较大，下降15.0分。表明个体工商户、私营企业主和农民工或农民在常态化疫情防控及突发灾害背景下收入及安全感受到了很大的影响。另外，党政机关及事业单位工作人员获得感最高，为61.2分。此外，与突发事件发生前相比，不同职业群体获得感均有所下降。稳定性较好、收入较高的职业群体获得感受疫情影响相对较小，专业技术人员或高级管理人员获得感变化幅度最小，下降12.6分，获得感下降最多的依次为个体工商户、私营企业主、农民工或农民（见表3）。

表3 不同职业群体获得感指数

单位：分

职业	2021年	2020年	变化指数
党政机关及事业单位工作人员	61.2	74.4	-13.2
专业技术人员或高级管理人员	58.8	71.4	-12.6
私营企业主	54.4	70.7	-16.3

续表

职业	2021 年	2020 年	变化指数
个体工商户	49.6	66.2	-16.6
农民工或农民	49.6	64.6	-15.0
普通工人或商业、服务业人员	52.8	65.6	-12.8

（四）中年人群获得感最低，青年人群获得感下降幅度最大

不同年龄人群获得感差异不大，除 51 岁及以上高龄组和中老年组，其他人群的获得感均有不同程度的下降。本文将全省年龄变量分层，分别设为 30 岁以下青年组、30~50 岁中年组和 51~65 岁中老年组，以及 65 岁以上高龄组。分别对各年龄层获得感评价进行百分制计算，结果显示，从居民总体获得感评价来看，65 岁以上高龄组总体获得感指数最高（57.2 分），30~50 岁中年组总体获得感指数最低（51.3 分），而青年组获得感在疫情前后下降幅度最大，下降 1.1 分（见表4）。

表 4 不同年龄人群获得感指数

单位：分

年龄分层	2021 年	2020 年	变化指数
65 岁以上高龄组	57.2	55.9	1.3
51~65 岁中老年组	54.9	53.2	1.7
30 岁以下青年组	53.4	54.5	-1.1
30~50 岁中年组	51.3	52.2	-0.9

四 疫情防控对居民获得感的影响分析

（一）模型建构及回归分析

基于以上突发事件应急管理影响因素框架及研究假设，本文采用最

小二乘法建立四个模型进行嵌套回归分析。首先，在模型1中只纳入控制变量与应急预防变量，目的是检验应急预防是否对居民获得感产生影响以及影响程度如何；其次，在模型1的基础上纳入应急处置变量构建模型2，判断其对居民获得感的影响；再次，在模型2的基础上纳入应急救援变量建立模型3，从而检验应急救援对居民获得感的影响；最后，在模型3的基础上加入应急恢复变量建立模型4，判断应急恢复对居民获得感的影响。具体分析结果如表5所示。

表5 突发事件应急管理对获得感影响的回归模型

纳入模型的变量		因变量:获得感的变化			
		模型1	模型2	模型3	模型4
控制变量	常数项	0.725	0.285	0.272	0.168
	性别(男=1)	-0.024** (0.018)	-0.025* (0.017)	-0.027** (0.017)	-0.019** (0.016)
	年龄	-0.045*** (0.013)	-0.036** (0.013)	-0.034** (0.013)	-0.025** (0.012)
	学历	0.008* (0.005)	0.003 (0.004)	0.003 (0.004)	-0.001 (0.004)
	居住时间	0.072*** (0.011)	0.071*** (0.010)	0.070*** (0.010)	0.058*** (0.009)
应急预防	应急制度建设	0.155*** (0.017)	0.075*** (0.017)	0.069*** (0.016)	0.041*** (0.015)
	危机教育	0.118*** (0.013)	0.086*** (0.013)	0.079*** (0.013)	0.054*** (0.012)
	应急资源保障	0.125*** (0.006)	0.065*** (0.005)	0.062*** (0.005)	0.040*** (0.005)
	风险监测	0.186*** (0.017)	0.039** (0.018)	0.029* (0.018)	-0.003 (0.017)
	风险预警	0.179*** (0.005)	-0.047** (0.007)	-0.043** (0.007)	-0.002 (0.006)

续表

纳入模型的变量		因变量:获得感的变化			
		模型 1	模型 2	模型 3	模型 4
应急处置	启动响应		0.056 ** (0.019)	0.041 ** (0.019)	0.028 * (0.018)
	应急指挥		0.090 *** (0.020)	0.068 *** (0.020)	0.037 ** (0.019)
	现场处置		0.054 ** (0.02)	0.007 (0.020)	-0.024 (0.019)
	信息发布与回应		0.203 *** (0.005)	0.181 *** (0.005)	0.026 (0.005)
	应急资源动员		0.188 *** (0.010)	0.150 *** (0.010)	0.041 ** (0.010)
应急救援	灾后救援			0.176 *** (0.018)	0.089 *** (0.017)
应急恢复	总结评估				0.057 *** (0.011)
	生活秩序恢复				0.235 *** (0.015)
	经济秩序恢复				0.151 *** (0.014)
	心理安抚				0.104 *** (0.011)
R^2		0.444	0.500	0.509	0.566
模型显著水平　F 值		496.028 ***	403.672 ***	391.326 ***	388.902 ***

注：* 、** 、*** 分别相关系数通过 0.05、0.01 和 0.001 水平的显著性检验。

（二）研究发现

1. 相对于应急预防、应急处置及应急救援，应急恢复对居民获得感影响更显著

模型 4 是在模型 3 的基础上引入应急恢复变量的回归结果。数据分析表明，引入应急恢复变量后，R^2 由模型 3 的 0.509 增加至模型 4 的 0.566，相对应的F值变为388.902（p=0.000），整体模型对居民获得感的影响十分显著。在引入应急恢复变量以后，模型的解释力有了5.7%的提升，说明应急恢复变量对居民获得感影响最大。

2. 在应急预防维度，风险监测和风险预警显著影响居民获得感

模型1是仅加入控制变量与应急预防变量的回归结果，数据显示，整体模型F值为496.028（p=0.000），这表明模型1显著成立。我们发现，该模型的调整R^2为0.444，意味着个体特征与应急预防对居民获得感的变化具有0.444的解释力。为了进一步探究应急预防在不同方面对提升获得感产生的影响，将应急预防分为应急制度建设、危机教育、应急资源保障、风险监测和风险预警五个测量指标。具体而言，应急制度建设（0.155）、危机教育（0.118）、应急资源保障（0.125）、风险监测（0.186）和风险预警（0.179）都对居民获得感发挥显著的提升作用，但比较其标准化回归系数可以清晰地看到，相较于其他三项要素，风险监测和风险预警对于提升居民获得感的解释力与影响力更强，风险监测和风险预警每提升一个级别，居民获得感将随之分别提升18.6%和17.9%。

3. 在应急处置维度，信息发布与回应和应急资源动员显著影响居民获得感

模型2在模型1的基础上引入应急处置变量。结果显示，模型调整R^2由先前的0.444增至0.500，证明模型的解释力进一步增强。为了进一步探究应急处置在不同方面对提升获得感产生的影响，将应急处置分为启动响应、应急指挥、现场处置、信息发布与回应和应急资源动员五个测量指标。具体而言，启动响应（0.056）、应急指挥（0.090）、现场处置（0.054）、信息发布与回应（0.203）和应急资源动员（0.188）都对居民获得感发挥显著的提升作用，但比较其标准化回归系数可以清晰地看到，相较于其他三项要素，信息发布与回应以及应急资源动员对于提升居民获得感的解释力与影响力更强。信息发布与回应每提升一个级别，居民获得感将随之提升20.3%，应急资源动员每提升一个级别，居民获得感将随之提升18.8%。

4. 在应急救援维度，灾后救援对居民获得感有显著影响

模型3在模型2的基础上引入应急救援变量。在模型3中用灾后救援来衡量应急救援变量。总体来看，灾后救援（0.176）对居民获得感发挥显著的提升作用。灾后救援每提升一个级别，居民获得感将随之提升17.6%。

5. 在应急恢复维度，生活秩序恢复对居民获得感影响非常显著

模型4在模型3的基础上引入应急恢复变量。为了进一步探究应急恢复对居民获得感的影响，在模型4中把应急恢复变量分为总结评估、生活秩序恢复、经济秩序恢复以及心理安抚四个测量指标。总体来看，总结评估（0.057）、生活秩序恢复（0.235）、经济秩序恢复（0.151）以及心理安抚（0.104）都对居民获得感发挥显著的提升作用。相比于其他三项要素，生活秩序恢复对居民获得感的解释力度最高。生活秩序恢复每提升一个级别，居民获得感将随之提升23.5%。

五 机理分析

（一）及时准确的风险监测和风险预警可使居民对公共突发事件建立积极预期，显著提高居民安全感

政府及社会对灾害的预警能力越强，其预警提示和事前防范意识及措施越充分，灾害对社会所造成的风险冲击和危害就会越低，居民生存权利保障水平也就越高。同时，准确的风险监测和预警可以有效减少社会及居民的心理焦虑，形成积极的心理预期和应对心态，通过提升居民安全感进而增强获得感。

（二）信息发布与回应为居民提供心理保障，显著影响居民安全感

突发事件的发生，不仅可能造成巨大的财产损失和人员伤亡，还可能给人们留下潜在的心理创伤。政府及时发布真实有效信息、回应民众关切，可以有效防止因为谣言等不实信息引发的社会恐慌，同时，与居民的良性互动有利于增强政府的公信力，进而强化居民的心理保障。

（三）应急资源动员和灾后救援促进了居民应急物资保障和生命财产安全

在灾情背景下，对人、财、物、技术等应急资源进行重新配置和动员，确保居民生存物资得到有效供给，可充分保障居民面对突发事件的信心。同时，灾后救援包括生命救援、物资救援和心理救援，对保障居民的生命财产安全及疏导心理创伤具有重要影响，直接关系着受灾居民的生活和心理恢复状况，显著影响居民获得感。

（四）突发灾害背景下居民更注重生命健康和常态化社会生活，生活秩序恢复更影响居民获得感

在突发事件尤其是灾难爆发的背景下，居民的生命安全受到直接威胁，常态化的社会交往和生活方式也被完全打乱，保障生命健康和恢复常态化社会生活成为居民最根本的关切和需求。经济秩序恢复注重复工复产，可以直接增加居民收入，虽然与获得感直接相关，但居民更关注的是恢复常态化社会生活，经济收入对居民获得感的影响反而靠后。基于此，灾后生活秩序恢复应居于应急恢复与重建的首位。

六　对策建议

（一）加强应急预防教育，增强居民应对突发事件的信心和能力

一是加强新媒体应急宣传教育。创新宣传教育方式，综合运用短视频、微博微信等新媒体平台和技术普及应急知识，以居民喜闻乐见的方式提升应急安全意识和应急认知，达到润物细无声的效果。二是推动应急培训和应急演练制度化。进一步完善社区、企事业单位应急教育制度体系，在防灾演

习、避难训练、应急救护训练以及综合训练等方面建立明确的规范和标准，要求社区、企事业单位等定期开展应急教育活动，提升居民应急处置能力。三是强化居民应急参与。完善应急志愿参与平台，培育具有一定专业性的应急志愿组织，出台政策优化居民参与应急管理的激励环境，通过不断提高居民应急参与能力，增强居民应对突发事件的信心和价值预期。

（二）提高风险预警和信息沟通能力，为提升居民获得感保驾护航

一是加强风险预警。风险预警已经成为突发事件有效治理的基础条件，它通过有效的风险感知实施科学决策和精准响应，避免或减少实际损害。加强风险预警和监测平台建设，在风险监测分析、风险溯源、资源调配等方面发挥支撑作用，形成数据及时推送、各部门及时采取措施和各级预警系统反馈落实结果的预警全链条应用体系。提升应急预警发布的及时性、可达性，组织居民做好应急准备和应对，最大可能减少居民生命财产损失，进而提升居民获得感。二是提升政府信息发布和回应能力。一方面，充分运用报纸、广播、电视及互联网等传播媒介及时发布、动态回应，保证政府信息公开的不间断、全方位、无遮掩、多角度，有效阻止谣言泛滥，避免恐慌。另一方面，不仅要发布权威真实的信息，还要采取符合民意的表达方式，尽可能使用通俗化、平民化的语言回应公众关心的话题，加强与网民的互动和交流，并根据其反馈和建议提供及时、具有针对性的服务，真正解决群众关切，降低突发事件带来的负面影响。

（三）强化灾后救援工作，提升居民战胜灾情的信心和心理预期

自然灾害和突发事件会对社会产生严重的影响，使人民的生命财产安全遭受威胁。要提高灾后救援能力，保障居民的生命财产安全。一是建立专兼职结合的专业救援队伍，完善专业救援的流程、规范及标准，完善志愿参与的制度环境，改变当前专业救援力量不足、装备落后、专业化水平低等现状，提高生命救援能力，把居民的生命财产损失降到最低。二是加强灾后应急物资保障，要按照集中管理、统一调拨、节约高效的原则，对灾区给予充

分的物资救援。三是建立一支灾后心理援助志愿服务队伍，对灾区伤员及时有效地进行心理援助，将心理援助纳入灾后救援工作体系，保障受灾居民的心理安全和健康。

（四）着力于生活秩序恢复，提升居民安全感和舒适感

调查显示，突发事件发生后，生活秩序恢复对居民获得感影响更显著，宜从以下三个方面着力。一是加强基础设施、衣食住行安全保障等，满足灾后居民基本生活要求，提升居民生存安全感。要以居民基本生活要求为重心，从交通、通信、居住等基础设施维护重建以及居民日常生活保障物资供应方面着力，尽可能及时、有效恢复受灾群众的日常生活。二是加强对受灾群体的心理疏导和激励，通过举办心理咨询、创业指导讲座等方式，帮助受灾群体重建信心。三是突出就业服务，解决灾后居民就业问题。地方政府要在突发事件背景下扮演更为积极的角色，出台消费券、金融等积极财政政策推动经济复苏，持续加大对劳动密集型企业和中小微企业的扶持力度，推进平台经济等新业态发展，同时加强就业培训和服务，围绕就业做文章，解决居民失业问题，增加居民收入，提升居民获得感。

乡村振兴篇
Village Revitalization

河南省乡村振兴发展指数评价分析

孙远太　焦西良　赵芊紫*

摘　要： 本文以河南省18个省辖市和脱贫摘帽的38个脱贫县为研究样本，以产业兴旺、生态宜居、乡风文明、治理有效、生活富裕5个一级指标和25个二级指标为测量标准，对河南省省辖市和脱贫县乡村振兴发展指数进行评价。研究发现，省辖市乡村振兴总体得分不高，二级指标中治理有效得分最高；郑州、新乡、洛阳乡村振兴发展指数位居前列；脱贫县乡村振兴总体得分不高，二级指标中治理有效得分最高，生态宜居得分最低；栾川县、桐柏县、内乡县乡村振兴发展指数位居前三；县与县之间乡村振兴发展指数呈现差异性特征，脱贫县乡村振兴发展指数分为三大类；研究还分析了省辖市和脱贫县在产业兴旺、生态宜居、乡风文明、治理有效、生活富裕方面的优劣特征。最后提出在做好脱贫攻坚与乡村振兴有效衔接的基础上，推进农村人居环境整治、改进乡风文明建设、推进乡村共同富裕，以加

---

* 孙远太，郑州大学政治与公共管理学院教授，博士生导师；焦西良，郑州大学政治与公共管理学院2020级研究生；赵芊紫，郑州大学政治与公共管理学院2020级研究生。

快实现农业强、农村美、农民富的局面。

关键词： 乡村振兴　发展指数　评价分析　河南

一　研究背景

实施乡村振兴战略，是党的十九大作出的重大战略部署，是党"三农"工作一系列方针政策的继承和发展，是实现"两个一百年"奋斗目标的必然要求。2020年12月《中共中央　国务院关于实现巩固拓展脱贫攻坚成果同乡村振兴有效衔接的意见》强调，从脱贫攻坚解决"两不愁三保障"为重点转向实现乡村产业兴旺、生态宜居、乡风文明、治理有效、生活富裕，从集中资源支持脱贫攻坚转向巩固拓展脱贫攻坚成果和全面推进乡村振兴。作为一个传统的农业大省，河南省在实现贫困县脱贫摘帽后，面临接续全面推进乡村振兴的艰巨任务。2019年3月《中共河南省委　河南省人民政府关于坚持农业农村优先发展深入推进乡村振兴战略的意见》指出，必须顺应经济发展深刻变化的复杂形势，一体推动脱贫攻坚和乡村振兴。2021年3月，河南省依据各县（市、区）区位条件、资源禀赋、产业基础、发展指数等实际情况，将各县（市、区）划分为示范引领县、整体推进县、巩固提升县三类，实施分类推进乡村振兴战略。本研究以乡村振兴发展指数为研究对象，以河南省18个省辖市和脱贫摘帽的38个国定贫困县为研究样本，对河南省省辖市和脱贫县的乡村振兴发展指数进行评估，进而提出河南省推进乡村振兴的政策建议。

二　指标体系与数据来源

（一）指标体系

目前学界关于乡村振兴评价指标体系，大多是基于乡村振兴的二十字方针，即"产业兴旺、生态宜居、乡风文明、治理有效、生活富裕"而开发设计的。省域层面的乡村振兴指标，从产业兴旺、生态宜居、乡风文明、治理有效和生活富裕5个维度选取36个具体指标。[①] 市域层面的乡村振兴指标，包括产业发展、生态宜居、社会发展、生活富裕、城乡融合5个一级指标和28个二级指标。[②] 县域层面的乡村振兴指标，包括产业兴旺、生态宜居、乡风文明、治理有效和生活富裕5个二级指标与34个三级指标。乡村层面的乡村振兴指标，包括产业兴旺、生态宜居、乡风文明、治理有效和生活富裕5个二级指标以及15个三级指标和44个四级指标。[③] 本研究对象定位为省辖市和脱贫县的乡村振兴发展指数，属于市域和县域层面的分析。

借鉴相关研究成果，乡村振兴发展指数是乡村发展的总体平均水平，其由产业兴旺、生态宜居、乡风文明、治理有效、生活富裕5个二级指标和25个三级指标构成。"产业兴旺"选取工业增加值增长率、固定资产投资增长率等5个具体指标。"生态宜居"主要涉及生活环境和生态环境方面，选取村庄绿化覆盖率、农村生活污水治理率等5个具体指标。"乡风文明"主要从教育和医疗卫生方面进行测度，选取普通小学在校生数占比、初中在校生数占比等5个具体指标。"治理有效"主要涉及政治建设和社会建设方面，选取城乡居民养老保险参保人数占比、城乡居民医疗保险参保人数占比等5个具体指标。"生活富裕"主要从收入水平和生活水平两个方面进行测量，选取农村居民人均可支配收入、农村居民人均可支配收入增长率等5个具体指标。（见表1）。

---

① 芦风英、邓光耀：《中国省域乡村振兴水平的动态比较和区域差异研究》，《中国农业资源与区划》2022年第2期。
② 河南省社会科学院课题组：《河南区域乡村振兴发展水平测度与评价》，载《河南农业农村发展报告（2022）》，社会科学文献出版社，2021，第19页。
③ 张挺、李闽榕、徐艳梅：《乡村振兴评价指标体系构建与实证研究》，《管理世界》2018年第8期。

表 1 河南省乡村振兴发展指数评价指标体系

一级指标	二级指标	三级指标
乡村振兴发展指数	产业兴旺	工业增加值增长率(%)
		固定资产投资增长率(%)
		第二产业比第一产业(%)
		第三产业比第一产业(%)
		农用机械总动力(万千瓦/万人)
	生态宜居	村庄绿化覆盖率(%)
		农村生活污水治理率(%)
		化肥使用量(万吨/万人)
		农药使用量(吨/万人)
		农村卫生厕所普及率(%)
	乡风文明	普通小学在校生数占比(%)
		初中在校生数占比(%)
		专任教师数(人/千人)
		医疗卫生机构床位数(张/万人)
		卫生技术人员数(人/千人)
	治理有效	城乡居民养老保险参保人数占比(%)
		城乡居民医疗保险参保人数占比(%)
		政务服务事项网上可办率(%)
		民生支出占一般公共预算支出比重(%)
		农村最低生活保障人数(人/万人)
	生活富裕	农村居民人均可支配收入(元)
		农村居民人均可支配收入增长率(%)
		乡城居民收入比(%)
		万人农村用电量(亿千瓦时)
		住户储蓄存款余额(万元/万人)

（二）数据来源

河南省的省辖市是指郑州市、开封市等 17 个地级市和济源市。河南省国定贫困县即国家扶贫开发重点县，包括国家连片特困地区重点县和国家扶贫开发重点县。其中，河南省国家连片特困地区重点县 26 个，国家扶贫开发重点县 12 个。2021 年 3 月，河南省选取全省 34 个原国定贫困县（不含兰考县、新县、固始县、沈丘县），作为乡村振兴的巩固提升县。巩固提升县要重点做好脱贫攻坚同乡村振兴的有效衔接，从集中资源推动脱贫攻坚转向巩固拓展脱贫攻坚成果和全面推进乡村振兴，落实"四个不摘"要求，实施乡村振兴战略以巩固拓展脱贫攻坚成果。脱贫县部分主要分析河南省38个脱贫县的数据（见表2），即乡村振兴的巩固提升县加上兰考县、新县、固始县、沈丘县。

表2 河南省国定贫困县脱贫摘帽一览

脱贫摘帽年份	贫困县
2017年	兰考县、滑县
2018年	新县、沈丘县、新蔡县
2019年	宁陵县、柘城县、睢县、虞城县、光山县、商城县、固始县、潢川县、淮阳县、太康县、商水县、郸城县、栾川县、洛宁县、民权县、宜阳县、封丘县、内乡县、镇平县
2020年	淮滨县、上蔡县、确山县、平舆县、嵩县、汝阳县、鲁山县、范县、台前县、卢氏县、南召县、淅川县、社旗县、桐柏县

工业增加值增长率、固定资产投资增长率、农用机械总动力、化肥使用量、普通小学在校生数占比、初中在校生数占比、城乡居民养老保险参保人数占比、农村居民人均可支配收入增长率、住户储蓄存款余额等指标主要数据来源于《河南统计年鉴2021》。村庄绿化覆盖率、农村生活污水治理率、农村卫生厕所普及率、政务服务事项网上可办率、民生支出占一般公共预算支出比重等指标主要数据来源于各县2021年国民经济和社会发展统计公报以及2021年相应县的政府工作报告。

三 河南省省辖市乡村振兴发展指数分析

（一）省辖市乡村振兴发展指数平均分不高，二级指标中治理有效得分最高

河南省18个省辖市的乡村振兴发展指数平均分为41.31分（满分100分），标准差为10.41。数据显示，河南省省辖市乡村振兴总体发展状况属

于中下水平，这也说明河南省实现乡村振兴目标任重而道远。河南省全面推进乡村振兴面临以下挑战：一是城镇化水平低，吸纳农村人口的规模有限；二是城市产业层次低，对农村转移人口吸纳能力不足；三是农业经营方式落后，农业劳动生产率低；四是农村人口低质化、老龄化现象突出；五是传统农区经济发展指数低，内生发展动力不足。[①]

在乡村振兴5个二级指标中，得分情况从高到低依次是治理有效、生态宜居、产业兴旺、生活富裕、乡风文明。治理有效得分最高，乡风文明得分最低（见表3）。

表3 河南省省辖市乡村振兴发展指数

单位：分

指标	平均分	标准差
乡村振兴	41.31	10.41
产业兴旺	44.39	14.28
生态宜居	47.37	15.36
乡风文明	22.02	16.11
治理有效	49.91	13.11
生活富裕	42.87	15.59

治理有效是乡村振兴的基础。推进乡村有效治理是促进乡村振兴，解决城乡发展不平衡、农村发展不充分问题的重要抓手。目前河南省以党建引领为突破口，推进乡村治理体系示范点建设，逐步完善乡村治理体系，推动自治、法治、德治紧密结合，促进乡村治理与经济社会协调发展。

培育文明乡风是乡村振兴的重要内容，以乡风文明建设助推乡村振兴。尽管这几年河南省把文化振兴作为乡村振兴的根基，加强农村思想道德建设，持续开展移风易俗，但由于农民普遍文化程度不高，一些陈规陋习改变需要过程，乡风文明已成为乡村振兴的突出短板。

---

① 河南省社科联：《河南打赢脱贫攻坚战面临的形势及对策》，《河南日报》2020年5月7日，第6版。

(二)郑州、新乡、洛阳乡村振兴发展指数分列省辖市前三名

在河南省省辖市中,郑州市的乡村振兴得分最高,新乡市、洛阳市分别居第二、第三位。郑州市作为省会城市和国家中心城市,在乡村振兴方面领先第二名、第三名30多分,并且郑州市在乡村振兴发展指数五个二级指标中均居第一,处于绝对领先地位。平顶山市、开封市、周口市位居后三名,这三个省辖市的城镇化率都低于全省平均水平,周口市低于全省平均水平近13个百分点,全面推进乡村振兴的任务非常重(见表4)。

表4 河南省省辖市乡村振兴发展指数排名

单位:分

排名	省辖市	指数	排名	省辖市	指数
1	郑州市	77.94	10	驻马店市	38.61
2	新乡市	47.71	11	安阳市	37.65
3	洛阳市	47.61	12	商丘市	36.30
4	鹤壁市	44.97	13	信阳市	36.17
5	焦作市	43.02	14	漯河市	34.99
6	南阳市	42.56	15	三门峡市	34.31
7	许昌市	41.54	16	平顶山市	33.90
8	濮阳市	41.37	17	开封市	33.51
			18	周口市	30.14

产业兴旺指标方面,郑州市、新乡市和驻马店市的产业兴旺得分最高,开封市、济源市、焦作市产业兴旺得分较低。产业兴旺得分低于40分的有安阳市、三门峡市、周口市、信阳市、开封市、济源市、焦作市。

生态宜居指标方面,郑州市、洛阳市和鹤壁市的生态宜居得分最高,三门峡市、信阳市、周口市生态宜居得分较低。生态宜居得分低于40分的有南阳市、驻马店市、商丘市、许昌市、三门峡市、信阳市、周口市。

乡风文明指标方面，郑州市、许昌市和新乡市的乡风文明得分最高，三门峡市、信阳市、周口市乡风文明得分较低。乡风文明普遍得分较低，除了郑州市高于及格分外，17个省辖市均低于40分。其中，乡风文明得分低于20分的有商丘市、焦作市、漯河市、驻马店市、三门峡市、信阳市、周口市。

治理有效指标方面，郑州市、洛阳市和焦作市的治理有效得分最高，鹤壁市、漯河市、许昌市治理有效得分较低。治理有效得分低于40分的有平顶山市、鹤壁市、漯河市、许昌市。

生活富裕指标方面，郑州市、济源市和焦作市的生活富裕得分最高，安阳市、洛阳市、平顶山市生活富裕得分较低。生活富裕得分低于40分的有周口市、濮阳市、开封市、安阳市、洛阳市、平顶山市。

四 河南省脱贫县乡村振兴发展指数分析

（一）脱贫县乡村振兴发展指数不高，二级指标中治理有效得分最高

河南省38个脱贫县乡村振兴平均分为43.55分（满分100分），标准差为9.03。数据显示，河南省脱贫县乡村振兴总体状况属于中下水平，这也可能是34个县被河南省划为巩固提升县的原因之一。这些县脱贫摘帽后，面临着巩固拓展脱贫攻坚成果与乡村振兴衔接问题，而巩固和拓展脱贫攻坚成果是两个不同阶段。"巩固脱贫攻坚成果的重心在于确保脱贫人口不返贫并提升脱贫质量，同时防止新生贫困产生；而拓展脱贫攻坚成果的重心在于实现脱贫攻坚阶段形成的优秀工作机制、脱贫攻坚精神以及扶贫资产等在乡村振兴阶段的承接应用。"[1]对于大部分脱贫县而言，尚处于巩固脱贫攻坚成果阶段，在巩固脱贫攻坚成果中逐步开

---

[1] 邢成举、李小云、史凯：《巩固拓展脱贫攻坚成果：目标导向、重点内容与实现路径》，《西北农林科技大学学报》（社会科学版）2021年第5期。

始推进乡村振兴。

在乡村振兴5个二级指标中，得分情况从高到低依次是治理有效、产业兴旺、生活富裕、乡风文明和生态宜居，治理有效得分最高，生态宜居得分最低。治理有效是乡村振兴的基石，目前河南省强化农村基层党组织建设，以党建引领乡村治理取得了明显成效。生态宜居已成为乡村振兴的突出短板（见表5）。

表5　河南省38个脱贫县乡村振兴发展指数

单位：分

指标	平均分	标准差
乡村振兴	43.55	9.03
产业兴旺	46.55	8.13
生态宜居	33.36	23.80
乡风文明	37.16	22.82
治理有效	58.72	13.05
生活富裕	41.98	11.81

（二）栾川、桐柏、内乡乡村振兴发展指数位居前三

从河南省38个脱贫县乡村振兴发展指数得分情况看，栾川县乡村振兴发展指数得分最高，紧随其后的是桐柏县，内乡县排名第三，三个县乡村振兴发展指数在脱贫县中属于较好的。其中，栾川县和内乡县于2019年脱贫摘帽，桐柏县在2020年脱贫摘帽。商水县、沈丘县、虞城县在乡村振兴发展指数方面得分较低，位居后三名，沈丘县于2018年脱贫摘帽，虞城县和商水县都是2019年脱贫摘帽。兰考县和滑县作为脱贫摘帽的第一方阵，相互之间得分差异不太大，滑县居第13位，兰考县居第18位，都处于河南省38个脱贫县的中等水平。

表6　河南省脱贫县乡村振兴发展指数排名

单位：分

脱贫县	指数	排名	脱贫县	指数	排名
栾川县	60.78	1	商城县	44.90	20
桐柏县	59.83	2	民权县	43.65	21
内乡县	57.43	3	封丘县	41.07	22
台前县	57.07	4	光山县	39.27	23
宜阳县	52.48	5	柘城县	38.29	24
淅川县	52.30	6	新县	37.87	25
卢氏县	52.09	7	确山县	37.50	26
嵩县	52.05	8	潢川县	37.43	27
镇平县	51.13	9	新蔡县	36.47	28
汝阳县	50.97	10	上蔡县	36.07	29
范县	50.56	11	郸城县	35.90	30
洛宁县	49.74	12	淮滨县	34.52	31
滑县	49.11	13	淮阳县	34.04	32
南召县	48.87	14	宁陵县	33.64	33
鲁山县	46.60	15	睢县	32.48	34
社旗县	45.99	16	太康县	32.37	35
平舆县	45.55	17	商水县	30.16	36
兰考县	45.29	18	沈丘县	28.38	37
固始县	45.16	19	虞城县	28.03	38

（三）脱贫县乡村振兴发展指数分为三大类

利用聚类分析方法对河南省脱贫县乡村振兴发展指数进行聚类分析，具体以产业兴旺、生态宜居、乡风文明、治理有效、生活富裕5个维度为测度依据。经过聚类分析后，把河南省脱贫县乡村振兴发展指数分为三类，我们称之为乡村振兴一类县、乡村振兴二类县、乡村振兴三类县。具体见表7。

表7 河南省脱贫县乡村振兴发展指数聚类分析

单位：分

指标	乡村振兴一类县 平均分	乡村振兴一类县 标准差	乡村振兴二类县 平均分	乡村振兴二类县 标准差	乡村振兴三类县 平均分	乡村振兴三类县 标准差
乡村振兴	52.12	4.24	48.80	6.46	36.22	5.12
产业兴旺	50.52	8.54	44.86	13.72	44.66	3.64
生态宜居	55.80	8.08	53.54	16.32	11.76	7.04
乡风文明	63.48	7.60	46.18	8.68	17.22	9.82
治理有效	56.92	11.34	52.14	14.16	62.28	13.14
生活富裕	33.88	9.76	47.26	8.50	45.16	11.80
包含县域	栾川县、桐柏县、内乡县、台前县、宜阳县、淅川县、卢氏县、嵩县、汝阳县、洛宁县、南召县、鲁山县		镇平县、范县、滑县、社旗县、兰考县、封丘县、民权县		平舆县、固始县、商城县、光山县、柘城县、新县、睢县、确山县、潢川县、新蔡县、上蔡县、郸城县、淮滨县、淮阳县、宁陵县、太康县、商水县、沈丘县、虞城县	

12个乡村振兴一类县，产业兴旺、生态宜居、乡风文明、治理有效得分最高。一类县乡村振兴发展指数平均分为52.12分，产业兴旺方面平均分为50.52分，生态宜居方面平均分为55.80分，乡风文明方面平均分为63.48分，治理有效方面平均分为56.92分，生活富裕方面平均分为33.88分。乡村振兴一类县除了生活富裕指标外，其他各指标均处于较好的状况。12个一类县包括栾川县、桐柏县、内乡县等。

7个乡村振兴二类县指数得分居中。二类县乡村振兴发展指数平均分为48.80分，产业兴旺方面平均分为44.86分，生态宜居方面平均分为53.54分，乡风文明方面平均分为46.18分，治理有效方面平均分为52.14分，生活富裕方面平均分为47.26分。乡村振兴二类县除了生活富裕指标超过乡村振兴一类县，其他各指标均稍落后于乡村振兴一类县。二类县包括镇平县、范县、滑县等。

19个乡村振兴三类县指数得分落后。三类县乡村振兴发展指数平均分为36.22分，产业兴旺方面平均分为44.66分，生态宜居方面平均分为11.76分，乡风文明方面平均分为17.22分，治理有效方面平均分为62.28分，生活富裕方面平均分为45.16分。乡村振兴三类县治理有效指标在脱贫县中属于最高的，生活富裕指标仅次于乡村振兴二类县，其他指标均处于落后状况。三类县包括平舆县、固始县、商城县等。

（四）脱贫县在乡村振兴发展指数二级指标方面优劣势不同

乡村振兴发展指数的二级指标中，社旗县、栾川县、桐柏县产业兴旺指标最佳，栾川县、卢氏县、台前县生态宜居指标最强，桐柏县、洛宁县、台前县乡风文明指标最好，固始县、商城县、桐柏县治理有效指标位居前三，潢川县、栾川县、光山县生活富裕指标位居前三。

对产业兴旺指标的分析表明，社旗县、栾川县、桐柏县的产业兴旺得分最高，均高于及格分，也都高于产业兴旺的平均分（46.55分）。其中，栾川县和桐柏县乡村振兴发展指数也位居脱贫县前两名，说明乡村振兴排名和产业兴旺排名之间具有一致性。产业兴旺得分低于40分的依次是卢氏县、封丘县、民权县。这三个县在乡村振兴产业发展方面得分最低，说明在乡村振兴中需要重视产业振兴，为乡村振兴可持续奠定基础。

对生态宜居指标的分析表明，栾川县、卢氏县、台前县的生态宜居得分最高，均高于及格分，也都高于生态宜居的平均分（33.36分），这三个县生态宜居方面发展较好。生态宜居得分高于60分的还有鲁山县和南召县，这两个县生态宜居也做得较好。生态宜居得分低于40分的依次是滑县、商城县、新县、柘城县、潢川县、平舆县、睢县、光山县、上蔡县、宁陵县、商水县、淮滨县、新蔡县、淮阳县、太康县、沈丘县、郸城县、虞城县、固始县、确山县，数量高达20个。这说明河南省脱贫县在生态宜居方面得分普遍较低，在乡村振兴中需要重视农村人居环境整治，实现美丽乡村建设的目标。

对乡风文明指标的分析表明，桐柏县、洛宁县、台前县的乡风文明得分最高，均高于及格分，也都高于乡风文明的平均分（37.16分），这三个县乡风文明方面发展较好。乡风文明得分高于60分的还有宜阳县、内乡县、嵩县、鲁山县，这些县乡风文明也做得较好。乡风文明得分低于40分的依次是兰考县、民权县、固始县、柘城县、确山县、睢县、太康县、郸城县、商城县、淮阳县、光山县、新蔡县、宁陵县、沈丘县、上蔡县、商水县、淮滨县、虞城县、潢川县、新县，数量也高达20个。这说明河南省脱贫县在乡风文明方面得分普遍较低，在乡村振兴中需要重视乡风文明建设，推动文化新风建设，营造文明和谐的氛围。

对治理有效指标的分析表明，固始县、商城县、桐柏县的治理有效得分最高，均高于及格分，也都高于治理有效的平均分（58.72分），这三个县治理有效方面发展较好。治理有效得分高于或等于60分的还有郸城县、上蔡县、平舆县、淅川县、新蔡县、卢氏县、民权县、镇平县、淮阳县、淮滨县、光山县、范县，这些县乡村治理方面做得较好。这说明河南省脱贫县在治理有效方面得分普遍较高，在乡村振兴中重视加强和创新乡村治理，为实现其他维度的目标提供治理保障。

对生活富裕指标的分析表明，潢川县、栾川县、光山县的生活富裕得分最高，均高于及格分，也都高于生活富裕的平均分（41.98分），这三个县在增加农民收入、改善农民生活方面发展较好。生活富裕得分高于60分的还有新县，新县在生活富裕方面也做得较好。生活富裕得分低于40分的依次是淅川县、封丘县、民权县、平舆县等19个县（见表8）。这说明河南省脱贫县提高农民收入是重点也是难点。

表8 河南省脱贫县乡村振兴发展指数二级指标

单位：分

脱贫县	产业兴旺		生态宜居		乡风文明		治理有效		生活富裕	
	得分	排名	得分	排名	得分	排名	得分	排名	得分	排名
社旗县	68.98	1	40.83	18	51.03	14	44.57	33	24.58	36
栾川县	66.40	2	88.01	1	56.25	12	29.03	38	64.21	2
桐柏县	61.58	3	44.97	15	77.17	1	77.54	3	37.91	24

续表

脱贫县	产业兴旺 得分	产业兴旺 排名	生态宜居 得分	生态宜居 排名	乡风文明 得分	乡风文明 排名	治理有效 得分	治理有效 排名	生活富裕 得分	生活富裕 排名
汝阳县	58.21	4	59.56	7	58.93	10	42.54	36	35.60	26
平舆县	54.47	5	18.09	24	43.02	16	74.04	6	38.13	23
镇平县	51.77	6	48.37	14	43.49	17	66.13	11	46.87	12
台前县	51.09	7	62.41	3	70.64	3	57.45	18	43.75	15
确山县	50.83	8	3.47	38	25.60	23	54.13	24	53.48	8
宜阳县	50.66	9	53.34	11	68.07	4	57.64	17	32.67	31
内乡县	49.91	10	59.72	6	67.84	5	54.06	25	55.61	6
新蔡县	48.48	11	7.65	31	14.38	30	71.03	8	40.82	19
嵩县	47.85	12	56.56	9	63.84	6	57.16	19	34.85	28
兰考县	47.34	13	51.17	12	39.88	19	42.48	37	45.58	14
滑县	46.93	14	37.88	19	59.07	9	54.63	22	47.02	11
淅川县	46.72	15	44.89	16	57.03	11	72.66	7	39.91	20
固始县	46.46	16	4.08	37	28.97	21	90.98	1	55.32	7
范县	46.30	17	55.86	10	41.35	18	60.00	15	49.28	9
淮滨县	46.16	18	7.78	30	7.99	35	64.70	13	46.00	13
上蔡县	46.01	19	11.38	27	11.15	33	76.35	5	35.46	27
太康县	45.79	20	6.68	33	23.14	25	53.29	27	32.95	30
新县	45.64	21	23.32	21	3.59	38	53.97	26	62.81	4
洛宁县	45.51	22	57.61	8	71.10	2	47.05	30	27.43	35
宁陵县	44.49	23	11.28	28	14.13	31	56.10	21	42.23	17
南召县	44.34	24	61.51	5	59.65	8	56.74	20	22.09	38
睢县	43.53	25	14.59	25	23.90	24	43.52	34	36.88	25
潢川县	43.32	26	19.56	23	6.85	37	49.51	29	67.92	1
郸城县	42.75	27	5.04	35	20.43	26	76.64	4	34.64	29
虞城县	42.72	28	5.03	36	7.38	36	42.70	35	42.33	16
柘城县	42.53	29	20.44	22	28.09	22	53.21	28	47.19	10
商水县	42.06	30	11.22	29	8.40	34	59.47	16	29.66	33
鲁山县	41.92	31	62.20	4	60.47	7	46.16	31	22.25	37
光山县	41.06	32	14.24	26	14.55	29	62.85	14	63.63	3

续表

脱贫县	产业兴旺 得分	产业兴旺 排名	生态宜居 得分	生态宜居 排名	乡风文明 得分	乡风文明 排名	治理有效 得分	治理有效 排名	生活富裕 得分	生活富裕 排名
淮阳县	40.99	33	7.08	32	14.99	28	65.78	12	41.39	18
沈丘县	40.94	34	5.59	34	11.47	32	54.28	23	29.60	34
商城县	40.32	35	26.93	20	19.08	27	80.75	2	57.44	5
卢氏县	39.50	36	65.88	2	55.77	13	69.49	9	29.83	32
封丘县	30.14	37	42.66	17	48.20	15	44.65	32	39.72	21
民权县	25.17	38	50.89	13	35.96	20	68.09	10	38.15	22

五　河南省脱贫县全面推进乡村振兴对策建议

脱贫摘帽不是终点，而是新生活、新奋斗的起点。在后脱贫攻坚时期，巩固拓展脱贫攻坚成果同乡村振兴有效衔接是重中之重。在实现二者有效衔接的基础上，推进农村人居环境整治、改进乡风文明建设、推进乡村共同富裕，以加快实现农业强、农村美、农民富的局面。

（一）做好脱贫攻坚与乡村振兴衔接

一是从规划上搞好有效衔接。把"十四五"时期作为巩固拓展脱贫攻坚成果实现向乡村振兴转型的过渡期，建立健全有效衔接的统筹规划机制和政策。搞好二者有效衔接的顶层设计，统筹安排和规划脱贫地区与非贫困地区乡村振兴的规划，做到脱贫摘帽后精准巩固、精准拓展、精准衔接。

二是从产业上加强有效衔接。强化传统农业向现代农业转型升级，推动农村一二三产业融合发展，增强乡村产业聚合力。优化乡村产业空间结构，强化县域统筹，推进乡镇产业聚集，促进乡与村联动发展，因地制宜发展特色产业，激发广大农民的积极性、主动性、创造性。

三是从治理上做好有效衔接。党的领导是乡村全面振兴的基石和保障，基层党组织在脱贫攻坚中发挥了重要作用，是乡村振兴的政治保障和组织保障。同时，依托专项扶贫、行业扶贫、社会扶贫互为补充的大扶贫格局，吸引更多社会力量参与乡村振兴。

（二）推进农村人居环境整治

一是推进农村生活污水治理。农村生活污水治理有三类：农户分散收集处理、村镇集中收集处理、统一收集归入市政管网。推进农村生活污水治理，应制定符合实际的农村生活污水处理标准，合理选择农村生活污水处理技术，加强农村污水处理设施建设与运行维护。

二是提升农村生活垃圾治理水平。乡村振兴中政府应完善农村生活垃圾收运处置体系，做到清扫保洁全覆盖、生活垃圾收运处置体系全覆盖。同时，大力推进农村生活垃圾治理市场化进程，吸引专业化的企业从事保洁、生活垃圾收运等服务，实现农村生活垃圾治理市场化全覆盖。

三是推动村容村貌整体提升。村容村貌整体提升工作需要与文化传承和产业发展互相融合、互相促进。在农村人居环境整治过程中，依托乡村资源禀赋发展文旅产业，在这个过程中推动村容村貌整体规划与提升，促使人居环境整洁有序。同时，加强村庄风貌引导，突出中原地域特色和农村乡土特点，不搞千村一面，不搞大拆大建。

（三）改进乡风文明建设

一是优化教育和医疗卫生服务。针对城乡教育资源差异的现实，继续改善乡村办学条件，完善乡村学校基础设施，同时加大城乡教师的交流力度，提高乡村教师的待遇水平，有效提高乡村教育质量。脱贫攻坚实践中乡村基本医疗得到了很大发展，但城乡医疗水平依然有很大差距。今后要进一步强化乡村医疗资源布局，增加乡村医疗设备设施，拓展乡村医疗服务内容，增强乡村医务人员获得感。

二是发展农村民俗文化产业。充分运用市场力量和信息手段，理顺民俗文化产业发展机制，加大民俗文化产业财政扶持力度，借助农村民俗文化发展各类创意产业。把乡风建设与乡村旅游和新兴产业建设结合起来，建设各具特色的文化小镇和特色村，提升乡村文化品位，建设乡村文明的示范村。

三是传承优秀传统文化。乡村振兴实现农村现代化的同时要留得住乡韵、记得住乡愁，传承与弘扬优秀的传统文化。充分挖掘传统文化资源，维护一批具有中原特色的古村落、古民居等，发展有历史文化记忆和地域民族特色的美丽乡村。保护和发展中原民间文化，赋予这些民间文化以新的文化内涵，使优秀民间文化传播出去。

（四）扎实推进乡村共同富裕

一是注重脱贫成果的可持续性。在实际的扶贫过程中，仍然存在脱贫质量不高、仅关注短期脱贫效应、脱贫发展不具有可持续性等问题。实施精准扶贫，从根本上来说，要贯彻可持续发展原则，坚持当前利益和长远利益相结合，这是脱贫实现可持续发展的必然要求。

二是提高农村就业人口劳动参与率。农村就业人口通过劳动参与获得收入，是农村就业人口摆脱贫困、进入小康、迈向共同富裕的最主要途径。政府应加大普惠性人力资本投入，提升农村低收入人群的市场竞争能力。同时，开发农村公益性就业岗位，提高就业困难人员的劳动参与率。

三是改进社会保障制度。实现农村居民收入增长，缩小与其他人群的收入差距，要千方百计增加农村居民的转移支付收入。整合城乡居民养老金、高龄老年津贴制度，建立全国统一的最低养老金制度。同时，改善兜底救助制度，建立全国统一的低收入线制度，参考全国低收入线制定本地区的最低生活保障标准，但不得低于全国低收入线，并且逐步提高城乡最低生活保障水平，兜住基本生活底线。

河南省省辖市城乡融合水平评价研究

王淑英　刘贝宁　田莉平　郜怡飞*

摘　要： 本报告以2021年《河南统计年鉴》与河南省各市统计年鉴的客观数据为基础，从人口、空间、经济、生态和社会5个维度构建评价指标体系，对河南省18个省辖市城乡融合水平及各维度的融合水平进行全方位的分析。研究结果表明：河南省城乡融合水平"一般"，人口融合、生态融合和社会融合得分较高，空间融合和经济融合得分靠后；地市间城乡融合水平差异较大，郑州、焦作和济源得分靠前；18个地市城乡基础设施得分较高，有效压缩了城乡间的时空距离；城乡生产生活质量较好，乡村房屋质量得分高，城乡生产要素流动较差，城乡居民就业率的差距较大；森林城市建设得分较高，城市绿化覆盖广泛；城乡公共服务均等化水平有明显提升，城乡教育和社会保障水平差异大。为进一步推动河南省省辖市城乡融合协调发展，需要从以下几方面着手：以党建引领农村人才振兴，实现城乡人口双向自由流动；推动农村产业振兴，增加农民就业机会，助力农民现代化转型；健全城乡生态环境统一规划治理体系，持续改善城乡人居环境；补齐农村教育、医疗、社会保障等基本公共服务短板，实现城乡基本公共资源均等化。

关键词： 城乡融合　人口融合　空间融合　经济融合　生态融合

---

* 王淑英，郑州大学管理工程学院教授，研究方向为区域经济、科技创新管理及评价；刘贝宁、田莉平、郜怡飞，郑州大学管理工程学院2020级硕士研究生。

2021年"十四五"规划明确"以县域为基本单元推进城乡融合发展",指明了城乡融合发展是城乡关系调整的根本方向。城乡融合发展是继农村主导、城乡二元结构后第三个阶段的城乡关系,对实现乡村振兴、农业现代化具有极大的促进作用,也是破除城乡二元结构,释放改革活力,形成新型城乡格局,保持经济稳定增长的必由之路。河南省高度重视城乡发展,2022年3月出台的《关于做好二〇二二年全面推进乡村振兴重点工作的实施意见》指出,要立足新发展阶段,贯彻新发展理念,推动乡村振兴取得新进展,持续探索农业大省、人口大省构建新型城乡关系的有效路径,因此做好城乡融合水平测度对于进一步推进乡村振兴和农业现代化具有重要意义。本报告立足新时代的经济社会发展背景,以2021年《河南统计年鉴》与各市统计年鉴的客观数据为基础,构建城乡融合水平评价指标体系,运用加权指数法对河南省各市城乡融合水平进行定量测算并作出评价分析,最后就加快实现河南省城乡融合发展提出可行的政策建议。

一 城乡融合水平评价指标体系

(一)评价指标体系构建

城乡融合发展的相关研究成果丰富,学者们普遍认为城乡融合的内涵在于以尊重城乡功能特征及分工差异为前提,将城乡要素自由流动和资源公平共享作为基础,破除城乡在经济、社会、空间等维度的二元对立关系,实现城乡经济、人口、社会、空间及生态多维度的全面协调共生、良性互动、深度融合和共同繁荣。如张新林[1]、施建刚[2]等认为城乡融合评价应从经济一维向社会(生活)、经济、空间、生态环境等多维拓展,同时关注不同维度

---

[1] 张新林、仇方道、朱传耿:《时空交互视角下淮海经济区城乡融合发展水平演化》,《自然资源学报》2020年第8期。
[2] 施建刚、段锴丰、吴光东:《长三角地区城乡融合发展水平测度及其时空特征分析》,《同济大学学报》(社会科学版)2022年第1期。

之间的平衡发展；周佳宁[①]等强调"城乡等值化"，认为高质量发展阶段的城乡融合应是"人口-空间-经济-社会-环境"的多维融合。因此，为更直接、客观地体现河南省各市的城乡关系发展现状，本文结合河南省自身特点，从人口融合、空间融合、经济融合、生态融合、社会融合5个维度构建评价指标体系（见表1）。

表1 河南省省辖市城乡融合水平评价指标体系

一级指标	二级指标	观测点	指标类型
人口融合	乡村人口城镇化	非农业从业人员/农业从业人员	对比
		城镇人口/总人口	状态
空间融合	城乡空间布局合理化	建成区面积/土地总面积	状态
		建成区面积/农作物播种面积	对比
		农村景区化茶园和果园面积/土地总面积	状态
	城乡空间流通高速化	私人汽车数量/总人口	动力
		公路运营里程/土地总面积	状态
		人均邮电业务量	动力
经济融合	城乡生产要素流动	城镇居民就业率/乡村居民就业率	对比
		第一产业人均产值/二三产业人均产值	对比
	城乡生产生活质量	城镇居民人均可支配收入/农村居民人均可支配收入	对比
		城镇居民人均生活消费支出/农村居民人均生活消费支出	对比
		城镇居民恩格尔系数/乡村居民恩格尔系数	对比
		乡村住房质量	状态
生态融合	森林城市建设	建成区绿化覆盖率	状态
		人均公园绿地面积	状态
	美丽乡村建设	太阳能热水器	状态
		沼气工程数量	状态
	城乡生态一体化建设	城乡污水处理率	动力
		城乡生活垃圾处理率	动力
		能源消耗总量/GDP	动力

---

① 周佳宁、秦富仓、刘佳等：《多维视域下中国城乡融合水平测度、时空演变与影响机制》，《中国人口·资源与环境》2019年第9期。

续表

一级指标	二级指标	观测点	指标类型
社会融合	城乡公共教育	城乡人均中小学教师数量	对比
		城乡人均教育文娱支出	对比
	城乡医疗卫生	城乡人均医疗卫生机构数	对比
		城乡人均卫生人员数	对比
	城乡社会保障	城乡最低生活保障人数	对比
		城乡养老保险覆盖人数	状态
		城乡医疗保险覆盖人数	状态
	城乡基础设施	自来水普及率	状态
		燃气普及率	状态

人口融合是指在大力发展非农产业的基础上加快工业化和城市化进程，为农民提供更多在城市中就业与生活的机会，进而促进农业人口与非农业人口的产业融合和地域融合。因此，本报告选取乡村人口城镇化作为二级指标。空间融合是指将原本分离的两个空间塑造为一个整体空间，形成"城中有乡，乡中有城"的美好愿景，促进城乡优势互补、互利双赢；另外，城乡空间融合要求城乡之间建立通达、快捷的交通通信网络，这是实现城乡一体化的必要条件，同时也关系到城乡融合其他维度目标的实现。因此选取城乡空间布局合理化、城乡空间流通高速化2个二级指标。经济融合是指在分工经济背景下实现城乡生产要素合理流动和配置，边际报酬趋于均等，生活和消费趋向等值，劳动生产率趋于协同。因此选取城乡生产要素流动、城乡生产生活质量2个二级指标。生态融合是指将城乡生态作为一个整体空间进行科学规划，构建城乡融合的生态发展体系和城乡生态共享格局，表现为生态本底持续、生活环境改善、资源高效利用等，使城市生态环境乡村化、乡村环境城市化，城乡居民共同生活在幽雅、清新的生态环境中。因此，本报告选取森林城市建设、美丽乡村建设、城乡生态一体化建设3个二级指标。社会融合是指城乡居民在福利保障与社会公共服务等方面享有等值化发展机会和发展权利，这既是促进城乡间人力资源自由流动的前提，也是城乡公平所追求的结果。城乡社会融合要求加快

补齐农村基本公共服务短板，推动基本公共服务向农村延伸、社会事业向农村覆盖，加快建立全民覆盖、普惠共享、城乡一体的基本公共服务体系。据此，本报告选取城乡公共教育、城乡医疗卫生、城乡社会保障和城乡基础设施4个二级指标。

（二）数据来源及评价方法

本报告以2021年《河南统计年鉴》和各地市统计年鉴的客观数据为基础，对各地市城乡融合水平进行评价分析（年鉴和统计公报的相关数据均反映上一年度经济状况）。根据所获截面数据将各观测点指标表现最优的地市得分记为100分，其他地市的得分依据其指标值与该项最高值的比例计算，各指标得分F_{ij}计算公式如下：

$$F_{ij} = X_i / X_{max} \times 60 + 40$$

其中，i表示观测点，j表示河南省18个地市。

为保证评价结果客观性，本研究对一级指标、二级指标及其各观测点的权重进行均等化处理。根据河南省18个地市各观测点的初始得分与权重计算其加权平均值得到二级指标得分，再根据二级指标得分与权重进行同上处理，得出一级指标得分，在此基础上将各一级指标进行均值计算得出河南省18个地市城乡融合水平得分。本研究中城乡融合水平及各分项指标的评定标准为：60分及以下为"差"；60.01~70分为"较差"；70.01~80分为"一般"；80分以上为"优"。

二 河南省城乡融合水平状况分析

（一）河南省城乡融合水平"一般"，人口融合、生态融合和社会融合得分较高，空间融合和经济融合得分靠后

通过对河南省各地市城乡融合分项指标的计算，得到城乡融合各项得分

和最终得分。由表2来看，河南省18个地市城乡融合水平均值为71.90分，评定等级为"一般"。一级指标得分显示，人口融合、生态融合和社会融合处于"一般"等级，平均得分分别为72.80分、78.28分和76.27分；空间融合和经济融合则表现不佳，平均得分分别为67.02分和65.14分，评定等级为"较差"，表明空间融合和经济融合是制约河南省城乡融合水平提升的短板。人口融合和空间融合的极差在城乡融合五项一级指标中居于前排，人口融合最高分为100.00分，最低分为63.48分，极差高达36.52；空间融合最高分为91.56分，最低分为58.72分，极差为32.84，表明人口融合和空间融合发展在地市间的不均衡现象突出。

表2 河南省18个地市城乡融合及一级指标得分

单位：分

城市	城乡融合	人口融合	空间融合	经济融合	生态融合	社会融合
郑州市	85.68	100.00	91.56	77.06	76.37	83.39
焦作市	74.68	82.94	68.10	64.08	77.87	80.39
济源市	74.06	86.53	70.68	68.33	70.97	73.77
许昌市	73.54	69.61	64.65	71.33	78.41	83.68
新乡市	73.38	73.70	67.77	69.21	76.57	79.66
鹤壁市	72.56	79.07	68.27	63.81	74.85	76.79
洛阳市	71.78	77.15	66.62	62.86	76.70	75.58
安阳市	71.70	71.09	65.02	61.28	85.29	75.80
商丘市	71.40	66.44	69.50	71.96	75.74	73.37
南阳市	71.28	66.07	61.71	66.34	87.68	74.60
信阳市	71.07	65.62	66.19	61.32	81.37	80.83
平顶山市	70.27	68.84	63.06	65.76	78.22	75.47
漯河市	70.21	70.33	66.55	64.03	78.20	71.94
开封市	68.88	66.51	64.56	61.22	76.96	75.17
三门峡市	68.76	69.02	67.21	63.24	74.49	69.83
周口市	68.55	63.48	60.87	59.68	83.79	74.91
濮阳市	68.50	69.21	65.22	58.55	75.69	73.82
驻马店市	67.96	64.85	58.72	62.49	79.96	73.79
平均分	71.90	72.80	67.02	65.14	78.28	76.27
极差	17.72	36.52	32.84	18.51	16.71	13.85

（二）地市间城乡融合水平差异较大，郑州、焦作和济源得分靠前

由表3可知，城乡融合水平排名第一的郑州市得分为85.68分，排名末位的驻马店市得分为67.96分，极差为17.72，表明18个地市城乡融合水平得分差距较大，呈现非均衡发展状况。城乡融合水平排名前五的省辖市为郑州市、焦作市、济源市、许昌市和新乡市；开封市、三门峡市、周口市、濮阳市和驻马店市得分相对较低。同时，结合河南省各地市GDP排名情况分析发现，2021年鹤壁市、济源市和焦作市三地城乡融合水平较高，但其GDP排名则较为落后；而南阳市、周口市和驻马店市等地则与之相反，这些城市GDP排名较为理想，但城乡融合水平仍需进一步提高。表明河南省18个地市城乡融合水平与经济发展水平不相吻合，城市与乡村尚未实现高质量的同步发展，需进一步对城乡融合的二级指标进行分析，寻找制约城乡融合发展的关键因素。

表3 河南省18个地市城乡融合及GDP排名情况

单位：分

地市	城乡融合 得分	排名	GDP排名
郑州市	85.68	1	1
焦作市	74.68	2	13
济源市	74.06	3	18
许昌市	73.54	4	4
新乡市	73.38	5	6
鹤壁市	72.56	6	17
洛阳市	71.78	7	2
安阳市	71.70	8	12
商丘市	71.40	9	7
南阳市	71.28	10	3
信阳市	71.07	11	9
平顶山市	70.27	12	10
漯河市	70.21	13	15
开封市	68.88	14	11
三门峡市	68.76	15	16
周口市	68.55	16	5

续表

地市	城乡融合 得分	城乡融合 排名	GDP 排名
濮阳市	68.50	17	14
驻马店市	67.96	18	8
平均分	71.90		
极差	17.72		

（三）18个地市城乡基础设施得分较高，有效压缩了城乡间的时空距离

河南省城乡基础设施得分较高。城乡空间流通高速化得分相对较高（77.32分），表明河南省整体城乡空间流通水平较高。近年来，河南省聚焦基础设施普及化和智慧化，积极探索先进信息技术与交通运输的深度融合，各地市已逐步建立起完善的交通和网络基础设施，能够带动信息在城市和乡村之间高速流通，深化了城乡空间关联和融合。地市比较中郑州（95.73分）、商丘（81.89分）、鹤壁（81.86分）城乡空间流通高速化得分较高，信阳市最低（70.04分）（见表4）。

表4 河南省18个地市城乡融合二级指标得分

单位：分

城市	乡村人口城镇化	城乡空间布局合理化	城乡空间流通高速化	城乡生产要素流动	城乡生产生活质量	森林城市建设	美丽乡村建设	城乡一体化建设	城乡公共教育	城乡医疗卫生	城乡社会保障	城乡基础设施
郑州市	100.00	87.39	95.73	73.09	81.03	90.56	49.09	89.44	58.78	81.18	95.46	98.14
焦作市	82.94	55.58	80.61	49.14	79.03	91.10	60.46	82.05	79.01	81.89	61.24	99.41
济源市	86.53	62.69	78.66	54.98	81.67	86.90	45.15	80.87	46.55	96.81	51.74	100.00
许昌市	69.61	50.85	78.45	65.35	77.30	93.47	53.35	88.40	78.85	85.58	71.02	99.25
新乡市	73.70	58.33	77.22	51.82	86.61	86.67	59.87	83.15	73.11	84.17	61.53	99.86
鹤壁市	79.07	54.68	81.86	51.47	76.15	96.85	46.12	81.58	51.94	92.75	63.14	99.33
洛阳市	77.15	57.56	75.67	59.98	65.75	93.54	52.26	84.30	54.50	83.61	65.27	98.94

117

续表

地市	乡村人口城镇化	城乡空间布局合理化	城乡空间流通高速化	城乡生产要素流动	城乡生产生活质量	森林城市建设	美丽乡村建设	城乡一体化建设	城乡公共教育	城乡医疗卫生	城乡社会保障	城乡基础设施
安阳市	71.09	52.67	77.37	51.39	71.17	87.21	87.44	81.22	57.62	84.83	60.88	99.88
商丘市	66.44	57.12	81.89	76.35	67.58	94.11	49.23	83.88	52.25	79.01	62.83	99.40
南阳市	66.07	52.97	70.46	52.88	79.81	92.47	84.79	85.79	46.93	83.78	67.85	99.84
信阳市	65.62	62.35	70.04	50.05	72.59	92.86	64.52	86.73	67.87	89.62	69.02	96.79
平顶山市	68.84	50.17	75.95	60.07	71.45	87.53	64.75	82.37	57.18	81.68	63.78	99.23
漯河市	70.33	52.39	80.71	54.72	73.34	96.49	52.48	85.64	51.13	86.79	49.84	100.00
开封市	66.51	55.99	73.13	53.73	68.70	90.20	55.25	85.41	59.01	83.81	58.98	98.87
三门峡市	69.02	63.20	71.21	55.77	70.70	95.13	46.39	81.95	47.88	75.65	56.06	99.71
周口市	63.48	47.43	74.31	50.94	68.42	91.32	60.67	99.37	49.68	82.06	68.44	99.47
濮阳市	69.21	52.14	78.30	48.42	68.69	90.31	54.08	82.68	50.57	92.63	52.09	100.00
驻马店市	64.85	47.23	70.21	56.68	68.29	94.60	57.74	87.53	51.02	77.86	66.27	100.00
平均分	72.80	56.71	77.32	56.49	73.79	91.74	57.98	85.13	57.44	84.65	63.64	99.34
极差	36.52	40.16	25.69	27.93	20.86	10.17	42.30	18.50	32.46	21.16	45.63	3.21

（四）城乡生产生活质量较好，乡村房屋质量得分高；城乡生产要素流动较差，城乡居民就业率的差距较大

从城乡经济融合的二级指标来看，18个地市城乡生产要素流动较差，平均分为56.49分。其中绝大部分地市的城市居民就业率和乡村居民就业率差距较大，且多数地市二三产业人均产值远远高于第一产业人均产值。二级指标城乡生产生活质量得分则相对较高（73.79分）；其中，观测点乡村住房质量得分最高（94.34分），所有地市评价等级均为"优"，农村建筑材料以钢筋混凝土和砖混材料为主；但城乡恩格尔系数之间的差距较大，如表5所示，商丘、驻马店和信阳等地农村恩格尔系数较高，是城乡融合发展的主要短板。

表 5　河南省 18 个地市农村恩格尔系数

单位：%

地市	农村恩格尔系数	排名
开封市	22.68	1
安阳市	23.83	2
郑州市	24.08	3
济源市	24.53	4
洛阳市	24.94	5
许昌市	24.98	6
三门峡市	25.02	7
鹤壁市	25.14	8
濮阳市	25.72	9
焦作市	26.06	10
新乡市	26.14	11
漯河市	28.75	12
南阳市	29.44	13
周口市	29.62	14
平顶山市	29.66	15
商丘市	30.25	16
驻马店市	30.83	17
信阳市	36.66	18

（五）森林城市建设得分较高，城市绿化覆盖广泛

从城乡生态融合的二级指标来看，18 个地市森林城市建设得分较高，平均分为 91.74 分，评价等级为"优"，且地市间水平差距较小。相较而言，18 个地市美丽乡村建设则不尽如人意，平均分为 57.98 分，且得分落差较大。仅有安阳、南阳、平顶山、信阳、周口和焦作的得分在 60 分以上，其余地市的评价等级均为"差"，18 个地市农村太阳能热水器和沼气工程的利用率低，在清洁能源利用和能源循环利用方面存在不足。

（六）城乡公共服务均等化水平有明显提升，城乡教育和社会保障水平差异大

总体来看，18 个地市城乡公共服务均等化水平相较 2019 年有明显提

升,其中城乡人均教育文娱支出平均分由45.71分升至52.68分,城乡人均医疗卫生机构数平均分由93.07分升到93.62分,城乡最低生活保障人数平均分由66.36分升到68.37分,城乡养老保险覆盖人数得分由52.06升到66.98分。此外河南省整体自来水普及率和燃气普及率较高,基础设施建设也取得较大成效。但18个地市的城乡公共教育（57.44分）和城乡社会保障（63.64分）得分仍较低,且地市间不均衡现象突出。在公共教育方面,除新乡、开封、郑州、焦作和许昌外,其余地市城乡公共教育水平悬殊,在乡村教育投资力度及城乡教育资源分配上存在不足。在城乡社会保障方面,仅有郑州市评价等级为"优",其余地市城乡社会保障处于"一般"等级；其中城乡居民医疗保险参保人数较多,但养老保障在城乡中存在较大差距,乡村养老问题尚未解决。

三 政策建议

新时代重塑城乡关系是城乡融合战略的重要面向。要立足河南省当下生产力发展水平,以制度转型和创新为突破口,推进城市与乡村发展有机结合,使城乡经济互相支持、共同发展,全面实现城乡人口、空间、经济、生态以及社会的高度融合。

（一）以党建引领农村人才振兴，实现城乡人口双向自由流动

"人"是城乡关系背后的主体,是推动城乡融合发展的根本力量。当前,由于城乡户籍有别,从农村进入城市的农业转移人口不仅很难在城市落户,而且无法享受到与城市居民同等的社会福利；农村地区人才大量外流,致使农业农村现代化缺乏智力支持。据此,基层党组织和驻村党员干部应积极探索以"党建+发展+民生"为主要模式的乡村振兴之路,有效发挥基层党支部的组织力和一线党员干部的战斗力。一方面要深化户籍制度改革,减轻农业转移人口在城市落户定居的阻力,加快乡村人口城市化进程。另一方面,面对城市人口回流规模较小的问题,应继续完善财政、金融、社会保障

等激励政策，着力抓好招才引智，吸引更多人才投身到乡村这片广阔土地，破除制约乡村发展的人才瓶颈，念好乡村振兴的"人才经"。鼓励高校毕业生返乡创业，推进大学生村官工作，引导和支持企业家、专家学者、技能人才等通过下乡以志愿者方式服务乡村振兴事业，鼓励城市科教文卫等领域工作人员定期服务乡村，以此带动农村全面发展；对生产经营型、专业技能型和服务型人才进行分类专业培训，加强职业教育，提高农业从业者的人力资本，培养懂技术、善经营的新型职业农民。

（二）推动农村产业振兴，增加农民就业机会，助力农民现代化转型

要注重增加农村就业机会、提高农民就业质量、拓展农业增收空间，实现国民收入分配向"三农"倾斜，让千万农民走上共同富裕的道路。一是推进一二三产业融合，重点发展农产品加工、观光旅游休闲农业、生产性服务业、"互联网+"等新产业新业态，挖掘农村增收潜力，增加农业从业者的就业机会。二是完善对农直接补贴政策，健全生产者补贴制度，不断加大对农帮扶力度，促进乡村居民就地就近就业创业，提高其就业质量。三是完善企业与农民利益联结机制，引导农户自愿以土地经营权等入股企业，通过利润返还、保底分红、股份合作等多种形式，拓宽农民增收渠道；促进小农户和现代农业发展有机衔接，突出抓好农民合作社和家庭农场两类农业经营主体发展，培育专业化、市场化服务组织，帮助小农户节本增收。

（三）健全城乡生态环境统一规划治理体系，持续改善城乡人居环境

首先，要完善城乡环境保护机制，加强污染源头管控，坚持节约优先，着力实现森林城市建设和美丽乡村建设。一是加大城市生态环保宣传和生态环保执法力度，并注重生态环保技术研究，为城市生态恢复与修补提供技术支持。二是积极推进实施农村人居环境整治，着力改善村容村貌，培育绿色生态环境，不断提升乡村生态环境质量，为居民创造宜居适度的生活空间和

环境优美的生态空间。其次，要健全城乡生态环境协调体系，将城市与农村置于整个区域生态系统中，使城乡形成统一的、良性运转的生态系统。依据区域生态功能分区中城乡各自所承担的生态功能进行规划设计，要转变生产发展方式，坚持发展和培育壮大节能环保等新兴产业，推动传统产业智能化、清洁化改造，以协同推动经济高质量发展和生态环境高水平保护；统筹规划城乡污染物收运处理体系，推行垃圾就地分类和资源化利用，全面节约能源资源，促进生态环境保护。

（四）补齐农村教育、医疗、社会保障等基本公共服务短板，实现城乡基本公共资源均等化

首先，要继续把社会事业发展的重点放在农村，促进财政资源和公共产品配置向"三农"倾斜，以共享发展为原则、以共享服务平台为载体，优化城乡公共资源配置，并将教育、医疗卫生、社会保障等确定为城乡融合发展阶段公共服务的重点投入领域，建立起城乡公共服务供给体系，推动城乡居民社会福利均等化。一是促进城乡二元结构转化、建立城乡教育资源均衡机制，鼓励乡村支教，推动优质教育资源城乡共享。二是鼓励城镇医疗人员定期下乡服务村民并示范技术，带动乡村医疗卫生人才队伍建设；增加乡村医疗卫生建设拨款，改善乡镇医疗卫生条件。三是建立和完善城乡居民基本养老保险、失业保险等社会保险制度，推动城乡社会保障差距逐步缩小。其次，在城乡基础设施建设方面，要建立城乡公共服务的多元参与机制，通过财政转移支付、税费减免等多种手段，鼓励社会力量积极参与公共事业；通过招标采购、政府参股等形式增加公共服务供给，形成政府市场和社会力量多元供给模式；推进精细化公共服务供给，从而提高公共服务的质量和效率，增强城乡居民的获得感和幸福感，不断缩小城乡公共服务差距。

河南省基层党组织流动党员管理服务状况调查分析[*]

樊红敏 耿琼琼 王华丽 李卉[**]

摘　要： 本报告基于河南省委组织部及郑州大学课题组关于"河南省流动党员管理服务"调查数据，构建涵盖管理过程和管理绩效的评估框架和指标体系，对基层党组织流动党员管理服务状况进行评价分析。结果显示：流动党员群体呈现低龄化、知识化特点；流动党员管理服务状况总体评价较好，流出地评价好于流入地；流出地党组织是流动党员管理的重心和主体；基层党组织流动党员服务与期望存在差距；基层党组织流动党员管理信息化程度较高。当前基层党组织流动党员管理存在的问题包括：流出地、流入地党组织没有形成有效衔接，存在基层党组织管理脱节现象；基层党组织组织生活制度执行实效性不高；基层党组织区域化党建较少覆盖到流动党员；基层党组织引导流动党员作用发挥状况不佳。建议从以下方面着力改进：推进流动党员管理机制创新，强化基层党组织无缝隙管理；以流出地党组织为重心，提升基层党组织流动党员管理服务能力；优化流动党员作用发挥平台机制，提高基层党组织动员能力；加强技术赋能，强化基层党组织流动党员管理信息化

---

[*] 郑州大学党的建设研究中心招标项目"县域党建引领乡村振兴的逻辑与路径研究"（项目编号：ZZUDJ2101107）。

[**] 樊红敏，郑州大学政治与公共管理学院教授，博士生导师；耿琼琼，郑州大学马克思主义学院2021级博士研究生；王华丽，郑州大学马克思主义学院2020级硕士研究生；李卉，郑州大学马克思主义学院2020级博士研究生。

运用。

关键词： 社会流动　基层党组织　流动党员管理服务　治理现代化

随着我国新型城镇化进程步伐加快，社会流动日益频繁，2020年第七次全国人口普查主要数据显示，全国流动人口为37582万人，其中跨省流动人口为12484万人。与2010年相比，流动人口增长了69.73%。社会流动使社会风险不断聚集、放大，对基层社会治理提出了更高的要求和挑战，如何在社会流动背景下实现高水平的社会治理，成为新时代社会治理现代化的重大议题。2021年国家出台的《关于加强基层治理体系和治理能力现代化建设的意见》强调，要完善党全面领导基层治理制度，健全党建引领基层治理机制。流动党员管理和服务是基层党组织党建引领社会治理的重要维度，河南省是人口大省、党员大省、劳务输出大省。第七次人口普查数据显示，2020年河南省流出到外省的人口达1610万人，成全国净流出人口最多的省份。[①] 本报告基于河南省实践经验和流动党员及基层党支部干部问卷调查数据，以强化基层党组织流动党员管理和服务为主要目标，建立评估指标体系，对基层党组织流动党员管理服务状况进行评估分析，在此基础上，提出通过加强基层党组织流动党员管理服务推进基层治理现代化的对策建议。

一　评估框架和指标体系

根据《关于加强和改进流动党员管理工作的意见》，本报告中所谓"流动党员"是指连续外出时间超过3个月，无法正常参加组织关系所

---

① 河南省统计局：《河南省第七次全国人口普查公报（第六号）——城乡人口和流动人口情况》，2021年5月14日。

在党组织组织生活的正式党员和预备党员。流动党员管理指的是为了掌握流动党员情况、发挥流动党员作用，按照特定管理规范和管理机制，通过整合并调动相关管理资源，运用恰当的管理技术对流动党员实施开展的组织、教育、监督、服务等管理活动。关于流动党员管理服务评估没有直接的相关研究成果，有研究文献关注了流动人口服务管理评价问题，构建了包括人员配备、经费投入、管理过程、服务过程、社会融入、满意度和管理绩效等9个维度的绩效评估指标体系[①]；有学者研究了社区流动人口管理服务问题，构建了以社区为评估对象的社区工作量指标体系[②]。

借鉴以上评估框架和指标体系，本报告从管理过程和管理绩效两个维度来评估基层党组织流动党员管理服务的状况，建立了"管理机制""管理资源""管理活动""服务活动""作用发挥""管理技术"6个维度的评估框架。流动党员管理机制主要侧重于不同党组织之间的协调、沟通和衔接关系，如流出地和流入地党组织衔接机制、功能性党组织建设等；流动党员管理资源是指基层党组织配置并有效利用人、财、物等资源，投入流动党员管理服务过程以达到管理目标获取管理效益的状况；流动党员管理活动是指基层党组织对流动党员的日常管理活动；流动党员服务活动是指围绕流动党员党组织开展的教育培训、权利保障、关爱帮扶等服务党员的情况；流动党员作用发挥是指流动党员通过参与志愿服务活动，发挥模范带头作用的情况；流动党员管理技术是指在流动党员管理过程中，基层党组织在新时代管理技术运用和创新等方面的情况。评估指标体系具体见图1。

---

① 马冬梅、李吉和：《城市少数民族流动人口服务管理绩效评估指标体系构建研究》，《西南民族大学学报》（人文社科版）2019年第7期。
② 邹育根、周林刚：《户籍性质、居住结构与社区流动人口管理服务指标的构建——基于深圳市宝安区155个社区工作站的摸底调查》，《学习与实践》2010年第5期。

评估指标体系
- 管理机制
  - 流出地和流入地衔接机制
  - 功能性党组织设置
- 管理资源
  - 人、财、物投入
- 管理活动
  - 流动党员活动证
  - 三会一课工作
  - 党费收缴工作
- 服务活动
  - 教育培训服务
  - 权利保障服务
  - 关爱帮扶服务
- 作用发挥
  - 参与志愿服务
  - 模范带头作用
- 管理技术
  - 信息化管理

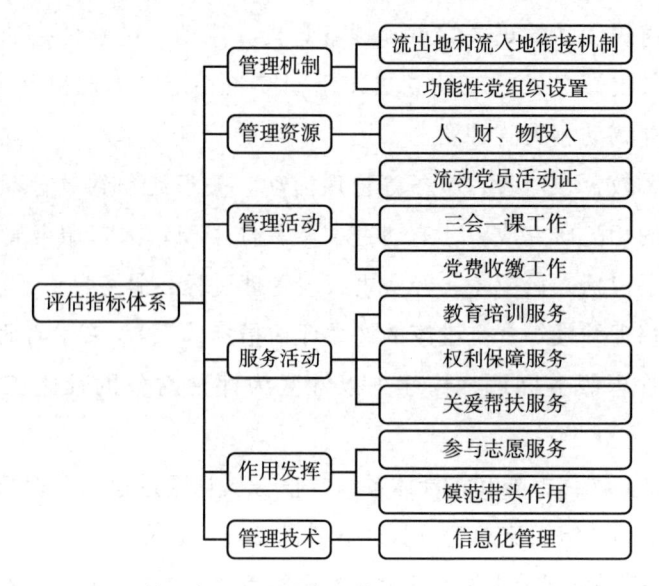

图 1 基层党组织流动党员管理服务评估指标体系

二 数据来源及评价方法

（一）数据来源

本研究的数据来自河南省委组织部及郑州大学课题组 2022 年 1~2 月开展的"河南省流动党员管理服务工作问卷"和"河南省流动党员管理服务状况问卷"调查，调查采用分层随机抽样的方法，涵盖河南省 18 个地市。调查对象包括流动党员和基层党组织负责流动党员管理的基层干部。基层干部调查样本共计 4120 个，有效样本为 3625 个，有效样本比例为 88.0%；调查对象主要是村或社区党支部书记、副书记或支部委员。流动党员调查样本共计 6750 个，有效样本为 6103 个，有效样本比例为 90.4%；调查对象性别、年龄、文化程度等属性具体见表 1。

表1 河南省流动党员管理服务调查样本情况

单位：%

属性	指标	比例	属性	指标	比例
性别	男	68.5	年龄	35岁及以下	43.9
	女	31.5		36~45岁	34.1
职业	工人	29.4		46~60岁	18.5
	企业管理员	5.9		61岁及以上	3.5
	工程技术员	8.2	户籍地	农村	73.6
	服务人员	14.9		县城	10.6
	销售人员	7.9		地级市辖区	11.3
	个体、企业经营者	11.9		省会城市	4.4
	各类办事员	5.0	流动时间	6个月以下	20.0
文化程度	初中及以下	18.1		6个月至1年	40.8
	高中或中专	31.1		1年以上3年以下	20.9
	大专	24.7		3年以上	11.7
	本科及以上	26.1			

（二）评价方法

本报告根据流动党员对"管理机制""管理资源""管理活动""服务活动""作用发挥""管理技术"6个一级指标的满意度进行评价分析，将满意度划分为"非常满意、比较满意、一般、比较不满意、非常不满意"5个等级，按照5级量表的形式进行赋值，5分表示非常满意，1分表示非常不满意，以此类推，通过计算得出各级指标得分，将指数转换为百分制后，得到基层党组织流动党员管理服务状况评价得分。

三 基层党组织流动党员管理服务状况分析

（一）流动党员群体呈现低龄化、知识化特点，农民群体占比最大，以跨省流动为主

在年龄分布上，流动党员群体呈现低龄化特征。流动党员群体主要以青

壮年居多，其中35岁及以下的流动党员占比为43.9%，36~45岁的流动党员占比为34.1%，46~60岁的流动党员占比为18.5%，61岁及以上的流动党员占比最小，仅为3.5%。

从文化程度来看，大专及以上学历人员占比达50.8%，流动党员群体呈现明显的知识化特点。其中高中或中专学历的流动党员占比为31.1%，大专学历的流动党员占比为24.7%，本科及以上学历的流动党员占比为26.1%，仅有不到20%的流动党员学历为初中及以下。

流动党员中农民群体占比最大。从流动党员户籍所在地所处的地理位置分布来看，来自农村的流动党员占比最大，为73.6%，县城区域的流动党员占比为10.6%，地级市辖区的流动党员占比为11.3%，省会城市的流动党员占比仅为4.4%。

近五成流动党员流动范围以跨省流动为主。跨省流动占比为46.9%，省内跨市流动占比为36.3%，市内跨县区流动占比为16.1%。流动范围较大，流动区域从市、县区范围内流动逐渐扩展到跨省流动。

就业是流动主要原因。从流动原因来看，近八成流动党员因务工或工作选择流动，占比为76.2%，其次为经商，占比为11.2%，学习培训占比为2.1%（见表2）。

表2 流动党员流动原因分布特征

单位：%

流动原因分类	占比	流动原因分类	占比
务工/工作	76.2	其他	4.2
经商	11.2	学习培训	2.1
家属随迁	5.1	拆迁搬家	0.9

（二）基层党组织流动党员管理服务状况总体评价较好，流出地评价整体好于流入地

河南省流动党员管理服务总体评价较好，得分为80.51分。评估显示，从管理过程来看，河南省基层党组织流动党员管理服务工作在"管理机制""管理资源""管理活动""服务活动""管理技术"5个一级指标的得分均在80分以上；而流动党员"作用发挥"一级指标的得分最低，为50.10分，各维度得分与总体得分（80.51分）相比，只有"作用发挥"得分远低于整体得分，其余维度得分均高于整体得分。由此可见，河南省流动党员管理服务总体评价较好，基层党组织在引导流动党员作用发挥方面还需要进一步加强。具体见表3。

表3 河南省基层党组织流动党员管理服务总体得分

单位：分

一级指标	得分	二级指标	得分
管理机制	82.70	流出地和流入地衔接机制	81.71
		功能性党组织设置	83.68
管理资源	87.33	人、财、物投入	87.33
管理活动	86.78	流动党员活动证	84.93
		三会一课工作	86.86
		党费收缴工作	88.54
服务活动	88.02	教育培训服务	87.75
		权利保障服务	88.29
		关爱帮扶服务	88.01
作用发挥	50.10	参与志愿服务	45.20
		模范带头作用	55.00
管理技术	88.15	信息化管理	88.15
总体得分	80.51		

流出地整体绩效得分和单项绩效得分都高于流入地。调查显示，流动党员对流出地党组织的总体评分为86.30分，对流入地党组织的总体评分为74.90分；从各维度得分来看，"作用发挥"一级指标流出地和流入地得分相差最大（7.08分），其次为"服务活动"（1.20分），"管理机制"得分相差最小为0.37分（见表4）。表明流动党员整体上对流出地党组织的管理服务工作认可度更高。

表4 流动党员管理分维度绩效

单位：分

评估维度	流出地得分	流入地得分	差值
管理机制	13.78	13.41	0.37
管理资源	14.56	13.57	0.99
管理活动	14.01	13.40	0.61
服务活动	14.67	13.47	1.20
作用发挥	14.61	7.53	7.08
管理技术	14.69	13.51	1.18
总体得分	86.30	74.90	11.40

（三）流出地党组织是流动党员管理的重心和主体

流出地社区党组织成为流动党员报到的重心。在问到"您报到的党组织类别"时，选择"流出地社区党组织"的占比最大，为41.66%，其次为"工作单位党组织"，占比为36.80%，"家乡党组织建立的流动党员党支部"的占比为11.19%，而选择"流入地社区党组织"的最少，仅为10.35%（见表5）。由此可见，流动党员报到的党组织类别集中在流出地社区党组织和工作单位党组织，流入地社区党组织未能发挥其应有的作用。

表5 流动党员报到的党组织类别

单位：%

类别	占比
流出地社区党组织	41.66
工作单位党组织	36.80
家乡党组织建立的流动党员党支部	11.19
流入地社区党组织	10.35

超半数流动党员不愿意将组织关系转到流入地。调查显示，有55.51%的流动党员不愿将组织关系转到流入地，仅有32.66%的流动党员愿意将组织关系

转到流入地。流动党员不愿意将组织关系转到流入地有多种原因，包括不愿意放弃在流出地党组织享有的选举权、被选举权、表决权以及流动频繁等。由此可见，流出地在保障流动党员权利，提供关爱帮扶、困难救助等活动方面更具优势，更容易得到流动党员的认可。具体见表6。

表6 流动党员不愿将组织关系转入流入地原因分布

单位：%

原因	占比
对流出地党组织更有归属感	43.57
流动频繁，持流动党员活动证即可	14.86
在流出地党组织享有选举权、被选举权、表决权	14.74
手续太麻烦，不愿意转移	11.56
在流入地没有党组织接纳	10.18

超六成的流动党员更愿意参加流出地党组织生活活动。调查显示，有67.81%的流动党员更愿意参加流出地党组织开展的组织生活，参加流入地党组织和外建党组织开展组织生活的仅分别占18.09%、5.72%。双向共管机制只在"单边"发挥一定作用。

（四）基层党组织流动党员服务与期望存在差距

基层党组织提供"权益保障"和"工作就业"方面服务较多。调查显示，在问到"党组织对您或家属提供过哪些方面的关怀帮扶"时，享受过"权益保障"服务的占比最高，为37.77%，其次为"工作就业"方面的服务，占比为37.27%。而享受较少的服务是"过'政治生日'"和"技能培训"，占比分别为11.60%和14.21%。

基层党组织的关怀服务与流动党员实际需求有偏差。调查显示，近八成（76.2%）流动党员因务工或工作选择流动，而从流动党员参加过的学习培训内容来看，仅有23.32%的流动党员参加过知识技能教育类学习培训。同时，在"技能培训"方面，有33.73%的流动党员希望获得这一服务，而实际只有14.21%的流动党员曾经享受过；希望得到"工作就业""权益保障"方面服务的占比达到45.65%、40.97%，实际提供的只有37.27%和37.77%；同时，"法律援助""困难救助"等关怀服务各方面也都未达到预期，提供关怀帮扶与流动党员的期望之间存在不同程度的差距，具体见表7。

表7 流动党员关怀服务情况与期望分布

单位：%

属性	类别	已提供过	希望提供	期望差
关怀服务	工作就业	37.27	45.65	0.183
	权益保障	37.77	40.97	0.078
	法律援助	20.76	27.79	0.253
	技能培训	14.21	33.73	0.579
	困难救助	17.88	25.39	0.296
	节日慰问	21.70	21.78	0.004
	过"政治生日"	11.60	12.42	0.066
	谈心谈话	24.73	17.35	-0.425

（五）基层党组织流动党员管理信息化程度较高

一级指标对比来看，"管理技术"指数最高，得分为88.15分，表明流动党员管理信息化程度较高，普遍运用微信群、网络平台、公众号等开展流动党员管理服务工作。

近八成基层党组织采用微信群、QQ群的方式与流动党员进行沟通交流。调查显示，在问到"您所在党组织与流动党员联系的主要方式"时，有78.43%的基层党支部选择"微信群、QQ群"。由此可见，基层党组织更倾向于通过便捷的信息化方式与流动党员进行交流。

基层党组织多采用网络平台的方式对流动党员开展学习培训。调查发现，在问到"过去一年您参加过哪些形式的学习培训"时，选择"网络学习"的占比最高，为60.15%，远高于支部集体学习（48.83%）、外出参观学习（18.32%）、集中培训（17.82%）等其他形式的学习培训。

基层党组织在组织生活、党费收缴等方面使用电子化手段较为普遍。随着信息技术的飞速发展，基层党组织也在不断适应时代要求，对流动党员开展的组织生活也呈现信息化、网络化趋势。数据表明，79%的流动党员采用微信群、QQ群参加组织学习，28%采用网络视频会议参加组织学习；在党费收缴方面，73.5%的党员采用电子转账的方式缴纳党费。可以看出，利用现代技术手段加强对流动党员的管理已经成为信息化时代的基本要求。

四 问题分析

（一）流出地、流入地党组织没有形成有效衔接，存在基层党组织管理脱节现象

流入地流动党员报到比例远低于外出报告比例。调查显示，87.26%的流动党员外出流动前向所在党组织报到，但是仅有43.62%的流动党员到流入地党组织或者外建党组织报到。而流动党员到达流入地没有报到的原因中，约四成流动人员"不知道与谁联系"（39.66%），其次是"不知道需要报到"（25.69%），具体见表8。

表8 没有到流入地党组织或外建党组织报到原因分布

单位：%

原因	占比	原因	占比
不知道与谁联系	39.66	报到手续复杂,不愿去报到	4.08
不知道需要报到	25.69	觉得没必要	8.72
当地党组织不愿接收	11.24	其他	10.60

仅半数基层党组织定期与流入地党支部共享流动党员信息。调查显示，在问到"您所在党组织是如何与流入地党支部开展对接工作"时，仅有51.56%的层党组织定期交流共享流动党员相关信息，更有33.93%的基层党

支部与流入地党支部基本无对接，仅有7.92%的基层党支部与流入地党组织签订共管协议。由此可见，基层党组织"双向共管"机制落实不到位。

流动党员对流出地和流入地党组织的组织生活衔接工作评价较低。调查结果显示，对于流动党员在何处参加组织生活的问题，67.81%的流动党员表示参加过组织关系所在党支部的组织生活，而仅有18.09%的流动党员参加过流入地党组织的组织生活。同时，6成以上（63.41%）流动党员未被纳入流入地党组织管理，流入地与流出地衔接不足。

（二）基层党组织组织生活制度执行实效性不高

流动党员活动证制度执行不到位，办理工作评价较低。流动党员活动证制度对流出地党组织、流入地党组织和流动党员应承担的职责进行了界定和划分。调查显示，流出地党组织流动党员活动证办理工作的评价较低，在问到"过去一年，流出地党组织查验您的流动党员活动证的情况"时，有近一半（44.53%）的流动党员选择"没有查验"；流入地党组织未能及时查验流动党员活动证对流动党员进行身份确认；流动党员的流动党员活动证使用率较低，有37.39%的流动党员在外出前没有领取流动党员活动证，仅有39.34%的流动党员使用过流动党员活动证。由此可见，流动党员活动证制度在基层党组织流动党员管理实际工作中未能发挥其应有的作用。

基层党组织流动党员组织生活管理不规范。党内组织生活是加强党员管理教育的重要途径。党章规定，连续六个月不参加党的组织生活将被开除出党。而调查显示，近六成（59%）的流动党员在过去一年只参加过1~2次组织生活，参加过3次、4次的占比为15%和11%，参加过5次及以上的占比仅为15%，也就是说7成以上的流动党员每3个月参加组织生活不到1次。同时，在问到"您参加所在党支部民主评议活动情况"时，31.88%的流动党员被通知参加而不参加组织生活，另有8.88%的流动党员不知道也未参加。由此可见，基层党组织对流动党员的管理出现"宽、松、软"现象，纪律规范化不足。

流于形式是基层党组织流动党员管理服务工作效果差的主要原因。调查显示，在问到"您认为目前对流动党员管理服务方面存在的主要问题"时，有36.4%的流动党员认为存在走形式，应付检查的现象，其他依次为多种因素综合（31.49%）、学用脱节（25.54%）、培训内容落后（23.97%）、形式单一枯燥（19.03%）。

（三）基层党组织区域化党建较少覆盖到流动党员

近7成的流动党员所在单位没有建立党组织。区域化党建从体制上突破以传统纵向控制为特征的"单位党建"模式，在"两新"组织和流动党员比较集中的村（社区）、商务楼宇、工业园区、专业市场地域，构筑开放的、覆盖面广、相对稳定的组织网络，形成由单位党建、社区党建共同参与的多维度、全覆盖的区域化党建联合体。调查显示，在问到"您目前所在的工作单位是否建立有党组织"时，有近7成的流动党员选择"没有"（48%）和"不知道"（17%），选择"有"的仅为35%。

八成以上基层党组织没有设立流动党员党组织。《中国共产党支部工作条例（试行）》规定："流动党员较多，工作地或者居住地相对固定集中，应当由基层党组织，依托园区、商会、行业协会、驻外地办事机构等成立流动党员党支部。"[①] 仅有14.8%的基层党组织建有外建党组织，85.2%的基层党组织没有设立外建党组织。在已建的外建党组织中，有63.1%是单独组建，有27.9%是依托商会和协会建立。由此可见，功能性党组织和外建党组织覆盖不到位，这也对应了只有5.72%的流动党员在外建党组织参加组织生活。

（四）基层党组织引导流动党员作用发挥状况不佳

流动党员作用发挥频率不高。从流动党员参加党组织开展的志愿服务活动情况来看，30.73%没有参加过党组织的志愿服务活动，26.18%的流动党

[①] 《中国共产党支部工作条例（试行）》，2018年9月21日。

员参与较少，31.85%的流动党员参加党组织开展志愿服务活动情况一般，而参与活动比较多与非常多的占比仅为9.06%与2.18%。由此可见，流动党员作用发挥频率不高，有待进一步加强。

近6成基层党务干部认为流动党员作用发挥效果一般。调查显示，28.24%的基层党务干部认为流动党员作用发挥效果较好，59.33%的基层党务干部认为流动党员作用发挥效果一般，还有12.43%的基层党务干部认为流动党员作用发挥效果不好。

基层党组织荣誉激励、作用发挥平台建设迫切需要改进。调查显示，流动党员作用发挥的方式主要是"参与志愿活动"（68.03%）及"为家乡建设建言献策"（50.55%）等，能够服务基层治理、返乡创业（31.82%）的流动党员比例比较低。有55.88%的基层党支部认为影响流动党员发挥作用的主要原因是缺乏发挥作用的载体和平台。在问到"您认为目前流动党员作用发挥哪些方面亟待改进"时，选择"荣誉激励"的占比为24.31%，选择"搭建平台"的占比为23.06%，选择"志愿服务激励"的占比为21.00%，具体见表9。

表9 流动党员作用发挥亟待改进措施

单位：%

类别	占比	类别	占比
荣誉激励	24.31	流入地参与环境	10.38
搭建平台	23.06	流出地参与环境	5.30
志愿服务激励	21.00	其他	4.00
后备人才培养	11.94		

五 对策建议

流动党员管理服务是社会流动背景下基层党组织党建引领社会治理的重要内容之一。基于河南省基层党组织流动党员管理服务调查分析，本报告从以下四个方面提出加强基层党组织建设的对策建议。

（一）推进流动党员管理机制创新，强化基层党组织无缝隙管理

一是完善流出地、流入地党组织衔接机制。积极探索以流出地为主、流入地为辅的联合共管模式，强化流出地党组织流动党员管理责任。流出地党组织负责流动党员动态管理，做好信息跟踪、党费收缴及教育管理工作。流入地党组织承担流动党员服务功能，主要负责流动党员服务关怀、重点帮扶及权利保障等。要建立流出地、流入地"双向共管"平台和机制，在流动党员信息互通、组织生活、服务活动、作用发挥等方面互联互通，做到看得见、管得着、管得好。二是推动流动党员区域化党建全覆盖。要创新党组织设置形式，如建立"街区支部""园区支部""商务楼宇支部""商贸市场支部""快递业党支部"等特色党组织、行业党组织、产业党组织；流出地基层党支部探索流动党员党组织或外建党组织，将流动党员管理服务工作纳入基层党组织区域化党建总体部署，使区域化党建的工作触角延伸到每一个流动党员，避免流动党员游离于党组织之外。

（二）以流出地党组织为重心，提升基层党组织流动党员服务能力

一是建好流出地党组织流动党员管理服务"主阵地"。以流出地党组织为依托，强化流出地流动党员管理服务的主要责任和功能，加强流出地基层党组织阵地建设，如出台制度明确在活动经费、党务人员、阵地场所等方面的制度规范，实施流动党员党务干部专职化等，确保流动党员党组织活动有场所、学习有平台、凝聚有阵地。探索建立流动党员诉求服务中心和党员激励关怀基金，及时帮助流动党员解决实际困难。二是强化基层党组织制度执行力。要完善针对流动党员管理的考评体系，将流动党组织关系转接纳入基层党建考核范围，建立基层党组织流动党员管理服务权责清单和服务台账等，强化制度刚性约束。三是完善流动党员权利保障和关怀帮扶机制。坚持人性化服务导向，精准对接流动党员服务需求。着力于知识技能培训、就业创业服务、权益保障、困难帮扶等，建立服务清单，提升服务效能。

（三）优化流动党员作用发挥平台机制，提高基层党组织动员能力

一是加强作用发挥平台建设。流出地要建立乡土人才库和服务家乡激励机制；流入地要通过设岗定责等方式，探索吸纳流动党员在社区党组织兼职等，共同参与社区建设。二是强化对流动党员的正向激励。建立流入地社区志愿服务活动机制、流动党员承诺践诺机制、流动党员积分考评机制、优秀流动党员称号评选机制等，形成流动党员作用发挥支持系统。要完善表彰激励机制，把流动党员纳入先进模范人物表彰范围，在流动党员中选树先进典型，引导流动党员服务老乡、服务他乡、服务家乡。

（四）加强技术赋能，强化基层党组织流动党员管理信息化运用

一是加强基层党组织流动党员管理信息化平台建设。着力于信息平台建设和运用，借助微信小程序、钉钉打卡、手机"直播课堂"、语音视频会议等信息化工具，搭建党建"群"平台，加强流动党员"云管理"和"云服务"，推动基层党组织管理服务工作实现自动化、便捷化、高效化。二是提升基层党组织信息化运用能力。要补齐基层党组织干部信息化运用能力弱的短板，建立干部信息化运用、培训等激励约束制度，定期开展信息化培训学习和督导，提高基层干部通过互联网组织、服务流动党员的本领，主动适应信息化时代的挑战和要求，提升基层干部信息化发展的适应能力。

河南省县级行政区划调整的
进展、问题及展望*

何 水　高向波**

摘　要： 行政区划调整事关国家稳定、民族团结、经济发展和社会进步，县级行政区划调整更是直接影响以县城为重要载体的新型城镇化和以县域为基本单元的乡村振兴战略的全面实施。为准确把握河南省县级行政区划调整的总体进程和现实状况，本文选取2000~2021年河南省县级行政区划调整的相关政策文本和数据资料，从纵向、横向两个角度对河南省县级行政区划调整实践展开分析。研究发现：河南省县级行政区划调整类型多样并呈阶段性发展特征，但在调整工作中也存在调整方案待改进，文化特色不突出，发展定位不明晰；与城镇发展脱节，空间格局不合理，综合承载能力弱；县乡衔接不紧密，数量规模不平衡，效果发挥不充分；服务供给不到位，县域治理效能低，城市功能不健全等问题。展望未来，建议河南省在推进县级行政区划调整时注重四个坚持：一是立足区域发展战略和中原文化特色，明晰县域发展定位；二是优化城市空间格局，增强县域综合承载能力；三是将县乡两级行政区划调整有机结合，推动大中小城市和小城镇协调发展；四是凸显县级行政区划调整治理与服务效能，加快提升城市功能品质。

---

* 基金项目：河南省软科学研究项目"新型城镇化推进中河南省县级行政区划调整研究"（项目编号：222400410096）；社会治理河南省协同创新中心2022年度招标课题"河南省县级行政区划调整的进展、问题及展望研究"。

** 何水，郑州大学政治与公共管理学院教授、博士生导师、副院长；高向波，郑州大学政治与公共管理学院行政管理专业硕士研究生。

关键词： 行政区划　新型城镇化　河南

县级行政是基层能动性最强的行政区域，县级行政区划调整直接影响以县城为重要载体的新型城镇化，是乡村振兴战略全面实施的基本单元。从数量来看，河南省县级行政区划数量众多，有待调整和优化的县级行政区划较多。从行政层级来看，县一级承上启下，是连接城乡、沟通群众的重要渠道和桥梁。从改革实践来看，行政区划调整工作多在县域内展开。新时代推动中原地区经济社会高质量发展离不开科学合理的行政区划支撑，河南省需要立足构建"一核一副一带多点"的发展格局，协调推进县级行政区划调整工作。有鉴于此，本研究结合《中国统计年鉴》《河南统计年鉴》等相关数据资料，客观描述并探析河南省县级行政区划调整的实践进展，以期透视河南省县级行政区划调整的现实状况并提出对策建议，助力河南省行政区划管理工作科学化、规范化。

一　河南省县级行政区划调整的实践进展

本研究选取2000~2021年河南省县级行政区划调整的政策文本和数据资料，从纵向和横向两个角度展开讨论，其中纵向主要对河南省县级行政区划调整的总体进展、变化趋势和类型结构展开描述；横向则对河南省18个省辖市县级行政区划、人口大省县级行政区划区域差异展开比较分析。

（一）县级行政区划调整类型多样，2014年以来以整建制撤县（市）设区为主，较以往更注重整体优化

2000~2021年河南省县级行政区划调整共有26项申请被民政部正式公布[①]，按照县级行政区划的获批时间来看，其主要可以分为2000~2005年、2014年至今两个阶段（见图1和图2）。

[①] 同一项行政区划调整事项涉及多项调整内容时，为便于分析，本研究依据民政部全国行政区划信息查询平台历年公布的《县级以上行政区划变更情况》进行单独分类统计。

河南省县级行政区划调整的进展、问题及展望

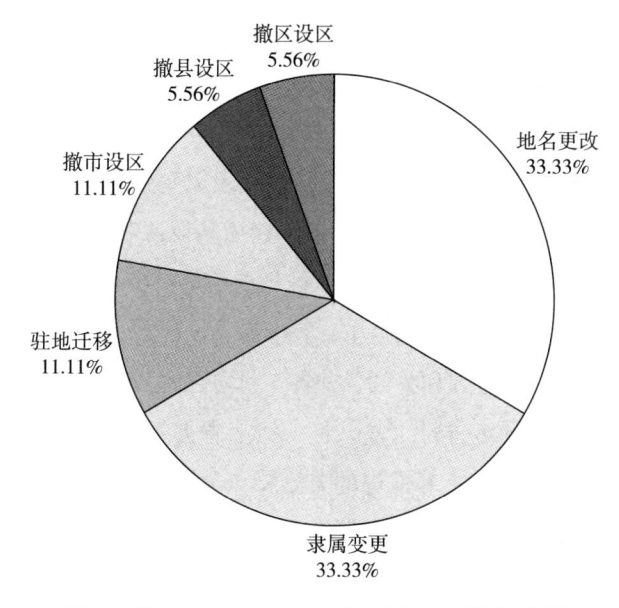

图1　2000~2005年河南省县级行政区划调整类型

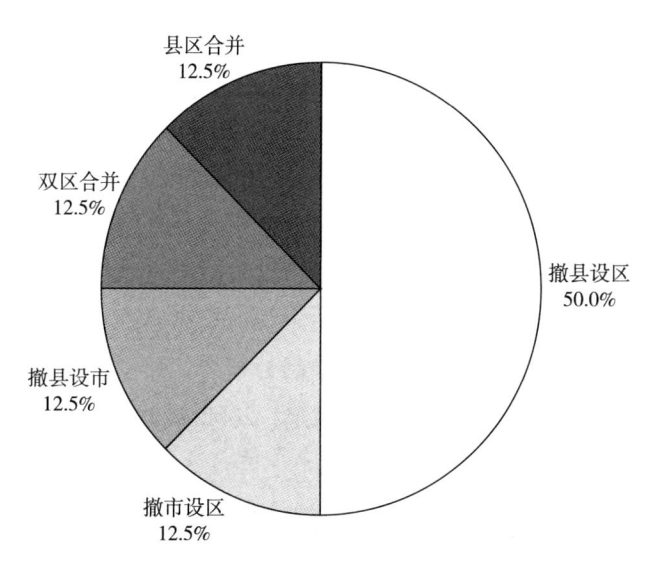

图2　2014年至今河南省县级行政区划调整类型

从图1和图2来看，河南省县级行政区划调整呈现以下特点。①从县级行政区划调整的类型来看，河南省主要涉及地名更改、隶属变更、驻地迁移、

141

撤县设区和撤县设市等常见类型，并伴有撤区设区、双区合并和县区合并这几种特殊类型。②从县级行政区划调整的频次来看，2000~2005年河南省县级行政区划调整较为频繁且涉及行政区划调整的内容较多，共有18项调整事项，以地名更改和隶属变更为主，其中地名更改和隶属变更各6项均占比33.33%，驻地迁移和撤市设区各2项均占比11.11%，撤县设区和撤区设区各1项均占比5.56%；2014年至今河南省县级行政区划调整重新步入活跃期，目前共有8项调整事项，以整建制撤县设区为主，其中撤县设区共4项占比50.0%，撤市设区、撤县设市、双区合并和县区合并各1项均占比12.5%。③总体来看，鉴于行政区划调整工作的多样性、复杂性，河南省县级行政区划调整呈现多种类型相互交织、多项内容统筹推进的典型特点。同时，行政建制变更往往与行政隶属变更、行政界线调整等相结合，其调整方式更便于系统解决县级行政区划设置不合理问题。综合来看，河南省县级行政区划调整共出现两个活跃期，高度契合了国家关于新型城镇化建设的战略规划以及行政区划调整的宏观政策。

（二）县级行政区划总体数量保持稳定，市辖区数量不断增加、县的数量持续减少、县级市的数量保持稳定

分析河南省县级行政区划调整的总体趋势以及各类型行政区划的具体演变特征，有利于预判河南县级行政区划调整的总体方向和未来走向，把握各类型行政区划调整的内在逻辑。基于当前数据来看，河南省县级行政区划调整呈现以下变化趋势。①就总体趋势来看，河南省县级行政区划数量长期在158个上下浮动，总体较为稳定，2002年总数共有158个，2004年增加为159个后长期保持稳定，2014年后总体呈下降趋势，其中2021年首次出现157个，其变化主要由市辖区数量增加和县的数量减少引起。②就市辖区的变化趋势来看，河南省市辖区的数量总体呈上升趋势，2002年市辖区共有48个，2004年增加为50个后长期保持稳定，2014年后市辖区的数量持续增加，目前共有54个，占比为34.39%。③就县级市的变化趋势来看，河南省县级市的数量长期保持稳定，仅有2019年和2020年略微增加为22个，其余年份均为21个，目前县级市占比为13.38%。④就县的变化趋势来看，河南省县的数量总体呈下降趋势，2002年县共有89个，2004年河南省县的数量减少为88个后长期保持稳定，2014年后县的数量持续减少，目前县共有82个，占比为52.23%。⑤就各类型的比重变化来看，相较于2002年，目前河南省除县的占比有所减少，市辖区和县级市占比均有不同程度的增加，其中市辖区占比增加4.01个百分点、县级市占比增加0.09个百分点、县占比减少4.10个百分点，县级行政区划整体趋于稳定、结构不断优化。综合来看，河南省县级行政区划调整总体呈现市辖区数量不断增加、县的数量不断减少、县级市的数量保持稳定的趋势，调整类型以撤县设区为主，其中双区合并、县区合并等模式的不同是导致县级行政区划总体数量逐渐减少的主要原因，市辖区的地位作用进一步凸显。未来，河南省县级行政区划调整应更加注重系统考量、审慎推进，根据各地发展实际情况因地制宜地推进行政区划调整工作，进而不断优化县级行政区划的时空分布和类型结构。

（三）18个省辖市的市辖区和县级市比例总体不高，与推进城镇化建设要求不匹配

河南省各省辖市所辖县级行政区划的具体类型、数量等各不相同（见表1），通过对县级行政区划的总数以及市辖区、县级市、县的数量展开对比分析，可以从宏观上把握河南省县级行政区划的总体分布特点，也可以从微观上观察各省辖市县级行政区划的基本特征。

表1 2021年河南省18个省辖市所辖县级行政区划数量

单位：个

地级市	市辖区	县级市	县	总数
郑州市	6	5	1	12
开封市	5	0	4	9
洛阳市	7	0	7	14
平顶山市	4	2	4	10

续表

地级市	市辖区	县级市	县	总数
安阳市	4	1	4	9
鹤壁市	3	0	2	5
新乡市	4	3	5	12
焦作市	4	2	4	10
濮阳市	1	0	5	6
许昌市	2	2	2	6
漯河市	3	0	2	5
三门峡市	2	2	2	6
南阳市	2	1	10	13
商丘市	2	1	6	9
信阳市	2	0	8	10
周口市	2	1	7	10
驻马店市	1	0	9	10
济源市	0	1	0	1

就河南省18个省辖市所辖县级行政区划数量来看，县级行政区划在一定意义上仍存在设置不合理、分布不均衡的问题。①就总体数量来看，开封市等近1/2的地级市拥有9~10个县级行政区划，总体数量分布相对均衡但部分地市相差较大，其中数量最多的洛阳市管辖14个县级行政区划，远多于漯河市管辖5个县级行政区划。②就市辖区的数量来看，除郑州市6个市辖区和洛阳市7个市辖区、开封市5个市辖区以外，平顶山等约1/3的地级市有3~4个市辖区，许昌等约1/3的地级市有2个市辖区，此外，驻马店市和濮阳市仅有1个市辖区，而济源市因为省辖县级市暂无市辖区，市辖区数量整体偏少影响城镇化水平提升。③就县级市的数量来看，除郑州市下辖5个县级市、新乡市下辖3个县级市以外，其余各地级市所辖县级市数量较少，洛阳等不到1/3的地级市仅有1个县级市，开封等1/3以上的地级市暂无县级市，县级市数量相对不足。④就县的数量来看，南阳等1/3的地级市包括6个及以上的县，开封等约1/4的地级市包括4个县，鹤壁等约1/4的地级市包括2个县，郑州市和济源市则因其分别为省会城市及省辖县级市，

分别包括1个和0个县（见表1）。总体来看，除济源市因其为省直管县级市较为特殊外，河南省各地级市县级行政区划分布不平衡，市辖区、地级市和县的类型与数量存在较大差距，多个地级市市辖区数量较少、县级市数量较少或无，所辖县的数量差距也较大，可供调整优化的空间相对较大，县级行政区划调整中的撤销、设立和合并工作仍需科学统筹、系统推进。

（四）相较于同类型人口大省，县级行政区划人口承载能力和发展带动能力有待提升

人口和面积是行政区划中最重要的要素之一，河南省作为人口大省，与同类型省份展开对比分析，有助于更好地了解河南省县级行政区划调整的现实状况，找到目前县级行政区划数量、布局等方面存在的不足之处（见表2）。

表2 中国7000万以上人口省份县级行政区划比较

单位：个，人

省份	地级区划数 数值	地级区划数 排名	县级区划数 数值	县级区划数 排名	市辖区 数值	市辖区 排名	县级市 数值	县级市 排名	县 数值	县 排名	人口数 数值	人口数 排名
河南省	17	3	158	3	53	5	22	2	83	3	99365519	3
河北省	11	6	168	2	47	6	21	4	94	2	74610235	6
江苏省	13	5	96	6	55	3	22	2	19	6	84748016	4
山东省	16	4	137	4	57	2	27	1	53	4	101527453	2
广东省	21	1	122	5	65	1	20	5	34	5	126012510	1
四川省	21	1	183	1	54	4	18	6	107	1	83674866	5

根据第七次全国人口普查结果公布的相关数据，我国7000万以上人口主要包括河南省、河北省、江苏省、山东省、广东省和四川省6个省份。这6个省份均属于人口大省，空间地理位置和经济社会发展等方面不尽相同，因此在行政区划方面进行对比分析具有一定的参考价值，有利于把握河南省县级行政区划当前的现实状况及问题。①从人口数量来看，河南省现有人口99365519人，排名第三，与第一名广东省（126012510人）差距较大。此

外，根据计算可得，河南省平均每个县级行政区划管辖约628896人，相较于其他7000万人以上省份，河南省平均每个县级行政区划管辖人数是河北省的1.42倍、江苏省的0.71倍、山东省的0.85倍、广东省的0.61倍、四川省的1.38倍。县级行政区划人口容纳能力相对较强，对促进农业转移人口市民化具有重要作用。②从县级区划总体数量来看，河南省共158个，排名第三，与第一名四川省（183个）存在一定差距。此外，根据计算可得，河南省平均每个地级市所含县级辖区9.3个，相较于其他7000万人以上省份，河南省平均每个地级市所含县级辖区数量是河北省的0.61倍、江苏省的1.26倍、山东省的1.09倍、广东省的1.60倍、四川省的1.07倍。县级行政区划数量较多、辐射带动压力较大，对促进新型城镇化建设作用有限。③从县级区划具体数量来看，河南省现有市辖区53个，排名第五，相较于第一名广东省（65个）而言数量相对较少，市辖区建设总体数量相对滞后；河南省现有县级市22个，与江苏省共同排名第二，与第一名山东省（27个）相差5个，与第六名四川省（18个）相差4个，同时各省之间差距较小，数量均在20个上下浮动；河南省现有县83个，与第一名四川省（107个）差距较大，同时与排名靠后的山东省（53个）、广东省（34个）和江苏省（19个）三个省份差距较为明显。综合来看，河南省县级行政区划数量总体较多，可供调整的县级行政区划基数较大，市辖区数量相对较少，而县级市和县的数量则相对较多，相较于同类型人口大省，行政区划调整工作稍显滞后，县级行政区划人口承载能力和发展带动能力有待进一步提升，未来应更加注重市辖区的合理布局。

二 河南省县级行政区划调整的现存问题

河南省在推进新型城镇化过程中，县级行政区划的类型、规模和数量始终处于动态调整的过程。除了调整完成后所表现出的数量和规模不平衡，笔者在调研过程中发现河南省县级行政区划调整还存在一些有待解决的现实问题。

（一）调整方案待改进，文化特色不突出，发展定位不明晰

一是调整方案待改进。复杂多变的国内外环境，使得县级政府在立足本地发展目标设计调整方案时难以充分考量区域发展规律、准确预判未来发展走向，不能有效衔接中部崛起和黄河流域生态保护等国家重大战略，充分考量河南省新型城镇化高质量发展目标定位，方案的前瞻性、预见性和有效性有限，有时不能有效解决行政区划制约区域协调发展的实际难题，甚至产生新的区划问题。

二是文化特色不突出。河南省部分县级行政区划的地名未充分体现区域特色、凸显河南文化底蕴，安阳、新乡和濮阳等地存在市县同名的情况，既不利于打造区域文化品牌、彰显文化特色，也不利于传承历史文脉、激发精神力量。同时，在行政区划调整过程中仍存在城市建设忽略文化设施、公共服务忽略文化供给、旅游开发忽略文化保护、区域发展忽略文化融入等诸多问题，地域文化和城市文化对促进区域发展的驱动力有限。

三是发展定位不明晰。尽管省级层面出台了"十四五"发展规划以及《河南省新型城镇化规划（2021—2035年）》《实施以人为核心的城镇化战略工作方案》等战略规划，对行政区划调整工作指出了发展方向、明确了目标任务、提出了工作要求，但不同县级行政区划因其发展基础、资源禀赋、地理位置等存在差异，行政区划调整工作的重点也有所不同。因此，不同县级行政区划的发展目标需要依据自身特点进行系统谋划、深入思考，行政区划调整的具体内容也有待进一步审慎研究、细致考量。

（二）与城镇发展脱节，空间格局不合理，综合承载能力弱

一是与城镇发展脱节。2021年末，河南省常住人口城镇化率约57%，与全国常住人口城镇化率64.72%相比仍存在较大差距。长期低于全国平均水平的城镇化率对行政区划调整工作造成了一定的制约，河南省行政区划工作整体相对滞后。同时，目前河南存在明显的土地城镇化速度快于人口城镇化速度的现象，人口城镇化质量和效益较低，盲目规划、快速推进的城市建

设不仅降低了新型城镇化质量、造成了诸多风险隐患，而且客观上增加了行政区划调整工作的难度。

二是空间格局不合理。河南省"中心城市发展层次水平不高，郑州国家中心城市和郑州都市圈综合实力、规模体量与国内先进地区差距明显，洛阳、南阳等地对全省发展支撑带动作用不足，多中心、组团化发展的空间格局尚未形成"，在此范围内的各地级市所辖县级行政区划同样面临发展受限问题，县城未能完全融入周边大城市建设发展，"县—市—省"三级联动的空间发展格局未发挥出全部效力。同时，县城内部空间结构不尽合理，城区社区布局和郊区村镇分布等仍有待进一步优化。

三是综合承载能力弱。河南省县级行政区划人口承载能力相对较强，但资源环境、基础设施等方面的承载能力相对较弱，人口、经济等资源要素未能在县级行政区域内实现合理流动、高效配置，县级行政区划作为区域中心城市、重要节点城市的要素集聚能力和综合承载能力未有效发挥出来，基础设施、住房交通、公共服务、就业岗位和资源环境等也不能充分满足辖区人口的实际需要，在促进农业转移人口市民化和就近城镇化方面效果有限。

（三）县乡衔接不紧密，数量规模不平衡，效果发挥不充分

一是县乡衔接不紧密。《行政区划管理条例》规定，乡镇和县级行政区划调整方案分别由省级人民政府和国务院负责审批，县级行政区划调整相较于乡镇行政区划调整工作，标准更高、难度更大、周期更长，而乡镇行政区划调整相较于县级行政区划调整，数量更多、频次更多也更灵活。这种分层审批的机制和一事一议的方式，使得县乡间在行政区划调整工作过程中仍存在各自为战、各行其是的情况，城乡规划、资源统筹和设施建设等方面衔接不到位，无法发挥行政区划调整工作协调推进的整体合力。

二是数量规模不平衡。河南省市辖区总体数量较少，大多数地级市拥有两个市辖区，城区发展面积有限、城市拓展空间受限，对周边区域的辐射、带动发展能力较弱；县级市数量总体较少，部分地级市没有县级市，中小型城市发展缓慢，对打造大中小城市协调发展的现代化城市格局具有明显的迟

滞作用；不同地级市所辖县的数量差距过大，县的分布不平衡，各地级市间、不同地级市所辖县之间经济社会发展水平差距将进一步拉大。

三是效果发挥不充分。部分地区行政区划调整后仍然延续以往老旧发展思路或与周边地区发展相互疏离，"融而难合、设而难立"的现象并未完全杜绝，行政区划调整工作没有实现预期目标、取得改革成效。同时，由于工作难度较大和"绩效悬浮"现象，县级行政区划调整的实施效果评估仍是一大难点，调整结果也未纳入当地政府绩效考核，政府部门重申请获批轻后续跟进的现象依旧存在，重经济发展和城市建设、轻基础设施和公共服务的问题也层出不穷。

（四）服务供给不到位，县域治理效能低，城市功能不健全

一是服务供给不到位。当前部分地区县级行政区划调整表现出重城市规模扩张和基础设施建设而忽视城市功能发挥和公共服务供给的短期策略，极易加剧县级政府公共服务供给行为扭曲，造成公共服务供给失衡，影响辖区群众幸福感和获得感。同时，在县级行政区划调整实施过程中人民群众因交通、就业、医疗、教育和住房等导致生活不便问题时有发生，房价和物价上涨等问题也在无形中增加了人民群众的生活压力，长此以往当地群众极易对政府产生不信任感，影响政府形象。

二是县域治理效能低。县级行政区划调整兼具新型城镇化与乡村全面振兴的双重目标，行政区划调整工作获批后县域治理问题动态复杂、群众诉求多样各异，各类治理主体在土地利益、财政收入、社会责任和资源分配等方面存在明显的竞争、博弈关系，不同行政区间同质化竞争和重复建设的恶性循环依旧存在，经济社会发展不平衡不充分的问题尚未完全解决，县域经济基础薄弱、城乡发展差距拉大、辖区群众收入不足等诸多现实问题依旧存在，这极易造成群众对行政区划调整工作的不理解和不支持。

三是城市功能不健全。县级行政区划调整过程中往往涉及大量的"农转非"和"村改居"问题，居民身份的快速转换、城市人口的大量聚集以及行政管理体制的深度改革均对城市治理提出了较高的要求、造成了较大的

压力。部分地区县级行政区划调整过程存在注重建设新城忽略改造老城、注重城市规模扩张而忽略功能品质提升的问题，城市治理效能滞后于行政区划调整，市民对城市的归属感和认同感不强，农业转移人口市民化质量和辖区群众生活品质有待提升。

三　河南省县级行政区划调整的未来展望

针对上述现实问题，为确保高质量建设现代化河南、确保高水平实现现代化河南，开创新时代河南省新型城镇化建设新格局，更好地推进中心城市"起高峰"、县域经济"成高原"，建议河南省有关部门遵循政策条例、优化发展布局，审慎推进县级行政区划调整，从以下几方面统筹规划、合理布局，走出一条人口大省、城镇化后发地区、具有河南特色的行政区划调整道路。

（一）立足区域发展战略和中原文化特色，明晰县域发展定位

一是衔接区域发展战略。主动适应"十四五"时期国家跨区域发展战略规划的统筹安排，以县域自然资源禀赋、空间地理位置等方面的因素为基础，既立足当下、着眼长远，将近期发展目标与长期发展规划相结合；又立足本地、着眼全局，将县域调整方案与区域总体布局相衔接。

二是凸显河南文化特色。注重区域发展政策的长期性、调整方案的连续性和历史文化的传承性，加强政区地名保护，将传统文化、历史文脉、红色基因等独具特色的河南文化元素融入县级行政区划调整规划和县城建设中，加强历史文化保护传承，更好地发挥区域发展优势和中原文化特色。

三是明晰县域发展定位。依据河南省"一主两副、四区协同、多点支撑"新发展格局，科学把握县级行政区划功能定位，分类引导县城发展方向。支持位于城市群和都市圈范围内的县城融入邻近大城市建设发展，积极承接中心城市人口、产业、功能疏解转移；促进省辖市周边县城行政区划有效衔接中心城市，推动形成"组团化"城镇发展态势；引导人口资源丰富、发展基础较好的县级行政区划依托自身经济产业、区位交通和生态资源等优

势条件实现特色化发展，努力发展成为中等城市；鼓励其他县城积极转型升级发展，提高综合承载能力，引导人口、公共服务等资源适度集中、有序流动、合理转移。

（二）优化城市空间格局，增强县域综合承载能力

一是优化城市空间格局。立足河南省"一核一副一带多点"的空间格局，健全省级统筹、中心城市牵头、周边城市协同的都市圈一体化发展体制机制，引导各地以行政区划调整为动力塑造区域发展核心。优化县域土地规划布局，完善城市内部空间结构，适度扩大城区规模，有序推动主城区功能和人口向外围组团疏解，为高质量和可持续发展释放空间。

二是增强综合承载能力。发挥县级行政区划吸纳农业转移人口、促进产业集聚转型的重要作用，将县域经济发展作为区域经济发展的重要增长极和农业人口市民化的重要承载区，在适度规模扩张的基础上持续提质扩容，严格按照打造中小城市的标准，"围绕公共服务设施提标扩面、环境卫生设施提级扩能、市政公用设施提档升级、产业培育设施提质增效"①，在基础设施和公共服务等方面补短板、强弱项，把县级行政区打造成为各具特色、富有活力、宜居宜业的新型城市。

（三）将县乡两级行政区划调整有机结合，推动大中小城市和小城镇协调发展

一是衔接县乡区划调整。注重城乡统筹和区域协调，依托县乡国土空间总体规划，统筹做好县级行政区划和乡镇行政区划调整，构建紧凑一体、融合发展的城乡空间网络，在公共服务和基础设施建设方面统一标准，在机构改革、人员安置和财政转移方面加强统筹，推进公共服务、环境卫生、市政公用、产业配套等设施提级扩能，增强综合承载能力和治理能力。

---

① 河南省人民政府：《关于印发河南省新型城镇化规划（2021—2035年）的通知》，https：//www.henan.gov.cn/2022/02-16/2399795.html。

二是建设区域中心城市。构建以县城为龙头、中心镇为节点、乡村为腹地的县域发展体系，合理确定一定区域范围内县级行政区划的数量和类型，增强其辐射带动力和空间支撑力，构建多中心、组团化发展的空间格局。把有条件的县城和重点镇发展成为中小城市，打造区域发展增长极，通过空间串联和区域联动增强区域协调发展的整体合力。

三是加快小城镇建设。将乡镇行政区划调整与小城镇建设相结合，按照区位条件、资源禀赋和发展基础，因地制宜推动特色小镇建设。加大财政金融、土地人才的支持力度，加强小城镇基础设施和公共服务设施建设。

（四）凸显县级行政区划调整治理与服务效能，加快提升城市功能品质

一是加强公共服务供给。根据县级行政区域的人口规模和空间特征提高基本公共服务设施覆盖率，在提升公共服务质量和公共产品上下功夫，促进基本公共服务均等化、基础设施建设标准化，推动基本公共服务供给由注重机构行政区域覆盖向注重常住人口服务覆盖转变，发挥行政区划调整对人口融合的推动作用。

二是提高县域治理水平。推动县级行政区划调整与县域治理现代化有机统一，践行县域治理"三起来"要求，以强县富民为主线，以改革发展为动力，以城乡贯通为途径，以百城建设提质工程为载体，不断夯实县域治理资源，促进人口集聚、产业集中和功能集成。

三是提升城市功能品质。推进行政区划调整与完善城市功能布局、提升城市治理水平相结合，统筹安排城市建设、产业发展、基础设施和公共服务，优化城市生产、生活、生态空间，打造宜居宜业、人文关怀、绿色生态、智慧创新的现代化城市。

社会治理评价篇

Social Governance Evaluation

2021年度河南省城市宜居度评价分析

梁思源　夏宇森*

摘　要： 本研究基于"2021年河南省宜居城市调查"和2021年河南统计年鉴数据，从政治文明度、社会和谐度、经济发展度、环境优美度、生活便宜度、城市喜爱度6个方面出发，建立三级指标体系对河南省18个地市宜居度进行评价分析。研究发现，2021年河南省城市宜居度整体态势持续向好，政治文明度、社会和谐度、环境优美度稳健发展。通过对河南省城市宜居度进行综合对比与分析，结果发现：政治文明度增长幅度位居第一，居民政治参与提升最为明显；经济发展度有所下降，居民收入满意度是关键性制约因素；分地市来看，南阳、焦作、郑州等市排名出现上升，许昌、洛阳、鹤壁三市近年呈现波浪式变化；居住满意度指标增长明显，但排名仍居末位。结合数据分析结果，对河南省宜居城市建设提出以下建议：提高居民公共事务参与度，增强城市认同

---

* 梁思源，郑州大学政治与公共管理学院副教授，社会治理河南省协同创新中心研究员，研究方向为社会治理与社会发展、土地资源管理；夏宇森，郑州大学公共管理学院2021级行政管理专业硕士研究生。

感；统筹住房建设与管理，改善居民居住条件；促进居民就业与增收，优化城市就业环境；保障和改善公共服务，提高社会和谐度，助力宜居城市建设。

关键词： 城市宜居度　综合评价　河南

宜居城市是市民普遍感到城市宜居宜业、地域文化独特、空间舒适美丽、生活品质良好、生态环境优化、社会文明安全、社会福利及保障水准较高的城市。人民城市人民建、人民城市为人民。"十四五"规划延续了"十三五"规划中"建设和谐宜居城市"的理念，强调顺应城市发展新理念新趋势，开展城市现代化试点示范，建设宜居、创新、智慧、绿色、人文、韧性城市，宜居城市建设再次成为国家战略的重要目标之一。本报告以2022年1月社会治理河南省协同创新中心在全省18个地市开展的"2021年河南省宜居城市调查"数据和2021年河南统计年鉴数据为依据，对各地市宜居程度进行评价分析，并在此基础上针对提升城市宜居度提出具有可行性的对策建议。

一　数据来源和调查样本

本研究主要采用了"2021年河南省宜居城市调查"数据以及2021年河南统计年鉴数据。"2021年河南省宜居城市调查"是社会治理河南省协同创新中心于2022年1月4~8日开展的问卷调查，涉及河南省18个地市。在问卷数量分布上，综合考虑人口、经济发展程度、城市面积等因素，郑州市和洛阳市分别回收有效问卷504份和299份；其余各地市两两一组，问卷回收都在200份左右。问卷内容主要涉及居民对新冠肺炎疫情防控工作满意度、公共服务满意度、居民政治参与状况、居民生活环境以及社会和谐等方面。据统计，此次调研共回收有效调查问卷4054份，基本实现调研预定目标。

调查样本中，男女比例约为49∶51，大多数为当地户籍人口，占总数的78.8%。调研对象的文化程度主要集中在高中及以上学历，占八成以上。调查对象以中青年为主，30~60岁占总样本量的61.1%。从职业分布来看，普通工人最多，有957人，占总数的23.6%。从年收入来看，大多数人的收入集中在2万~10万元，占比55.3%（见表1）。

表1 调查样本描述分析

单位：%

变量	指标	比例	变量	指标	比例
性别	男	48.9	年龄	30岁以下	35.2
	女	51.1		30~45岁	41.2
户籍所在地	本地	78.8		46~60岁	19.9
	外地	21.2		60岁以上	3.7
居住时间	一年以下	8.9	文化程度	初中及以下	14.5
	一年到三年	10.8		高中或中专	20.9
	三年以上	80.3		大专	22.3
职业	个体工商户	15.1		本科及以上	42.3
	私营企业主	7.5	年收入	2万元以下	6.0
	党政机关事业单位人员	14.0		2万~5万元	17.3
	专业技术人员或高级管理人员	10.6		5万~10万元	38.0
	普通工人	23.6		10万~20万元	28.3
	农民工或农民	6.7		20万元以上	10.4
	其他	22.5			

二 河南省宜居城市评价指标体系

本研究采用的评价指标体系综合了2021年统计年鉴中的客观指标与实地调研掌握的居民满意度的主观指标。该体系的设计参考中华人民共和国住房和城乡建设部2007年4月颁布的《宜居城市科学评价标准》和中央精神文明建设指导委员会2017年7月颁布的全国文明城市（地级以上）测评体系（2017年版），由政治文明度、社会和谐度、经济发展度、环境优美度、生活便宜度、城市喜爱度6个一级指标组成。共包含18个二级指标、36个三级指标（见表2），相比于2020年宜居城市评价指标体系，新增收入满意度与绿色服务满意度两项三级指标。其中，近三成的指标及其数据来源于2021年河南统计年鉴，其余来自2022年1月开展的"2021年河南省宜居城市调查"。

表2 宜居城市评价指标体系

一级指标	权重	二级指标	权重	三级指标	权重
政治文明度	0.2	政府建设	0.090	政府廉洁状况	0.030
				政府网站满意度	0.030
				行政环境满意度	0.030
		政治生活	0.110	参与本地公共事务的状况	0.040
				法治环境满意度	0.040
				居民正当权利维护情况	0.030
社会和谐度	0.2	就业与保障	0.060	就业环境和就业机会	0.030
				社会保障满意度	0.030
		社区服务	0.020	社区服务满意度	0.020
		民间活动	0.020	民间组织发展	0.020
		社会稳定	0.100	每万人刑事罪犯人数	0.020
				社会治安评价	0.020
				矛盾纠纷化解	0.020
				社会公平评价	0.020
				社会诚信评价	0.020
经济发展度	0.1	经济发展水平	0.025	人均GDP	0.025
		经济富裕度	0.075	城镇居民人均可支配收入	0.025
				城镇居民消费水平	0.025
				收入满意度	0.025
环境优美度	0.2	生态环境	0.100	人均绿化覆盖面积	0.050
				自然环境满意度	0.050
		人文环境	0.050	人文环境满意度	0.050
		城市景观	0.050	城市规划和市容市貌满意度	0.050

续表

一级指标	权重	二级指标	权重	三级指标	权重
生活便宜度	0.2	城市交通	0.040	人均拥有道路面积	0.020
				交通服务满意度	0.020
		市政服务	0.020	市政设施和市政服务满意度	0.020
		教育文化休闲	0.040	每百万人健身场地设施数	0.015
				每百万人口公共图书馆数	0.015
				教育服务满意度	0.010
		居住满意度	0.020	住房满意度	0.020
		公共卫生与养老	0.060	每十万人口医疗卫生机构数量	0.020
				医疗服务满意度	0.020
				养老服务满意度	0.020
		绿色生活	0.020	绿色生活方式践行	0.010
				绿色服务满意度	0.010
城市喜爱度	0.1	城市认可	0.100	城市喜爱度	0.100

本报告将全省及18个地市各项指标按百分制进行计算，其中调查问卷五分量表得到的数据以非常满意100分、比较满意80分、一般60分、不太满意40分、非常不满意20分的标准进行赋值计算，统计年鉴数据根据全国和河南省平均水平选取标准值，对指标进行标准化后赋值计算。以此得出全省及18个地市各项三级指标得分，通过加权计算进而得出二级指标及一级指标得分，用以综合判定全省及各地市的宜居程度（见表3）。对城市的喜爱程度是市民对于所居住城市的总体感受，综合了市民对于城市政治文明、社会和谐、经济发展、环境优美、生活便利的总体考量，能够在很大程度上反映城市的宜居情况，因而将其设定为重点分析指标，纳入评估体系中。

表3 2021年宜居城市评价指标得分及排名

单位：分

城市	宜居度		政治文明度		社会和谐度		经济发展度		环境优美度		生活便宜度		城市喜爱度	
	得分	排名	得分	排名	得分	排名	得分	排名	得分	排名	得分	排名	得分	排名
南阳	85.8	1	83.7	1	87.3	1	76.0	12	89.0	1	85.9	4	90.5	1
焦作	85.7	2	82.7	2	85.0	2	83.6	5	88.9	2	87.5	1	84.8	3
济源	84.7	3	80.3	3	83.5	3	81.8	7	88.7	3	86.8	2	85.9	2

续表

城市	宜居度 得分	宜居度 排名	政治文明度 得分	政治文明度 排名	社会和谐度 得分	社会和谐度 排名	经济发展度 得分	经济发展度 排名	环境优美度 得分	环境优美度 排名	生活便宜度 得分	生活便宜度 排名	城市喜爱度 得分	城市喜爱度 排名
三门峡	83.4	4	78.8	4	82.0	4	86.5	4	86.3	4	87.0	2	79.7	9
许昌	81.3	5	75.1	9	79.4	9	86.5	3	86.3	5	81.3	7	82.6	4
漯河	81.2	6	73.9	12	79.4	8	83.2	6	85.2	7	85.2	5	81.4	6
郑州	80.6	7	77.2	5	80.5	6	91.2	1	84.1	9	76.4	14	78.3	14
信阳	78.7	8	74.3	11	79.2	10	72.3	15	85.3	6	78.8	11	79.2	10
安阳	78.6	9	76.4	8	80.2	7	75.3	13	75.5	14	83.2	6	80.2	7
洛阳	77.9	10	71.2	14	75.5	15	88.3	2	82.8	11	77.5	13	77.2	15
开封	77.9	11	71.0	15	76.2	14	76.0	11	83.0	10	80.7	9	81.5	5
新乡	77.0	12	74.5	10	78.2	12	76.4	9	76.0	13	78.6	12	79.2	10
鹤壁	76.8	13	68.8	18	73.7	17	77.2	8	84.2	8	78.9	10	79.9	8
濮阳	76.8	14	76.5	7	78.5	11	73.3	14	73.0	15	81.3	8	76.4	16
驻马店	76.7	15	76.7	6	81.1	5	72.2	16	76.6	12	73.7	17	78.5	13
商丘	72.8	16	71.7	13	76.6	13	71.6	17	65.7	17	74.9	16	78.7	12
平顶山	71.0	17	68.9	17	73.3	18	76.4	10	65.3	17	74.9	15	69.1	18
周口	70.6	18	69.7	16	75.2	16	67.7	18	64.5	18	72.9	18	73.3	17
平均分	78.8		75.1		79.2		78.6		80.0		80.3		79.8	

三 河南省城市宜居度状况评价分析

调查报告从河南省整体宜居度及评价指标的比较、各地市指标得分排名变化情况等方面对调研数据和统计数据进行了量化分析,并与2020年河南省宜居城市调查结果相比较,对河南省城市宜居度进行综合分析评价。

(一)2021年河南省城市宜居度整体态势持续向好,政治文明度、社会和谐度、环境优美度稳健发展,经济发展度有所下降

评价结果显示,2021年河南省18个地市整体宜居度良好且持续改善。2021年全省城市宜居度综合评价得分78.8分,2020年78.2分,2019年

76.3 分、2018 年 75.7 分、2017 年 74.3 分和 2016 年 73.6 分,近六年来河南省城市宜居度整体向好,说明政府在宜居城市建设方面工作成效显著(见图 1)。

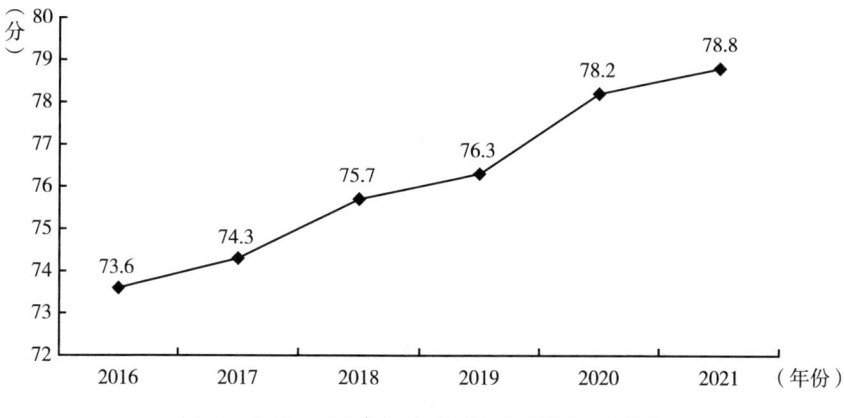

图 1 2016~2021 年河南省城市宜居度得分趋势

河南省 18 个地市宜居度评价主要包括六项一级指标:政治文明度、社会和谐度、经济发展度、环境优美度、生活便宜度和城市喜爱度。从纵向上看,与上年度相比,2021 年河南省政治文明度、社会和谐度、环境优美度、生活便宜度四项一级指标评价得分稳步提升,其中环境优美度、生活便宜度达到或突破 80 分。具体来说,政治文明度增加 4 分;社会和谐度增加 2 分以上;环境优美度、生活便宜度增加 1~2 分,城市喜爱度保持稳定(见图 2)。18 项二级指标中,共有 13 项指标得分增长,其中居住满意度、政治生活、市政服务三项指标分别增长 7%、6.6%、4.3%,提升最为明显。这表明河南省宜居城市建设工作整体向高质量、高水平方向持续推进。

从六项一级指标来看,政治文明度方面,南阳、焦作、济源得分位居前列,三门峡、郑州、驻马店、濮阳、安阳高于全省平均水平,周口、平顶山、鹤壁排名靠后。社会和谐度方面,南阳、焦作、济源 2021 年表现较好,得分分别为 87.3 分、85.0 分、83.5 分,其中南阳从 2019 年的第 12 名上升至 2021 年的第 1 名,进步明显;周口、鹤壁、平顶山排名靠后。

河南社会治理发展报告（2022）

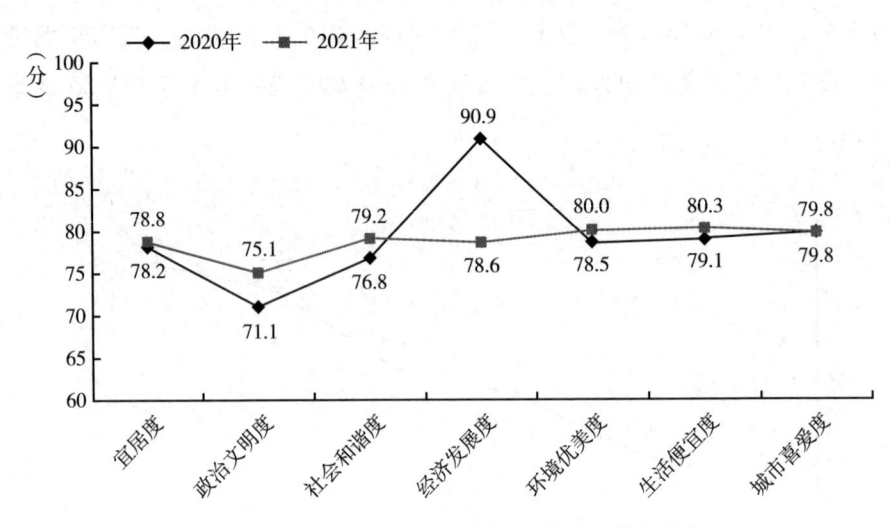

图2 2020~2021年河南省城市宜居度及指标得分

经济发展度方面，本研究选取人均GDP、城镇居民人均可支配收入、城镇居民消费水平和收入满意度来评估。人均GDP、城镇居民人均可支配收入和城镇居民消费水平三项表明全省18个地市经济发展实际状况的客观数据全部来自《河南统计年鉴2021》。数据结果显示，郑州市排名依旧位居第一，与2020年持平；周口、商丘、信阳、濮阳等市经济发展度排名持续较低，主要原因在于人均GDP、城镇居民人均可支配收入和城镇居民消费水平三项客观指标均低于全省平均值。环境优美度方面，南阳、焦作、济源位列前三，得分分别为89.0分、88.9分和88.7分，共11个地市得分高于全省平均值；商丘、周口连续五年排名靠后且得分低于70分，远低于全省平均值。生活便宜度方面，焦作、三门峡、济源得分位列前三，其中焦作市和三门峡市分别从2020年的第7、第6名跃身全省第1、第2名。城市喜爱度方面，南阳、济源、焦作三市得分领先其他地市，其中开封较2020年排名提升显著，由第10名升到第5名，城市喜爱度评价得分高于全省平均值的约占44%；平顶山市2019~2021年连续三年均处于全省末位。

（二）各地市宜居度排名有升有降，南阳、焦作、济源位居前三

从18个地市来看，南阳、焦作、济源位居前三。其中，南阳市以85.8分六年来首次跃居全省首位，其次为焦作、济源，宜居度综合评价得分分别为85.7分和84.7分；而商丘、平顶山、周口分别以72.8分、71.0分和70.6分排名全省后三位，商丘和周口排名较2019年基本持平，表明城市宜居度没有明显提升。此外，全省18个地市中宜居度综合评价得分高于80分的约占39%，高于全省均值的也约占39%，其余低于全省均值的地市有安阳、开封、洛阳等。

南阳市2021年总体宜居度得分85.8分，较上年80.5分增长5分以上，排名由第7名提高到第1名。具体到一级指标上，政治文明度、社会和谐度、环境优美度、生活便宜度、城市喜爱度五项一级指标的排名均有上升，政治文明度、社会和谐度、环境优美度、城市喜爱度四项一级指标均居于首位。焦作市的城市宜居度近年来整体处于较高水平，2021年总体宜居度得分85.7分，较2020年80.2分增长5分以上，仅与排名第一的南阳市有0.1的分差，排名由第8名上升至第2名，呈现齐头并进之势。2021年，焦作市的政治文明度、社会和谐度、环境优美度、生活便宜度、城市喜爱度五项一级指标均居前三名，生活便宜度指标居于全省第一。对比数据结果表明，焦作市在居住满意度、就业与保障、政治生活方面得分出现较大幅度的提升，尤其是在居住满意度方面，由2020年的66.2分提高至2021年的81.3分，提升幅度最大。济源市的总体宜居度排名自2016年以来均位于全省前三，表现良好，2021年城市宜居度得分84.7分排名第3，较2020年虽然排名下降了1位，但宜居度分数保持稳定上升。就六项一级指标排名来看，济源市均保持了较高水平，经济发展度略有下降。就二级指标数据对比来看，济源市在居住满意度与教育文化休闲方面提升最为明显，均提高7分以上。

此外，2021年许昌、洛阳、鹤壁三市的总体宜居度有所下降，近年来整体呈"波浪式"变化（见图3）。具体来看，许昌市近年来总体宜居度

处于较高水平,2021年许昌市宜居度得分81.3分,较2020年84.9分来说有所下降。从一级指标来看,许昌市政治文明度由2020年的78.3分下降至2021年的75.1分;社会和谐度由2020年的81.3分下降至2021年的79.4分,两项指标在排名方面下降明显;从二级指标来看,与2020年数据相比,许昌市在居住满意度、市政服务、绿色生活方面得分下降最为明显。洛阳市总体宜居度从2020年的81.0分下降至2021年的77.9分。通过对比分析数据可以看出,洛阳市的城市喜爱度从2020年的85.3分下降至2021年的77.2分,下降最为明显;此外,社区服务、城市认可、绿色生活等多项二级指标得分下降。鹤壁市的总体宜居度由2020年的82.1分下降至2021年的76.8分。在一级指标中,政治文明度由2020年的74.7分下降至2021年的68.8分,生活便宜度由2020年的84.2分下降至2021年的78.9分,下降较为明显;具体到二级指标上,鹤壁市在居住满意度、民间活动、公共卫生与养老等多方面表现不佳。综上所述,许昌、洛阳、鹤壁三市在增强宜居竞争力时,需要在加强政府建设、扩大居民就业,增强社会保障、精进社区服务、促进民间活动开展等方面下足功夫,强化城市认可。

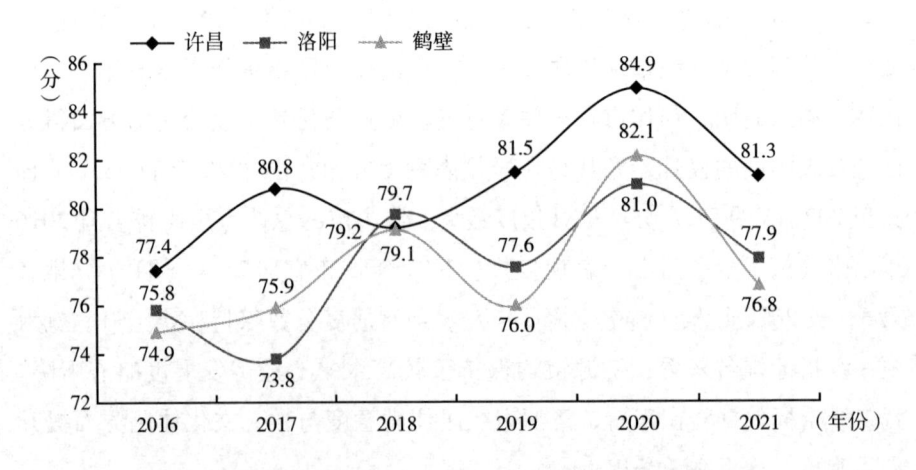

图3 2016~2021年许昌、洛阳、鹤壁市总体宜居度变化趋势

（三）政治文明度增长幅度位居第一，居民政治参与提升最为明显

河南省 18 个地市的政治文明度不断提升，政治文明度从 2017 年 64.3 分、2018 年 68.4 分、2019 年 68.9 分、2020 年 71.1 分，提高到 2021 年的 75.1 分（见图 4）。通过对比 2020 年与 2021 年宜居城市的六项一级指标得分可得出：2021 年政治文明度、社会和谐度、环境优美度、生活便宜度四项一级指标分别同比增长 5.6%、3.1%、1.9%、1.6%，其中政治文明度一项增长幅度最大。通过对比 18 项二级指标可得出：政治生活 2020 年得分 69.2 分，2021 年得分 73.8 分，增长 6.6%，增长幅度位居第二。

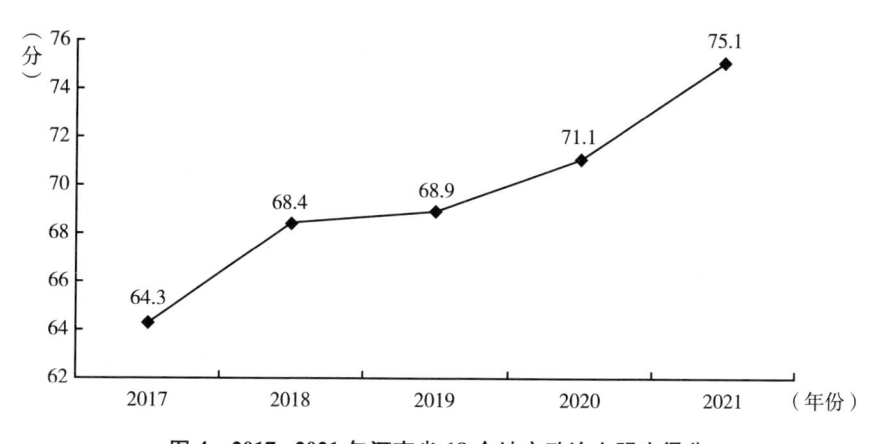

图 4　2017~2021 年河南省 18 个地市政治文明度得分

从政治文明度来看，政府建设与政治生活两项二级指标同比增长 4.3% 与 6.6%，下设六项三级指标中，参与本地公共事务的状况提升幅度最大，同比增长 9.8%，在整个三级指标体系中同比增长最多。在社会和谐度方面，就业与保障、民间活动、社会稳定三项二级指标较上年来说分别增长 4.0%、0.6%、3.8%，就业与保障一项提高最多；社区服务一项出现负增长，下降约 0.7%。经济发展度方面，具体到三级指标来看，人均 GDP、收入满意度、城镇居民人均可支配收入、城镇居民消费水平四项分

别增长0.3%、8.7%、1.4%、2.1%，这表明2021年河南省经济总体运行平稳。环境优美度方面，生态环境、人文环境与城市景观分别增长1.9%、2.3%与1.4%，其中人文环境一项提升最为明显。在生活便宜度方面，市政服务、居住满意度、公共卫生与养老分别增长4.3%、7.0%、3.3%，城市交通、教育文化休闲、绿色生活三项分别下降0.7%、1.3%、0.1%。其中居住满意度提升最为显著，教育文化休闲下降幅度最大。具体到三级指标来看，每百万人口公共图书馆数2020年得分83.3分、2021年得分91.3分；住房满意度2020年得分65.8分，2021年得分70.4分；教育服务满意度2020年得分76.7分，2021年得分81.3分，提升最为明显。每百万人健身场地设施数、人均拥有道路面积、交通服务满意三项分别下降18.4%、1.4%与0.02%。

上述数据结果表明，河南省宜居城市建设工作正朝着高质量、高水平方向持续推进。政府在开展宜居城市建设时，要着重提升公民政治参与度、提高社区治理水平、满足居民多样化需求、完善公共服务供给机制，尽快补齐宜居城市建设短板，促使宜居城市竞争力各要素均衡发展、稳步提升。

（四）经济发展度有所下降，居民收入满意度指数较低

2021年，经济发展度指标得分出现下降。经济发展水平是从宏观角度反映一个城市目前整体的经济发展状况和产业结构完善度，主要通过人均GDP指标来衡量。经济富裕度是从微观角度反映城市居民生活水平及收入状况，选取城镇居民人均可支配收入、收入满意度、城镇居民消费水平作为三级指标来评价居民收入与消费状况。根据数据计算，2021年收入满意度得分为65.8分，在经济发展度四项三级指标中得分最低，是制约经济发展度提升的关键性因素。受新冠肺炎疫情影响，2020年第一季度，河南省GDP增速下降6.7%，创下1992年有季度统计以来的首次负增长；疫情防控初见成效后，全省及时按下经济发展"重启键"，第二季度全省GDP增速为-0.3%，较第一季度回升6.4个百分点，经济运行开始回暖；进入第三季度，经济持续向好发展，全省GDP增速由负转正，为0.5%，主要经济指

标增速稳步回升。2020年河南省人均GDP为55435元，人均GDP指数为100.9，人均GDP指数为历年来最低；2020年河南省城镇居民人均可支配收入为34750.34元，可支配收入指数为99.1，继1988年以来城镇居民人均可支配收入指数首次低于100。《2021年河南省国民经济和社会发展统计公报》指出："初步核算，全年全省地区生产总值58887.41亿元，比上年增长6.3%，两年平均增长3.6%。"这说明受疫情影响，近两年河南省经济增长速度减缓，2021年虽较2020年有所好转，但居民对收入的满意度仍然较低。

（五）居住满意度增长明显，但指数仍居二级指标末位

通过对河南省宜居城市指标体系中的二级指标进行具体分析，可得出：在提升幅度上，居住满意度、政治生活、市政服务三项提升最为明显，其中居住满意度2020年得分65.8分，2021年得分70.4分，增长7.0%；在排名上，经济发展水平、经济富裕度、教育文化休闲位居前三，就业与保障、政治生活、居住满意度三项排名最后，其中居住满意度一项仅得分70.4分，远低于二级指标平均分79.6分。这说明2021年河南省在住房保障方面作出了一定的成绩，但仍然具有很大的进步空间。在三级指标中，居民参与本地公共事务的状况、每百万人口公共图书馆数、住房满意度提升幅度最为明显；就业环境和就业机会、住房满意度、参与本地公共事务的状况排名居于末位，得分分别为72.9分、70.40分、66.6分（收入满意度指标为新增，不纳入比较）。

就居住满意度二级指标的城市排名来看，2021年焦作市居住满意度排名第一，得分81.3分，其次是南阳、济源，分别得分78.1分和77.3分，这说明2020年焦作、南阳、济源三市在有效防范化解房地产领域风险、坚持完善住房市场和住房保障体系等方面成效显著；周口、信阳、鹤壁三市排名后三位，得分分别为65.9分、60.3分与57.9分，这说明周口、信阳、鹤壁三市在未来的工作中需要更多地关注住房保障。根据居住满意度2020年与2021年的数据对比，可以得出濮阳、郑州、平顶山三市在居住满意度

排名上提升最为明显；就居住满意度分数来看，焦作、南阳、郑州三市增长最大，均提升了10分以上（见表4）。

表4 2020~2021年河南省18个地市居住满意度指标得分及排名

单位：分

城市	2020年居住满意度		2021年居住满意度	
	得分	排名	得分	排名
许昌	73.3	1	67.4	13
新乡	69.6	2	67.5	12
济源	69.4	3	77.3	3
漯河	69.3	4	71.3	9
鹤壁	69.0	5	57.9	18
三门峡	68.4	6	76.7	4
南阳	67.8	7	78.1	2
驻马店	66.7	8	66.6	15
开封	66.6	9	66.7	14
焦作	66.2	10	81.3	1
信阳	65.6	11	60.3	17
商丘	65.0	12	71.6	8
周口	64.1	13	65.9	16
洛阳	62.4	14	70.8	10
郑州	61.2	15	71.8	7
安阳	60.8	16	73.8	6
平顶山	60.6	17	67.6	11
濮阳	58.6	18	74.6	5

四 对策建议

（一）提高居民公共事务参与度，增强城市认同感

调查表明，居民对公共事务的参与意愿远高于实际参与度，应从以下几方面加强提升公共事务参与度。第一，要拓宽居民公共事务参与渠道，居民

公共事务参与度低的一个关键因素就是不了解如何参与，相关公共事务参与渠道较少。应广泛联系居民，畅通渠道，协调沟通，让居民对切身的公共事务提出意见和建议，切实提升公共参与的广度与深度。第二，要营造良好参与环境。扩大居民有序公共事务参与，需要一个各方重视、关心与配合的良好环境。对居民在公共事务参与过程中所提出的意见建议，做到不打压、真解决，提高居民的参与热情，形成畅所欲言的环境。第三，要注重工作成效。提高居民公共事务参与度必须紧抓工作实效。居民有序参与公共事务实际效果好，就有利于巩固和调动公民的参与积极性。对于居民曾经反映过的问题，要拒绝拖沓，高效解决，同时跟踪了解后续，加强沟通，推动落实，向每一位居民负责。

（二）统筹住房建设与管理，改善居民居住条件

居住满意度得分在二级指标中排名靠后，为了改善居民居住条件，可以从以下两个方面着手。一方面，要完善保障性住房体系建设。政府要以发展保障性租赁住房为重点，进一步完善住房保障体系，增加保障性住房的供给，帮助有一定经济实力、买不起房子的居民尽快改善居住条件，努力实现全体人民住有所居。要把重点放在解决新市民、青年人的阶段性住房困难问题上。随着城镇化进程加速和流动人口规模扩大，新市民、青年人等群体住房困难问题比较突出，需加快完善以公租房、保障性租赁住房和共有产权住房为主体的住房保障体系。要落实政府主体责任，鼓励市场力量参与，增加保障性租赁住房供给，把握好建设标准，做好租金管理，解决重点群体住房困难问题。另一方面，要以人为本，满足不同群体的住房需求。要始终坚持"房子是用来住的、不是用来炒的"定位，并以此为出发点，满足刚需群体和改善型住房群体的不同需求，落实好差别化住房信贷政策，支持首套和改善型住房需求，灵活调整受疫情影响人群个人住房贷款还款计划。通过调整房地产市场供应方式和供应关系，切实防范和化解房地产市场风险，保障和满足居民的住房需求。

（三）促进居民就业与增收，优化城市就业环境

宜居城市建设需要兜牢民生底线，促进更充分、更高质量的就业。首先，要加大稳岗扩岗支持力度。保就业就是保中小企业，要抓住中小企业发展过程中蕴藏的就业机遇，分层、分阶段对中小企业进行扶持。其次，要精准帮扶重点群体。针对高校毕业生，要加强就业创业指导、政策支持和不断线服务，积极开拓就业渠道，帮助其增强求职信心，提升就业竞争力。再次，要扩大中等收入群体。中等收入群体通常是指一个经济体中收入达到中等水平、生活较为宽裕的群体，是维护社会和谐稳定的中坚力量，是推动经济高质量发展的人力资本基础。坚持把稳增长促就业作为"扩中"的基础。增加劳动报酬的前提是稳就业，要千方百计保市场主体，持续优化营商环境，进一步推进减税降费，减轻企业发展负担，让企业更多经营净收入转化为劳动者报酬。最后，要着力做好兜底保障，为就业困难群体与特殊群体提供兜底保障，增加困难人群收入，缓解低收入人群的经济压力，做好弱势群体和新增困难群体的保障工作。要注重疫情背景下大众关心的失业与再就业问题，多渠道增加就业岗位，全方位优化就业服务，以充分就业带动居民整体收入形势向好。

（四）保障和改善公共服务，提高社会和谐度

打造幸福宜居城市，要完善公共服务体系，从居民的刚需出发来增进社会和谐。首先，要完善社会保障体系。社会保障是社会和谐的基础，社会保障体系的建立和完善过程就是社会和谐的构建过程。要针对不同群体之间的保障差异，统筹社会保障制度安排，补齐社会保障的短板和弱项。其次，要精进社区服务。社区是人类生活的基本单元，社区治理是城市治理的基石。尤其是疫情防控期间，社区承担了更大的责任。要切实运用大数据、云平台等技术，整合社区各类组织、社会群体力量资源，加强业务协同、数据联动，推动构建社区共建、共治、共享的精细化治理格局，进一步提升社区群

众精准化服务水平。最后,要促进民间活动开展。居民拥有美好生活需要,民间组织的建立和民间活动的开展是提升社会和谐度的重要举措。必须营造良好的外部社会环境,同时要完善组织建立的章程和机制,规范民间活动开展,满足居民多样化的需求。

河南省试点市推进市域社会治理现代化调查评估[*]

樊红敏　蔡子瑜　陈崇智[**]

摘　要： 本报告基于2021年市域社会治理调查河南省试点市数据，基于现实问题与政策导向，建立市域社会治理评估指标体系，评价分析河南省试点市市域社会治理现代化推进状况。结果表明，试点市市域社会治理现代化整体评价"比较高"，且整体好于非试点市；试点市中开封、洛阳和郑州排名靠前。试点市推进社会治理现代化过程中的优势包括：党委政府领导力、统筹力凸显；"科技支撑""公共服务"表现突出；疫情防控应急管理效果显著。同时也存在社会主体参与不足、"社会协同"劣势突出、社会活力有待激发、智慧化建设整体落后等问题。未来应从健全市域社会治理现代化推进机制、推进城市治理创新、赋权增能推进基层治理现代化和加强"智治"建设四方面切入，推进市域社会治理现代化。

关键词： 市域社会治理　现代化评估　河南

地级市成为崛起中的中国城市的符号，市域社会治理作为国家重大发展

---

[*] 基金项目：河南省重大软科学研究项目"河南省加快推进市域社会治理现代化实施机制及路径研究"（项目编号：212400410001）；河南省高校哲学社会科学创新团队项目"市域社会治理融合发展研究"（项目编号2021-CXTD-07）。

[**] 樊红敏，郑州大学政治与公共管理学院教授，博士生导师；蔡子瑜，郑州大学政治与公共管理学院2021级博士研究生；陈崇智，郑州大学政治与公共管理学院2021级硕士研究生。

战略，进一步凸显了地级市在经济、社会发展中的枢纽地位和作用。2019年以来，河南省根据国家出台的《全国市域社会治理现代化试点工作指引》，试点推动市域社会治理现代化。目前，郑州、洛阳、开封等9个城市开展了市域社会治理示范点建设探索。本报告基于社会治理河南省协同创新中心"2021年度河南省市域社会治理调查"数据，结合市域社会治理内涵、特征等相关理论以及对社会治理评价的经验梳理，建立河南省市域社会治理评价指标体系，整体分析河南省在推动市域社会治理现代化方面取得的经验、成效以及存在的问题，并在此基础上提出河南省推进市域社会治理现代化的对策建议。

一 市域社会治理评价指标体系构建

"市域社会治理现代化"概念涵盖了多层意涵，主要涉及"市域""社会治理""现代化"三个关键词，本报告认为市域社会治理现代化是在设区的城市范围内，以建立和谐有序、持续发展的市域社会治理格局为目标，以党建引领、城乡联动、优化公共服务、多主体共治、技术赋能治理创新为着力点的社会治理过程。目前，学界开发了多种国家、地方社会治理评价指标体系，如俞可平教授的"中国社会治理评价指标体系"[1]；南锐等的"省域社会治理水平评价指标体系"[2]，李兰等的市域社会治理评估框架[3]；郁建兴[4]、樊红敏[5]等提出了县域治理评估指标体系。这些评价指标体系以社会治理特质和价值导向为指标体系构建原则，较少反映社会治理的问题导向及现实发展。市域社会治理现代化是极具现实性、问题导向性和战略性的制度

---

[1] "中国社会管理评价体系"课题组、俞可平：《中国社会治理评价指标体系》，《中国治理评论》2012年第2期。
[2] 南锐、汪大海：《基于TOPSIS模型的中国省域社会治理水平评价的实证研究》，《东北大学学报》（社会科学版）2017年第5期。
[3] 李兰、王伟进：《市域社会治理现代化应如何评价》，《国家治理》2020年第15期。
[4] 陈丽君、郁建兴、董瑛：《中国县域社会治理指数模型的构建》，《浙江社会科学》2020年第8期。
[5] 樊红敏、张玉娇：《县域社会治理评价体系：建构理路与评估框架》，《河南师范大学学报》2017年第1期。

安排，河南省各地试点推动状况如何，《全国市域社会治理现代化试点工作指引》相关政策落实状况怎么样，是本报告和评估的重点。

因此，基于问题导向性、政策着力点及市域社会治理理论意涵，体现《全国市域社会治理现代化试点工作指引》的政策要求，本报告建立了包括党建引领、统筹协调、公共服务、平安建设、社会协同、科技支撑六个维度和主观评价的评估框架和指标体系。

"党建引领"是指市域党组织［包括县（市、区）、街道、社区］发挥政治整合、组织动员、示范引领作用推动市域社会治理现代化。具体指标包括"市级党委总揽全局"和"基层党组织引领"两方面。

"统筹协调"是指市级政府统筹协调、提升地市规划发展能力，促进城乡融合一体化的过程。具体指标包括"政府统筹协调""政府规划发展""城乡融合"三方面。

"公共服务"是指市级政府在满足居民基本保障性需求的基础上，提供更高质量的城市基建、更美好的生活环境及更良性的城市发展环境的集合。具体指标包括"基本公共服务""基础设施""生态环境"三方面。

"平安建设"是指新形势下政府加强社会治安管理、化解社会矛盾、建立法治社会、提升应对重大突发事件的能力以建立平安社会的一系列举措的统称。具体指标包括"社会治安""疫情防控""矛盾化解""法治建设"四方面。

"社会协同"是指包括市、县（市、区）、街道、社区在内的市域管理区域内，在各级党委政府的领导下，创造协同环境，发挥居民、社会组织和企事业单位协同作用，推动市域治理现代化。具体指标包括"居民参与""社会主体参与""协同环境""社区治理服务"四个方面。

"科技支撑"主要是指以智慧技术赋能市域社会治理现代化，推进市域治理智能化、精细化和高效化。具体指标包括"数字治理"和"数字服务"两方面。

"主观评价"是居民对城市发展的主观满意度评价指标，具体包括"社会公平""司法公正""社会和谐""社会活力""政府信任""城市喜爱度"六大指标（见表1）。

表 1　市域社会治理现代化评估指标体系

一级指标	二级指标	三级指标
党建引领	市级党委总揽全局	政党政治引领(主观)
	基层党组织引领	基层党组织引领
统筹协调	政府统筹协调	政府统筹能力(主观)
	政府规划发展	政府规划发展
	城乡融合	党委政府城乡统筹(主观)
		城乡收入差距对比(客观)
公共服务	基本公共服务	人均公共服务预算(客观)
		公共服务满意度(主观)
	基础设施	公共预算投入(统计年鉴)
	生态环境	城市生态环境状况
平安建设	社会治安	十万人犯罪率
		舆情事件发生率
	疫情防控	疫情防控应急管理
	矛盾化解	信访稳定(主观)
		基层矛盾化解(主观)
	法治建设	居民权利维护(主观)
		依法行政(主观)
社会协同	居民参与	志愿者数量(客观)
		社区参与状况
		居民参与状况(主观)
	社会主体参与	社会组织参与状况
		辖区企业参与状况
	协同环境	社会诚信(主观)
		村规民约社区公约遵守状况
	社区治理服务	城市社区治理和服务状况
科技支撑	数字治理	市级政务信息平台状况(主观打分)
		智慧城市建设(主观)
	数字服务	数字政务便利度(主观)
		社区数字化建设(主观)
主观评价	社会公平	满意度主观评价
	司法公正	满意度主观评价
	社会和谐	满意度主观评价
	社会活力	满意度主观评价
	政府信任	满意度主观评价
	城市喜爱度	喜爱度主观评价

二 数据来源和评价方法

（一）数据来源

本次调查采用网上问卷调查的方法在全省范围内实施，于2021年6~9月在河南省18个地市同时进行，共计回收问卷3097份，有效问卷3071份，问卷有效回收率为99.16%，其中河南省市域社会治理现代化9个试点地市的问卷数量共计1932份，基本实现调研预定目标。调查样本人口学特征主要包括性别、文化程度、政治面貌、年龄分布、职业（见表2、表3）。

表2 河南省18个地市调查样本描述分析（N=3071）

单位：%

变量	指标	比例	变量	指标	比例
性别	男	47.5	年龄分布	30岁以下	30.0
	女	52.5		30~44岁	38.9
文化程度	高中及以下	25.7		45~60岁	30.0
	中专或大专	24.4		60岁以上	1.1
	本科	43.3	职业	党政机关、事业单位工作人员	25.0
	硕士及以上	6.4		专业技术人员高级管理人员	13.2
政治面貌	中共党员	25.5		私营企业主	4.0
	民主党派	0.5		个体工商户	9.7
	共青团员	21.8		农民工或农民	12.0
	群众	52.2		普通工人或商业、服务业人员	23.4
				其他	12.7

表3 河南省9个试点地市调查样本描述分析（N=1932）

单位：%

变量	指标	比例	变量	指标	比例
性别	男	49.7	年龄分布	30岁以下	28.6
	女	51.3		30~44岁	36.6
文化程度	高中及以下	24.0		45~60岁	32.2

续表

变量	指标	比例	变量	指标	比例
文化程度	中专或大专	25.5	年龄分布	60岁以上	2.6
	本科	42.6		党政机关、事业单位工作人员	26.2
	硕士及以上	7.6		专业技术人员高级管理人员	14.3
政治面貌	中共党员	29.3	职业	私营企业主	4.2
	民主党派	0.6		个体工商户	10.6
	共青团员	20.9		农民工或农民	9.1
	群众	49.0		普通工人或商业、服务业人员	22.8
				其他	12.6

本报告以问卷调查所得的河南省有效数据为基础，结合在各试点市实地调研所得的质性资料，以及《河南统计年鉴2021》部分客观数据对河南省试点市市域社会治理现代化状况进行评估分析。

（二）评价方法

依据层次分析和模糊综合评价法，确定市域社会治理评价指标体系。市域社会治理评价指标体系包括党建引领、统筹协调、公共服务、平安建设、社会协同、科技支撑6个一级指标及1个主观评价指标，即主观满意度。

本报告将全省及18个地市各项指标按百分制进行计算，其中调查问卷得到的数据以非常满意100分、比较满意80分、一般60分、不太满意40分、非常不满意20分的标准进行赋值计算。另外，统计年鉴数据如人均公共服务预算等指标，都将中部六省平均水平作为标准值，对河南省18个地市相应指标进行标准化后除以标准值，进而转化为百分制。以此得出全省及18个地市各项三级指标得分，进而通过计算得出二级指标及一级指标得分，用以综合判定全省及各试点城市的市域社会治理现代化水平。

三 河南省试点市市域社会治理现代化状况分析

（一）试点市稳步推进市域社会治理现代化，评价指数"比较高"

试点市市域治理现代化得分75分以上。河南省9个试点市市域社会治理现代化平均得分为77.78分，整体处于"比较高"水平。市域社会治理现代化6个一级指标得分对比表明，"平安建设"得分最高，9个试点市均分为79.18分；"党建引领"得分相对较高，得分为78.94分；"公共服务""科技支撑"得分居中，均分在77分左右；"社会协同"得分最低（见表4）。

表4 试点市、非试点市及全省一级指标得分

单位：分

指标	试点市	非试点市	全省
党建引领	78.94	78.02	78.48
统筹协调	76.17	73.37	75.85
公共服务	77.44	72.12	74.78
平安建设	79.18	78.52	78.85
社会协同	74.88	74.56	74.72
科技支撑	76.69	68.19	72.44
主观满意度	81.13	80.67	80.90
均分	77.78	74.46	76.12

主观满意度好于现实推动状况。本调查结果显示，河南省试点市居民对城市发展的主观满意度评价显著高于其他市域社会治理现代化指标，这说明，虽然河南省市域社会治理现代化还存在发展弱项和进一步提升空间，但居民对城市的主观评价较高，总体满意度高于现实发展指标得分，居民对市域社会治理现代化发展充满"包容心"。

（二）试点城市得分总体好于全省得分，开封、洛阳、郑州排名靠前，"科技支撑""公共服务"优势明显

试点城市各分项得分普遍高于全省均值。河南省9个试点城市市域社会

治理现代化平均得分为 77.78 分，高于全省平均得分（76.12 分）；试点城市所有一级指标的得分均高于非试点市。试点市"科技支撑""公共服务"得分明显高于非试点市。9 个试点城市在"科技支撑"和"公共服务"上的得分也大幅高于全省得分，优势十分显著。

数据结果显示，河南省市域社会治理现代化试点城市前期工作已经取得了一定的成果，如开封市探索了"一中心四平台"大数据平台建设，以技术赋能市域治理，同时注重"政治"领跑，建立"1+7"党建引领机制，治理效果提升显著，在此次调查中，开封市排名位居全省第一，尤其是智慧治理方面的得分遥遥领先；洛阳市以综治中心建设推动网格管理创新，从而提升了规范化、精细化水平，以科技支撑市域发展，在此次调查结果中，"科技支撑"和"党建引领"取得优异成果；郑州市作为河南省的省会，依托"城市大脑"发展优势，为公共服务助力，用智慧治理提升市域公共性，此次调查排名也在前列；这些城市的亮点做法都为市域社会治理现代化水平的提高做出了重要贡献。

试点市差异不大，开封、洛阳、郑州排名靠前。其中，试点市中开封（81.07 分）、洛阳（80.79 分）、郑州（80.36 分）、驻马店（79.96 分）市域社会治理现代化得分排名居全省前列。南阳（75.50 分）、安阳（75.05 分）、平顶山（74.46 分）排名靠后，市域社会治理现代化得分低于河南省平均水平；但总体来看，最高分开封（81.07 分）和最低分平顶山（74.46 分）仅相差 6 分左右，差异不显著（见表5）。

表5 试点市市域社会治理现代化指标得分

单位：分

排名	城市	党建引领	统筹协调	公共服务	平安建设	社会协同	科技支撑	主观评价	均分
1	开封	84.71	77.95	75.77	80.95	74.75	86.91	86.45	81.07
2	洛阳	80.41	71.98	87.37	81.40	76.72	84.51	83.13	80.79
3	郑州	77.75	78.30	89.39	76.09	76.04	82.84	82.09	80.36

续表

排名	城市	党建引领	统筹协调	公共服务	平安建设	社会协同	科技支撑	主观评价	均分
4	驻马店	79.86	84.57	83.89	80.97	79.24	73.04	78.17	79.96
5	鹤壁	81.04	84.45	64.57	83.10	73.75	68.34	83.11	76.91
6	濮阳	77.83	69.30	71.22	81.92	73.13	77.50	80.29	75.88
7	南阳	75.12	69.96	82.69	74.48	75.41	70.56	80.26	75.50
8	安阳	76.76	78.14	71.07	76.42	72.04	72.41	78.48	75.05
9	平顶山	76.92	70.90	70.95	77.32	72.81	74.07	78.26	74.46
	均值	78.94	76.17	77.44	79.18	74.88	76.69	81.13	77.78

（三）"平安建设"指数最高，二级指标对比"疫情防控"得分最高，地方疫情防控成效显著

"平安建设"评价最高。6个一级指标中，"平安建设"得分最高。试点市均分达到79.18分。河南省政府贯彻习近平总书记关于平安中国建设的相关精神，坚持人民至上，注重源头防范，社会治安状况良好，矛盾化解也取得了较好的成效，在此次调查过程中获得居民较高的评价。

二级指标中"疫情防控"得分最高。本调查设置的二级指标中，"平安建设"项下"疫情防控"得分最高，全省均分达到83.43分。河南省在之前应对多轮新冠肺炎疫情的过程中，积累了丰富的应急管理经验，维持了比较平稳的社会局面，获得了居民的认可，在2021年度对河南省18个地市政府疫情防控应急管理能力状况的分析中，研究结果显示河南省应急管理能力比较高，且略高于全国平均水平。

（四）地市政府领导力、统筹力凸显，"基层党组织"引领作用突出

"党建引领"得分接近80分。一级指标中，"党建引领"评价得分也较高，试点市均分为78.94分，仅低于"平安建设"得分，地市政府统筹领导能力凸显。

试点市建立了市、县、乡三级市域社会治理现代化工作领导小组，有效发挥了党委政府总揽全局、协调各方的领导作用，在这次调查中也获得了居民较高的评价。

基层党组织引领基层治理作用突出。在调查中，相较于居委会（77.28分）和居民（73.71分）在社区治理与服务中发挥作用的评价得分，基层党组织在治理中发挥引领作用的评价得分最高，试点市均分为79.20分。自推行试点以来，河南省各地市探索推进党建引领与基层治理相融合，如开封市"基层治理大党建"、洛阳市"党建+网格"、郑州市"1+3+5"社区党组织引领等，为党建引领基层治理提供了机制保障。

（五）各试点市市域社会治理优劣势不同，排名靠前的地市科技支撑、公共服务优势明显，排名靠后的地市公共服务、统筹协调居于劣势

排名靠前的地市科技支撑普遍优势明显。试点城市中，开封、洛阳、郑州市得分名列前茅，都在"科技支撑"方面表现较好，这些城市着力于大数据平台建设，支撑智能服务，助力精准治理，取得了不错的效果。

得分靠前的城市"社会协同"普遍是其短板。试点市排名前5的城市，开封、洛阳、郑州、驻马店和鹤壁，"社会协同"得分均不高，是这些城市市域社会治理的共同弱势项。

排名靠后的地市"公共服务""统筹协调"普遍居于劣势。试点城市中相对落后的濮阳、南阳、安阳、平顶山的"公共服务"和"统筹协调"普遍处于劣势，其中濮阳、南阳、平顶山"统筹协调"得分普遍在70分左右，在试点市中处于较低水平；濮阳、安阳、平顶山"公共服务"得分71左右，在试点市中为得分最低的三市。

各地市市域社会治理各有优劣。开封市通过建立"一中心四平台""开封人社123"等智慧平台，形成了市级政府综合协调的网格化管理体系，借助大数据为群众提供了更加便捷、高效的市民服务，效果显著，评价得分全省最高。洛阳市网格化管理存在考核不清、标准不统一等不足，"统筹协调"得分最低；综治中心全面普及运用，社区服务规范化、智能化水平明

显提升，在"科技支撑"方面得分较高。郑州市"平安建设"得分最低，劣势明显；"公共服务"得分远高于其他地市，优势明显。郑州由于流动人口众多、市域风险聚集、高异质性等特征，"平安建设"压力巨大。鹤壁市成立了高规格领导小组，顶层设计站位全局，"统筹协调"得分较高；但鹤壁市公共服务投入预算相较全省其他城市较低，"公共服务"得分不高（其他试点市状况见表6）。

表6 河南省9个试点城市优劣势对比

试点市	优势点	劣势点
开封	科技支撑、党建引领	社会协同、公共服务
洛阳	公共服务、科技支撑	统筹协调、社会协同
郑州	公共服务、科技支撑	平安建设、社会协同
驻马店	统筹协调、公共服务	科技支撑、社会协同
鹤壁	统筹协调、平安建设	社会协同、公共服务
濮阳	平安建设、党建引领	公共服务、统筹协调
南阳	公共服务、社会协同	统筹协调、科技支撑
安阳	统筹协调、党建引领	公共服务、社会协同
平顶山	党建引领、平安建设	统筹协调、公共服务

四 试点市市域治理现代化推进过程中存在的问题

（一）"社会协同"是市域治理现代化最大弱项，"社会主体参与"评价最靠后

试点城市"社会协同"评价最低。在试点城市的调查结果中可以看出，试点城市"社会协同"指标在一级指标中得分最低，整体均分仅74.88分，各试点市得分均在80分以下，多个试点城市"社会协同"为最弱项。

辖区企业等社会主体参与评价最低。社会协同指标由"居民参与""社会主体参与""协同环境""社区治理服务"四个二级指标构成，得分分别为72.88分、70.50分、77.91分和78.21分，其中"社会主体参与"

得分最低。社会主体参与包括社会组织参与社会治理的状况和辖区企业参与社会治理的状况。居民对社会组织参与社会治理的满意度为56.5%，对辖区企业参与社会治理的满意度为62.9%，满意度均未超过七成，评价均较低。

社会组织管理滞后，志愿团体数量差距大。培育和管理社区社会组织，对于满足群众需求，加强社区治理体系建设，打造共治共建共享的社会治理格局具有重要意义。《民政部关于大力培育发展社区社会组织的意见》明确指出，应对社区社会组织分类管理，以明确发展重点，更有针对性地加大扶持力度。本报告对河南省各地市注册社会组织数量进行了统计，发现没有官方平台公布社会组织具体数量，在各地市调研的过程中，也仅有个别区对社会组织数量和类型进行了粗略统计，相关政府部门应重视社会组织及社区社会组织的数据统计以更好地培育、管理和扶持社区社会组织。根据志愿河南网站公布的数据，各试点市在志愿者数量、志愿活动数量和志愿团体数量上差距巨大；每万人志愿者数量最多的城市鹤壁是最少的城市平顶山的14.5倍；洛阳志愿团体数量在试点市中最多，平均每万人有34.2个志愿团体，平顶山市最少，每万人仅有0.5个志愿团体；志愿活动数量最多的城市鹤壁平均每万人举办76.5次活动，开封市每万人仅举办0.2次志愿活动（见表7）。

表7 试点市志愿者、志愿团体、志愿活动数量

地市	每万人志愿者数量（人）	每万人志愿团体数量（个）	每万人志愿活动数量（次）
鹤壁	426.8	8.8	76.5
驻马店	176.7	2.3	11.3
洛阳	159.4	34.2	2.8
郑州	157.4	18.6	4.9
安阳	131.9	23.9	2.4
濮阳	49.7	8.5	1.3
南阳	45.7	0.8	3.8
开封	30.4	1.7	0.2
平顶山	29.4	0.5	2.0

（二）社会活力有待激发

居民参与积极性不高。对试点市居民参与地市公共事务（如居委会选举、当地政策意见征集等）频率的调查结果显示，53%的人表示自己及周围居民经常参与地市公共事务，47%的居民表示自己及周围居民较少参与或基本未参与过本地公共事务，较少参与或基本未参与过地方公共事务的居民占比达到一半，居民参与积极性有待激发。

"社会活力"主观评价低。除"党建领引""统筹协调"等6个市域社会治理现代化现实发展指标外，本报告也设立了居民对城市发展主观评价维度，包括"政府信任""城市喜爱度""社会和谐""社会公平""司法公正""社会活力"。从评分结果可以明显看出，在主观指标中，"社会活力"评分最低，且远低于其他主观指标，仅有77.12分（见表8）。这一结果也与社会协同中居民参与、社会主体参与得分较低相呼应，充分显示了试点市市域社会治理发展过程中社会参与不足的现状。

表8 主观满意度指标得分状况

单位：分

主观满意度评价指标	得分
社会公平	78.82
司法公正	79.23
社会和谐	80.57
社会活力	77.12
政府信任	90.26
城市喜爱度	80.85

（三）市域社会治理智慧化建设总体落后

"科技支撑"得分相对较低。随着科学技术的不断发展，科技成为促基层治理高效化的重要动力，成为市域社会治理现代化过程中的重要着力点。

此次调查结果显示，虽然目前试点市中产出了一批市域智慧治理特色亮点市，但整体上"科技支撑"得分不高（76.69分）。多个试点市推进市域社会治理现代化过程中面临数据平台建设和运行难题，如洛阳市，虽然各级综治信息平台全面建成应用，但数据采集应用信息化程度低，尤其是农村网格信息仍停留在微信应用层面；平顶山市网格平台信息化不足，微信仍是主要沟通渠道；信息化建设存在整合不紧密、分散设置现象，各类平台整合程度有限；南阳市信息平台整合建设不足等。

社区数字化、智慧化服务水平有待提高。数据表明，社区数字化服务满意度低。科技支撑包括"数字治理"和"数字服务"两项二级指标，数字服务满意度（75.23%）低于数字治理满意度（78.14%）；本报告分别用"智慧城市建设"和"社区数字化建设"两个指标来评价数字服务，其中社区数字化建设的得分最低，近四成（39.5%）居民认为在城市社区享受的智慧化、数字化管理或服务一般和较差，远低于对"数字政务便利度"的满意度，说明相较于市级政府提供的数字政务服务，社区内部提供数字化服务的能力较弱，政府应将更多精力放在更贴近居民生活的一线服务的数字化改造上。

（四）公共服务水平整体不高，城乡融合是治理短板

公共服务质量评价整体不高，回应性、个性化不足。提供符合居民需求，精准化、高质量的公共服务是地市政府促进居民福祉最大化，实现自身公共性的重要手段。河南省全省人均公共服务投入1067.83元，低于中部六省人均公共服务投入均值（1166.86元），试点市中除郑州以外，其他地市人均公共服务投入均未达到中部六省均值；本调查根据公共服务的可及性、回应性和多样化，分别设置了相关问题，数据结果显示，仅68%的试点市居民对所在地市提供的公共服务质量比较满意，还有近三成的居民对公共服务质量表示一般和不太满意；33%的居民表示政府公共服务没有有效回应居民诉求，34%的居民认为所在地市政府没有提供个性化、多样化的公共服务。

城乡融合成为治理短板。二级指标中"城乡融合"得分较低,试点市均分仅70.16分,城乡融合项下"城乡收入差距对比"得分最低,各试点市2021年城镇收入与农村收入比均在1.5倍以上,其中超过一半的地市城乡收入差距达到了2倍以上;试点市中城乡收入差距最小的是驻马店,城镇收入是农村收入的1.55倍;城乡收入差距最大的是洛阳市,城乡收入比达到2.47倍。在医疗教育基础配套方面,试点市城乡之间也存在较大差距,城乡师资力量不均衡,试点市人均城镇中小学教师人数达到人均农村中小学教师人数的1.4倍以上,差距最大的南阳市达到2.4倍的差距;此外,虽然城乡人均医疗机构及床位数城乡分布较为平衡,但城市医疗人员的差距较大,郑州市城镇人均医疗人员是农村人均医疗人员的9.2倍,差距最小的鹤壁市城乡医疗人员差距也达到4.3倍,城乡医疗人员配比差距过大。

五 对策建议

(一)健全市域社会治理现代化推进机制

一是高位推动,发挥市级党组织总揽全局、体系整合功能。构建市、县、乡三级工作领导小组,明确市级党委政府主体责任,形成市级主责、全域推进的工作格局。发挥市县党委党建引领功能,强化市级层面统筹谋划和顶层设计,明确适合当地市域社会治理现代化的总体思路、区域特色、政策导向、目标任务、方法路径等,整体推进全市市域社会治理工作,提升市级政府引领力、统筹力。二是推进条块整合、政社协同。发挥党建引领作用,通过完善县乡小组体制,发挥县乡党委条块整合作用,破解市域社会治理现代化过程中体系分割问题,推动条块融合。以区域化党建推进政社协同,建立党委、市场组织、社会组织、事业单位、居民等多层次的党建网络,搭建政府、社会协商平台,形成基层多层次社会力量协同。三是发挥市级政府资源聚合带动作用,推进城乡统筹。推动城市市场、资源、人才、科技向农业和农村倾斜，整合各类资源优势，发挥城市政府驱动作用推动产业振兴，缩小城乡收入差距。实施城乡基础设施一体化建设，推动城乡空间融合。推进城乡公共服务均等化，加大农村公共服务投入，推动城乡基本公共服务政策体系、质量水平衔接统一，缩小城乡社会保障水平和质量差距。

（二）推进城市治理创新

城市治理是市域社会治理创新的高地，具有引领和示范作用，目前北京、成都、杭州等着力城市治理顶层设计和品牌建设，形成了市域社会治理的区域特色和创新品质，应以城市治理创新推进市域治理现代化。一是突出城市文化软实力和地域特色，要将市域社会治理创新和地域文化有机结合，如开封的宋文化、胡同文化，郑州的二七文化、商都文化等，通过历史文化街区建设、地方文化融入等，凸显城市治理的人文性和文化魅力。因地制宜，以品牌项目为抓手，探索贴合地方经济发展和社会建设实际的市域社会治理特色模式和社会治理品牌。二是提升城市公共服务品质。要通过加强城市规划发展和提升公共物品品质推动城市治理创新。根据公共服务的性质，可以将公共服务分为保障型公共服务和发展型公共服务，保障型公共服务满足居民的基本公共服务需求，发展型公共服务通过社区服务、文化服务、志愿服务等满足居民个性化、差异化需求。市域政府要建立需求导向下的公共服务供给模式，以社区服务为切入点，探索公共服务分类供给，面向群体需求差异，提供精准化、个性化、高品质公共服务，增进居民福祉。三是提升城市风险治理能力。城市的异质性、流动性、风险聚集性是城市治理面临的不确定性，城市风险治理是市域社会治理和平安建设的着重点和脆弱性难题。要建立完备的城市风险预防体系，从应急准备、风险监测和预警、应急预防教育等多层次着力，推进城市风险防范体系化、制度化、科学化。建立城市应急管理专家库和专业人才队伍，多层次整合高校、专业团队、相关社会组织等力量参与风险防控。构建智能化应急机制，以应急综合平台为载体，构建集成决策、协调联动的智慧化管理体系。

（三）赋权增能推进基层治理现代化

基层是市域社会治理的根基和重心，要通过赋权增能夯实基层基础，破解市域社会治理脆弱性难题。一是推进街乡综合改革。要推动权力和资源等向街乡移动，通过赋权街道办事处（乡镇）推动市域社会治理"属地责任"和职能部门"主管责任"的平衡，强化街乡职责与权力、资源相匹配。二是加强街乡干部能力建设。要优化街乡干部能力和主动性发挥的制度环境，在待遇、晋升通道、城乡流动等方面加强制度激励，做到想干事、能干事。推动人才资源向街乡流动，如"双向交流""挂职"等。三是发挥基层党组织的组织优势，推动党建引领与基层社会治理深度融合。深度推进区域化党建机制建设，将群团组织、社会组织、市场组织、辖区单位等纳入市域基层治理体系。推进基层党组织下沉，建立网格、楼栋、商圈党小组，发挥党组织的动员和渗透功能。四是推动社区赋权，加强社区工作者队伍建设，出台激励措施改变当前社区干部流动性大、人员不足、专业化能力弱等问题。盘活社区资源和资产，以社区公共资源赋权社区居委会的方式，推动社区集体经济发展，夯实社区居民自治的经济基础。加强社会组织孵化培育，大力引入社工机构等专业力量，通过社会力量赋权增能，推进基层治理现代化。

（四）加强"智治"建设

智慧治理以数字化、网络化、智能化等为特质，为市域社会治理创新提供了新方法、路径和可能性。一是探索有效的智慧城市建设路径。要结合地方发展实际，引入市场力量和社会资本，探索可持续发展和低建设成本的智慧城市模式。建立完善市域社会治理综合信息平台，强化数据共享和大数据决策，推动信息共享及深度应用，实现社会治理体系从碎片化向一体化转变。二是着力推进智慧服务。探索智慧医疗、智慧养老、智慧物业、智慧交通等重点领域服务新模式，依托大数据和服务场景应用，推进提升一网通办、一网通享、一键回应能力。探索社区智慧化服务，强化社区服务信息化场景植入和运用，整合行政便民服务、商业服务及志愿服务，建设社区服务智慧化平台及生态圈。三是强化信息化运用能力。要推动政产学研用一体化，培养大数据技术应用型人才，形成一支大数据分析与运用的专业队伍。同时，通过培训、考核等方式提升各级干部信息化运用能力，以软硬件建设并重推进市域社会治理智慧化。

河南省托育公共服务供给现状、问题与优化路径[*]

陈宁 何树人[**]

摘　要： 本报告以2021年河南省18个地市托育机构调查数据为基础，深度考察了河南省托育公共服务的供给现状与发展困境。调查表明：河南省托育公共服务供给主要呈现五个方面的特点。一是托育公共服务供给增长较快，但整体供给水平不高；二是各地市托育服务供给水平差异较大，济源、安阳排名靠前；三是托育供给模式多元化，以幼儿园托班为主；四是供给性质呈现"民办主导、公办薄弱、单位办滞后"的特点；五是托育机构发展呈现"地市不均衡"和"区域集聚"的特点。当前，河南省托育公共服务供给面临的问题主要体现在托育服务供需失衡与利用不足并存、保教师资队伍整体水平不高、民办托育机构运营压力较大、标准化体系建设滞后、跨部门综合监管职能定位不够明晰等方面。提升河南省托育公共服务供给水平宜从以下几个方面着力：调节供给结构由一元市场主导向多元主体并进转变；以托育券等政策支持体系建设提升托育服务效能；推动托育机构服务向社区下沉；加强托育人才准入和培养机制建设；持续提升托育行业治理能力；以托育社会化生态营造推进托育服务模式转型等。

---

[*] 基金项目：河南省高等学校重点科研项目"新时代积极老龄化的理论框架构建与公共政策实践研究"（项目编号：21A630031）。

[**] 陈宁，郑州大学政治与公共管理学院讲师，硕士生导师；何树人，郑州大学政治与公共管理学院2021级行政管理硕士研究生。

关键词： 托育公共服务　托育机构　河南

婴幼儿托育公共服务关乎民生，连接民心。为促进托育公共服务的发展，国家层面先后出台了一系列"政策组合拳"。2019年10月，国家发展改革委等出台了《支持社会力量发展普惠托育服务专项行动实施方案（试行）》；2020年，国务院办公厅发布了《关于促进养老托育服务健康发展的意见》；2021年，"十四五"规划中明确指出：将发展托育服务体系，提高每千人口拥有3岁以下婴幼儿托位数到4.5个，支持企事业单位和社会组织等社会力量提供托育服务；2021年6月，国家发改委等出台《"十四五"积极应对人口老龄化工程和托育建设实施方案》。接二连三的政策出台，一方面表明政府对托育服务供给的重视程度之高，另一方面也意味着托育服务又将迎来巨大的发展契机。河南作为人口大省，近年来出生人口规模持续萎缩，人口老龄化水平快速提升。当前，河南省平均每千人口拥有3岁以下婴幼儿托位数仅为1.34个，距离"十四五"规划要求的每千人4.5个托位尚有约31万个缺口，托育服务体系建设压力大。为深入了解和剖析当前制约托育机构发展的问题，河南省卫生健康委员会于2021年4月对全省2679家托育机构进行数据采集。本研究以河南省托育机构为研究对象，以这次调查结果为基础进行分析，深度描述托育机构的发展状况与特征，识别制约托育服务发展的现实困境，为优化河南省托育机构供给结构，完善托育服务体系提供政策启示。

一　河南省托育公共服务供给现状及特征

（一）托育公共服务供给增长较快，但整体供给水平不高

从表1可以看出，河南省有经营范围涉及托育服务、具有0~3岁婴幼儿照护功能的各类机构2679家，实有托位133202个，其中建立时间在1年以下的占比为40.68%，有74.92%的托育机构为3年内建立。这

表明近年来河南省托育机构发展较快，托位供给增量比较可观。尽管如此，依然有60.15%的托育机构表示有扩建计划。而机构平均托位数为47.72个，表明当前中小规模的托育机构居多。从托育公共服务供给水平来看，河南省平均每千人口拥有3岁以下婴幼儿托位数为1.36个，低于全国每千人1.99个托位数的供给水平。同时，河南省"十四五"规划中提出，到2025年要实现每千人4.5个托位数的目标。由此匡算，当前的托育服务供给水平距离"十四五"规划目标的实现尚有约31万个托位缺口。

表1 河南省托育公共服务供给总体状况

机构数量(家)		2679	有扩建计划的机构(%)		60.15
托位数量(个)		133202	每千人托位数	全国(个)	1.99
建立时间(%)	1年以下	40.68		河南(个)	1.36
	1~2年	17.63	"十四五"规划目标(2025年)(个/千人)		4.5
	2~3年	16.61	托位缺口(万个)		31
	3~5年	12.20	保育员数(人)		10368
	5年以上	12.88	注册登记率(%)		95.31
平均托位数(个)		47.72	合规备案率(%)		9.71

注：本文统计数据如没有特别说明，均截至2021年4月30日。
资料来源：根据2021年河南省托育机构调查数据整理得到，全国层面数据引自全国托育机构调查数据，后文表格资料来源同表1。

（二）地市间托育公共服务供给水平差异较大，济源、安阳排名靠前

调查显示，河南省平均每千人口拥有3岁以下婴幼儿托位数为1.36个，但是地市间托育服务供给水平差异较大（见表2）。济源市平均每千人口拥有3岁以下婴幼儿托位数最多，达到7.80个；驻马店市平均每千人口拥有3岁以下婴幼儿托位数最少，仅为0.22个，最高值和最低值的极差达到7.58；济源市和安阳市的平均每千人口拥有3岁以下婴幼儿托位数已经超过河南省"十四五"规划中的预期目标。焦作、新乡、平顶山、南阳、信阳、商丘、开封、濮阳、三门峡、周口、驻马店等11个地

市，平均每千人口拥有3岁以下婴幼儿托位数低于全省平均水平，后期发展压力较大。

表2 河南省各地每千人口拥有的托位数（降序排列）

区域	托位数(个)	人口数(人)	托位(个/千人)
济源	5675	727265	7.80
安阳	28561	5477614	5.21
许昌	10490	4379998	2.39
洛阳	16795	7056699	2.38
漯河	4603	2367490	1.94
郑州	19055	12600574	1.51
鹤壁	2210	1565973	1.41
焦作	4600	3521078	1.31
新乡	7570	6251929	1.21
平顶山	5131	4987137	1.03
南阳	8104	9713112	0.83
信阳	5192	6234401	0.83
商丘	6493	7816831	0.83
开封	2588	4824016	0.54
濮阳	1312	3772088	0.35
三门峡	645	2034872	0.32
周口	2612	9026015	0.29
驻马店	1566	7008427	0.22

注：表中各地市常住人口数据来自河南省第七次人口普查公报最新数据。

（三）托育供给模式多元化，以幼儿园托班为主

当前河南省托育服务供给模式呈现多元化的特点，主要有以下五种。一是纯托育服务公司模式，指主要提供托育服务的市场化托育服务公司，涵盖保育园、托儿所等。二是托幼一体化模式，即幼儿园托班，多接收2~3岁婴幼儿。由于以往公办幼儿园被限制承担3岁以下托育服务，所以

幼儿园托班绝大部分为民办幼儿园主办。三是家庭托育服务模式，即家庭托育点供给的小规模托育服务，多分散在社区内部，服务内容单一。四是早教机构办托班模式。这种办托模式由早教机构转型而来，往往还保留早教业务模块，将早期教育和婴幼儿照料融于一体，市场化运营，收费标准较高。五是其他模式，一般包括福利托育模式，即工作场所或村集体提供的托育服务模式。表3显示，就全省而言，托幼一体化是主要供给模式，76.30%的托育服务机构表现为幼儿园托班，以托育服务公司为代表的纯托育服务公司模式是次要供给模式，占比为15.83%，早教机构办托班模式（5.82%）、家庭托育服务模式（1.57%）和其他模式（0.49%）占比较小。各地托育服务供给模式存在一定差异。大部分地区以托幼一体化为主要供给模式，但是郑州、三门峡、周口、商丘等地的纯托育服务公司模式占比较高，分别占各地机构总数的49.47%、71.43%、52.50%和40.91%。值得注意的是鹤壁市的家庭托育服务模式占比相对其他城市较高。

表3 河南省及各地托育服务供给模式分布

单位：%

区域	托育服务公司	幼儿园托班	家庭托育点	早教机构办托班	其他
全省合计	15.83	76.30	1.57	5.82	0.49
郑州	49.47	38.50	0.80	10.70	0.53
开封	12.70	79.37	1.59	6.35	0.00
洛阳	10.22	77.15	7.53	4.84	0.27
平顶山	10.56	84.51	0.00	4.93	0.00
安阳	5.93	93.63	0.00	0.22	0.22
新乡	9.66	86.96	0.00	3.38	0.00
鹤壁	6.78	79.66	10.17	1.69	1.69
焦作	7.09	87.40	0.79	4.72	0.00
南阳	9.72	85.42	0.69	3.47	0.69
许昌	5.74	89.47	0.00	4.78	0.00
漯河	18.18	50.00	0.00	27.27	4.55

续表

区域	托育服务公司	幼儿园托班	家庭托育点	早教机构办托班	其他
信阳	8.23	82.91	0.00	7.59	1.27
三门峡	71.43	14.29	0.00	14.29	0.00
商丘	40.91	40.91	1.52	15.15	1.52
驻马店	8.77	84.21	0.00	7.02	0.00
周口	52.50	17.50	0.00	30.00	0.00
濮阳	25.00	41.67	0.00	16.67	16.67
济源	3.68	93.38	0.74	2.21	0.00

（四）供给性质呈现"民办主导、公办薄弱、单位办滞后"的特点

河南省社会化托育服务发展处于起步阶段，总体呈现"民办主导、公办薄弱、单位办滞后"的特点（见表4）。① 数据显示，在托育领域存在明显"公办民办失衡"的过度市场化倾向，私营机构远远多于公立机构，民办托育机构占托育机构总体的90.88%，公办托育机构仅占6.88%。至于企事业单位和村社集体主办的托儿所更为滞后，占比极低。同时，各地托育服务机构性质存在一定差异。漯河、三门峡两市的托育服务机构均为民办，比重高达100%，其他地区则是以民办为主，辅以其他性质的托育服务机构。濮阳、安阳、济源公办托育服务机构占比较高，比重分别达到25.00%、22.75%和18.38%。企事业单位办、集体办和其他性质的托育服务机构仅分布于洛阳、平顶山、新乡、焦作、信阳和周口六市，其中仅有洛阳和焦作两市存在集体办性质的托育服务机构。

---

① 说明：国家提倡企事业单位采取单独举办和联合举办的形式建立托儿所，为单位职工提供便捷托育服务。这里所说的单位办涵盖公办单位和民营企业单位，单位办滞后是说各类企事业单位办的托儿所占比极低，鼓励单位办托儿所，提供有偿或无偿托育服务，并不是要回到单位制时期。

表4 河南省及各地托育服务机构举办性质分布

单位：%

区域	公办	民办	民办公助	企事业单位办	集体办	其他
全省合计	6.88	90.88	0.77	1.27	0.13	0.05
郑州	9.36	88.24	1.60	0.80	0.00	0.00
开封	4.76	95.24	0.00	0.00	0.00	0.00
洛阳	9.14	84.41	1.08	4.84	0.54	0.00
平顶山	11.97	86.62	0.00	1.41	0.00	0.00
安阳	22.75	77.03	0.23	0.00	0.00	0.00
新乡	5.31	93.24	0.97	0.48	0.00	0.00
鹤壁	3.39	94.92	1.69	0.00	0.00	0.00
焦作	11.81	85.04	0.00	2.36	0.79	0.00
南阳	6.25	93.06	0.69	0.00	0.00	0.00
许昌	14.83	84.69	0.48	0.00	0.00	0.00
漯河	0.00	100.00	0.00	0.00	0.00	0.00
信阳	12.66	86.71	0.00	0.00	0.00	0.63
三门峡	0.00	100.00	0.00	0.00	0.00	0.00
商丘	1.52	98.48	0.00	0.00	0.00	0.00
驻马店	5.26	89.47	5.26	0.00	0.00	0.00
周口	2.50	95.00	0.00	2.50	0.00	0.00
濮阳	25.00	75.00	0.00	0.00	0.00	0.00
济源	18.38	81.62	0.00	0.00	0.00	0.00

（五）托育机构发展呈现"地市不均衡"和"区域集聚"的特点

地市之间托育机构发展呈现领先型、滞后型和发展型三种类型。从地市分布来看，河南省内各地市之间托育机构发展状况参差不齐，地市间托育服务"发展不平衡"的特点较为突出（见图1）。郑州市、洛阳市、安阳市、济源市托育服务机构数量众多，托育行业发展比较领先，属于领先型地市，四市的托育服务机构数占全省总量的49.91%。而开封市、鹤壁市、三门峡市、商丘市、驻马店市、周口市、濮阳市等地市托育机构数量较少，托育服务行业发展比较滞后，属于滞后型地市，八市的托育服务机构数量仅占全省总量的13.25%。其他地市则可以大概归入发展型地市。

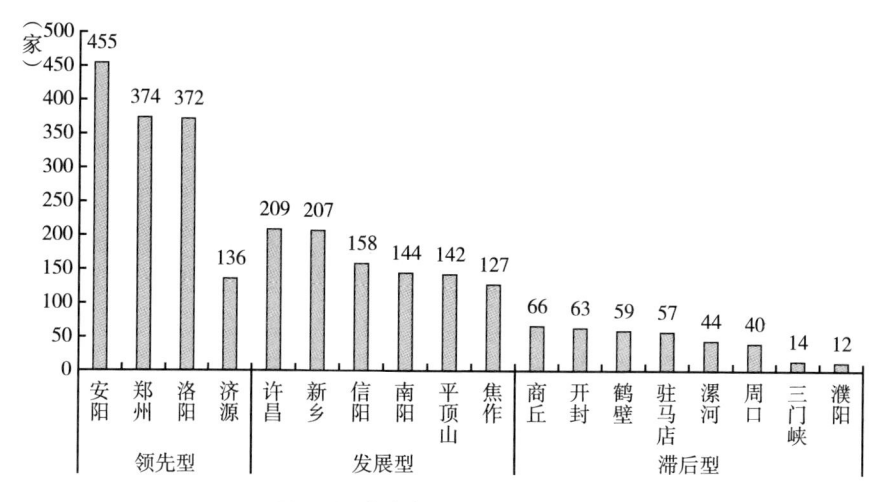

图1 河南省各地市托育机构分布

类型	城市	数量（家）
领先型	安阳	455
领先型	郑州	374
领先型	洛阳	372
领先型	济源	136
发展型	许昌	209
发展型	新乡	207
发展型	信阳	158
发展型	南阳	144
发展型	平顶山	142
发展型	焦作	127
滞后型	商丘	66
滞后型	开封	63
滞后型	鹤壁	59
滞后型	驻马店	57
滞后型	漯河	44
滞后型	周口	40
滞后型	三门峡	14
滞后型	濮阳	12

托育机构发展过程中豫北和豫中"区域集聚"态势明显。进一步从托育机构的五大区域（豫东、豫西、豫南、豫北、豫中）①分布来看，呈现非常明显的"区域集聚"态势。河南省托育服务机构在豫北区域和豫中区域的集聚效应非常突出，豫北和豫中区域属于托育机构发展的领先区域。那么，可以判断两个区域的整体行业发展趋势和政策环境也应该较为积极。豫东和豫南地区的托育机构发展则整体比较薄弱，托育行业发展尚未形成良好局面，发展进程较为缓慢（见图2）。究其原因，一是东部和南部是传统农业区，经济总量和政府财政收入水平较低，市县层面的财政支持能力相对不足；二是东部和南部是河南青壮年人口的主要流出地，婴幼儿随迁和隔代照料比重较高，且人均收入水平处于后列，对机构托育服务的潜在需求相对较少。

---

① 根据河南省传统的地理分布，可以将河南省分为东西南北中五大区域。豫东包括开封、商丘、周口；豫西包括洛阳、三门峡；豫南包括南阳、信阳、驻马店；豫北包括安阳、鹤壁、焦作、濮阳、新乡、济源；豫中包括郑州、许昌、漯河、平顶山。

195

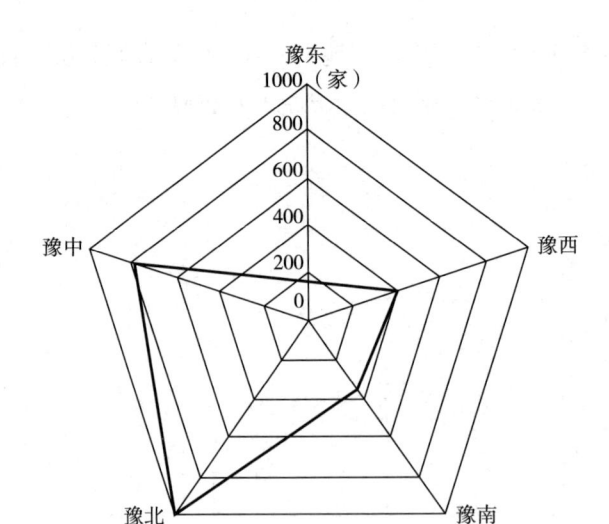

图 2　河南省五大区域托育机构分布

二　河南省托育公共服务面临的现实困境

（一）托育服务供需失衡与利用不足并存

河南省托育服务需求较为旺盛，调查数据显示，约有 39.5% 的育龄人群报告有将婴幼儿送到托育机构的意愿。原国家卫计委家庭司 2016 年委托研究机构开展的"3 岁以下婴幼儿托育服务需求调查"发现，近 80% 的婴幼儿由祖辈参与看护，有祖辈参与照看的家庭 33.8% 有托育需求，无祖辈参与照看的家庭托育需求达 43.1%。近几年随着生育政策的逐步放宽，育龄人群的托育需求可能有所提升。当然，值得注意的是，需求意愿与托育行为之间存在一个转化的过程，即托育需求意愿大于托育需求行为。也就是说实际的托育需求行为应该会低于 39.5%。按照 30% 的送托意愿需求来算，河南省托位需求总量约为 126 万个托位。① 但是河南省当前总体供给水平不

---

① 根据 2018~2021 年河南省出生人口推算，2021 年河南省 0~3 岁婴幼儿数量约为 420 万人。

高，2021年托位供给约为13.3万个，可见托育服务供给和需求之间存在较大缺口。然而，根据实际统计的利用状况来看，河南省所有托育机构实收人数为68239人，托位的实际利用率仅为51.23%。在平均每千人口拥有3岁以下婴幼儿托位数仅为1.36个的水平下，托位存在大量的空置，这表明当前托育服务供给存在一定的结构性矛盾。同时，各地市托育机构的实收人数均少于托位供给数，托位利用率不高。安阳市托位利用率最高，达到77.9%，驻马店和鹤壁次之，约为60%。焦作、新乡、济源的托位利用率稍高于全省平均水平。郑州、洛阳、南阳等地市的托位利用率均低于全省平均水平。其中，漯河市的托位利用率仅为22.1%（见图3）。

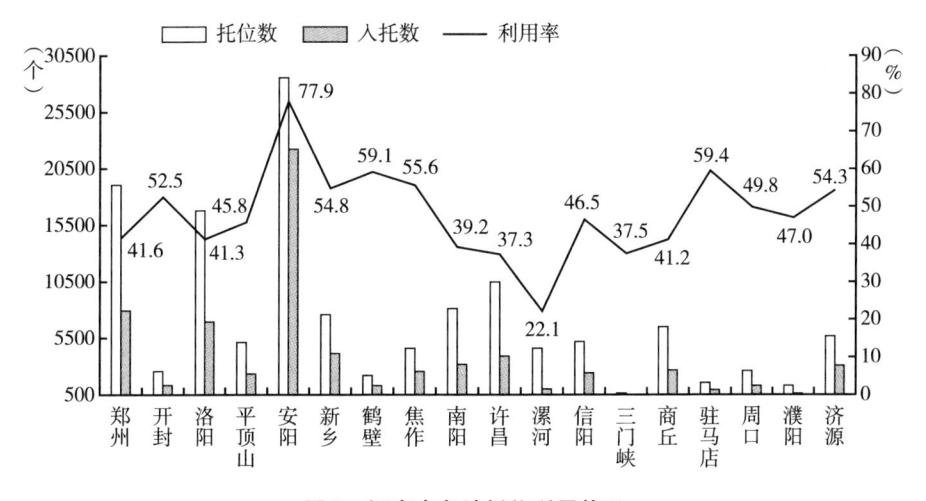

图3 河南省各地托位利用状况

（二）保教师资队伍整体水平不高

调查发现，在托育行业急速扩张的背景下，从业人员准入门槛低，队伍专业化水平不高。如表5所示，69.94%的教师具有大专及以上学历，持有教师资格证的比例为67.78%。仅有45.55%的保育员具有大专及以上学历，持有保育员证的占比为59.58%。托育机构保教人员持证率不高，无证上岗现象比较严重。保教人员待遇偏低，教师和保育员的月平均工资分别为

2432元和2312元。社会保障不足，很多民办机构出于成本考虑，没有为员工缴纳社会保险。约80%的托育从业人员的从业年限在1~3年，保教人员流动性较大。同时，职后培训比较滞后，尚未形成系统专业的培训体系，通过职业培训获取从业资格证书的通道不畅。总体来看，托育机构专业人才供给不足，培训体系缺失，职业发展环境不佳，既不利于婴幼儿的健康成长和教师的自身发展，也不利于托育行业的长期有序发展。

表5 托育机构师资队伍建设情况

单位：%，元

保健医配置		大专及以上学历		持证率		月平均工资	
兼职保健医生	55.43	教师	69.94	教师	67.78	教师	2432
专职保健医生	32.95	保育员	45.55	保育员	59.58	保育员	2312

（三）民办托育机构运营压力较大

调查显示，72.79%的托育机构有融资或借贷需求，但仅有15.31%的机构成功融资，主要融资渠道包括银行贷款、朋友借款和信用卡借贷。从投资回收情况来看，有93.65%的托育机构没有收回投资资金，仅有6.35%的机构收回投资资金，说明大部分托育机构仍处于亏损状态，运营状况堪忧。2020年以来，新冠肺炎疫情肆虐中国，国内经济发展受到影响，托育服务行业也遭受重大的打击。面对疫情，托育机构最主要的支出压力是物业房租方面，主要包括租金、水电费等，排名第二的是员工成本，第三位的压力是家长退费（见表6）。此外，还有偿还贷款、房屋维修、防疫物资储备等支出压力。政府提供的建设及运营补助对民办机构而言具有"雪中送炭"之效，但是当前的优惠政策多是鼓励性的，缺乏具体细则，能否落地受到属地政府财政能力和重视程度的制约。调查发现仅有3.68%的托育机构在建设过程中享受了政府财政定向支持，而税收优惠、托位补贴、房租减免、设备购置补贴等优惠政策的覆盖范围极其有限。

表6 疫情期间托育机构主要支出压力情况

单位：%

重要程度	主要支出压力	比例
第一位	物业房租	45.66
	员工成本	32.88
	家长退费	14.61
第二位	员工成本	38.36
	物业房租	36.07
	家长退费	17.35
第三位	家长退费	47.03
	员工成本	21.92
	偿还贷款	15.07

（四）标准化体系建设滞后

河南省在托育机构建设运营标准化方面相对行业发展态势比较滞后。实地调查发现，首先服务标准建设缺位，当前的政策措施聚焦于机构设置与管理、卫生与安全等"硬件"要求，而服务内容这一"软件"标准亟待确立。其次，从业标准模糊。婴幼儿照护服务专业人才的身份属性，如身份定位、专业称谓、资质要求等不够清晰且地区规定差异大。[①] 即托育师资职业标准尚未确立，更未形成专业化的托育资格证。最后，课程标准建设不足。数据显示，当前41.54%的托育机构使用单一课程，其中69.44%的机构使用的是自主研发课程体系，29.63%的机构使用的是蒙特梭利课程体系，另有58.46%的托幼机构使用多元的课程设置，涵盖蒙特梭利、华德福、瑞吉欧和美国高瞻等课程体系。从中可以看出，当前国内的托育机构课程设置呈多样化，以自主研发和借鉴外国的课程体系为主，尚未形成统一的适合国内0~3岁婴幼儿的课程体系，进而阻碍托育从业人员课程教学相关培训的标准化、规范化。

---

① 郭绒、左志宏：《发展婴幼儿照护服务政策措施研究——基于18省（区、市）"婴幼儿照护服务的实施意见"的分析》，《湖南社会科学》2021年第4期。

（五）跨部门综合监管职能定位不够明晰

当前托育机构管理是"注册登记与备案分置"，即机构根据营利性质在市场监管或民政部门注册取得营业执照后，再到行业主管部门卫生健康委进行备案，方能实现合法化。调查发现，河南省96.30%的托育机构都进行了注册登记，但是进行合规备案的仅占9.71%。备案登记需要取得消防安全检查合格证、食品经营许可证、卫生评价报告、从业人员健康证等诸多证照，对机构的资质标准提出了更高要求，这是确保规范经营的重要保障。但是如果严格按照备案标准，90%的托育机构难以达标，面临"合法化"困境。当前"注册登记易，合规备案难"的状况形成了"劣币驱逐良币"现象，部分证照不全、违规经营的机构依靠低价招生，引发市场混乱，使得处于起步阶段的托育行业规范运营困难重重。托育机构的跨部门综合监管需要卫生健康、妇幼保健、市场管理、民政、教育、消防等多部门协作，但除了作为主管部门的卫生健康委，其他部门的托育职责并不明晰。由于没有建立具体的跨部门协同监管机制，实际工作中主要是卫生健康部门唱"独角戏"，使得大型机构"各自为政"、小型机构"无证驾驶"问题突出。

三 河南省托育公共服务供给的优化路径

（一）调节供给结构由一元市场主导向多元主体并进转变

在政府福利化托育供给退出已久、市场化供给占主导的情境下，政府包办包管的托育服务供给已不具备现实条件。政府在托育服务供给中，应调节托育服务供给结构由一元市场主导向多元主体并进转变。一是支持公办幼儿园托幼一体化发展，允许入园年龄向下延伸一年，将2~3岁婴幼儿托育服务纳入公立幼儿园服务体系中。二是切实解决企事业单位开办托儿所的用地难题，辅之以财政补贴或者税收优惠，大力支持有条件的企事业单位单独或联合供给托育服务。三是政府通过购买公共服务的方式，以场地配套、资金支持以及监管评估为抓手，引入专业的社会组织、行业协会、民营机构、市场组织来提供公建民营、民办公助、委托经营等形式的托育服务，给民办机构附加部分"公立色彩"，从而降低收费标准，提升社会信任度。四是尽快针对社区托管点、家庭托育点制定相应的配套支持政策和管理标准，赋予"微型托育点"合法地位，促进家庭式托育服务合规发展。

（二）以托育券等政策支持体系建设提升托育服务效能

托育行业发展初期较高的建设成本和运营成本，决定了较高的托育成本，而高成本又反向阻碍托育服务市场的发展。因此，仅仅依靠补供方很难解决有效托育需求不足的问题。托育券制度以政府直接补贴家庭育儿支出的方式，在提升育龄家庭托育消费意识与支付能力的同时，又有助于实现福利再分配，应当成为破解婴幼儿照护难题的一项制度选择。政府根据家计调查结果面向育龄家庭发放不同面额的托育券，将自身的托育责任"货币化"，推动由补助托育机构向直接补助服务需求方的转变，实现生育支持政策的普遍福利成色。相比财政资金直接补贴机构方，补需方具有更多优势。一是充分发挥消费券的"乘数效应"，刺激托育需求，从而提升托位利用率。二是降低监管成本，避免大型机构和社会资本较强的机构获取较多补贴挤压中小机构的生存空间，从而促进机构之间的公平竞争。三是当前的机构托位供给相比社会需求而言已经过剩，若再补贴机构，则会刺激机构进一步增加托位，造成更大的"沉没成本"和财政资金流失。[①]

（三）推动托育机构服务向社区下沉

当前托育机构布局多集中在商业中心和沿街商铺，服务难以辐射到周边社区，也难以激发蕴藏在社区的差异化需求。有调查显示受距离与送托时间的影响，73.75%的家庭希望托育点设在社区。同时社区内相对稳定的成员

---

① 陈宁等：《婴幼儿托育机构发展瓶颈、政策需求与治理取向——基于河南省2679个托育机构的调查》，《人口研究》2022年第2期。

构成有助于生成"熟人社会"约束，将托育机构嵌入社区，在地理位置上具有便利性，且可以在一定程度上减少供需双方的信任危机。① 发展嵌入式社区托育服务就是以实现婴幼儿就近入托为目标，以社区托育资源整合为抓手，将托育服务机构与托育服务站（点）嵌入社区中，以此实现服务下沉，从而更好地满足家庭托育需求。一方面，政府可以通过改造以往社区闲置的房产及空地或新建场地来为托育服务提供场所，鼓励传统的单位大院和新式社会化物业利用现成的公共场地和设施开展托育服务。进而充分发挥社区功能，联合托育机构辐射周边小区或引入有条件的托育机构进入社区提供托育服务。另一方面，尝试打通"一老一小"社区照护资源，实现照料资源共享。鉴于目前城市日间照料中心有效利用率较低，大量资源闲置浪费的现实，建议重新对其进行功能定位，将其中一部分（或部分空间）改建为社区嵌入式托育服务站（点），切实提高资源利用率。总之，社区嵌入式托育服务在微观层面为婴幼儿提供便捷化、低成本照护平台，在中观层面为育龄家庭构筑非正式照顾支持网络，在宏观层面为社区整合托育资源，从而助推幼有所育落到实处。

（四）加强托育人才准入和培养机制建设

尽快制定专门的婴幼儿照护服务人员资格准入制度，以标准规范的形式确定各类从业人员的身份、称谓、资质要求、主要职责等具体内涵。同时，建立系统的培训和职业资格认证体系，构建"学历证书+职业技能等级证书"的复合型技能人才培养及评价标准，破解无专业人才培养机制、无晋升通道的人才发展瓶颈。针对已经从业的人员，构建常态化培训机制，组织提升业务素质和学历层次的脱产进修。当前，托育从业人员的资质证书主要以幼师资格证和育婴师证为主，前者更适用于3~6岁幼儿，后者含金量不高。目前仅部分高职和师范院校的学前教育专业在培养0~3岁儿童早期教

---

① 赵建国、王瑞娟：《我国幼托服务供给模式选择及实现路径》，《社会保障研究》2018年第3期。

育师资,新开设的托育相关专业的学校较少。已在托育岗位工作的从业人员获得的证书大多经短期培训获得,社会认可度较低。为提升托育机构的服务质量,应严格规范从业人员的准入制度,加强专业人才的培养,同时还要注重从业人员的职业道德建设。

(五)持续提升托育行业治理能力

托育服务行业作为一个"再回暖"的行业,面临着巨大的机遇和挑战。2019年以来,托育机构如雨后春笋般涌现,开办模式多样化,托育行业发展迅速而行业治理能力滞后。为此要推动行业治理能力提升和治理体系现代化。一方面,托育机构建设、备案所需申报材料较多,涉及相关部门多,实现"合法化"运营的周期较长。在托育行业复苏的形势下,应构建跨部门协同管理机制,设立托育工作领导小组,构建协同机制,对机构建设实行并联审批。同时,建立各级政府的多部门协同监管机制,明确各部门的责任和分工,强化牵头单位领导作用。另一方面,各地区应将托育机构补助列为专项支出,并针对不同类型机构制定"政策工具包",明确托位建设、人员培训、机构运营等具体的补贴标准和申领条件,适当简化优惠政策获取的流程和方式。

(六)以托育社会化生态营造推进托育服务模式转型

托育社会环境是托育机构发展的重要外部支撑。计划生育政策实施以来长期倡导的优生优育观念,使得社会"过度育儿"之风浓郁。很多家长不愿把孩子送到托育机构接受服务。其中一个重要原因是社会对民办托育机构缺乏信任,送托意愿不强。[①] 多位受访的托育机构责任人均表示:"现在机构最大的瓶颈是招生困难,生源流动性大。"显然,社会大众对托育机构的不信任态度,使得托育机构往往陷入托位空置率较高的窘境。目前全国0~3

---

① 杨菊华:《论政府在托育服务体系供给侧改革中的职能定位》,《国家行政学院学报》2018年第3期。

岁婴幼儿入托率仅为4%，远低于一些发达国家50%的比例，说明社会托育环境营造对促进托育机构良性发展至关重要。[①] 托育机构迫切需要政府层面加强宣传引导，将媒体宣传工作与社区管理工作相结合，注重对婴幼儿家庭的指导，增进居民对社会托育服务的理解与认同，形成良好的托育服务氛围，提高家庭送托意愿。同时，政府应通过公益活动等形式扩大托育服务行业的影响力，塑造高质量的婴幼儿照料机构不会对儿童产生危害的社会共识，实现"家庭育儿"向"社会共同育儿"的理念转变。

[①] 杨雪燕、高琛卓、井文：《典型福利类型下0—3岁婴幼儿托育服务的国际比较与借鉴》，《人口与经济》2019年第2期。

河南省地市营商环境评价分析

刘文楷　史文杰　郭婉玉*

摘　要： 本报告以各地区统计年鉴（2021）为数据基础，对河南省17个地级市营商环境状况进行评价分析。结果表明：河南省地市营商环境水平总体一般；地市间营商环境发展不均衡，郑州、洛阳、南阳营商环境位居前三；信用环境良好，法治环境及市场环境相对落后；道路基础设施建设相对完善，部分地市医疗卫生资源充足；郑州营商环境指数靠前，政商关系、人力资源及医疗资源得分较高。目前河南省地市营商环境建设仍存在融资效率及从业规模不足、金融服务发展存在短板，多数地市人力资源环境欠佳、区域人力资源环境发展失衡，进出口业务相对短缺、工业企业规模总量有限，创新投入不足、地市间创新能力差异明显等问题。基于河南省地市营商环境的评价分析，提出强化营商环境对标提升、促进营商环境均衡发展，优化企业融资环境、提升金融服务水平，稳定扩大就业、创新引才机制，深化高水平对外开放、营造良好市场环境，推动创新体制改革、培育良好创新生态，完善法治建设体系、全面推进依法治省等优化建议。

关键词： 地市营商环境　评价分析　河南

---

* 刘文楷，管理学博士，郑州大学公共管理科研博士后流动站博士后，郑州大学马克思主义学院讲师，研究方向为城市营商环境评价；史文杰，加拿大卡普顿大学香农商学院工商管理专业；郭婉玉，郑州大学政治与公共管理学院2021级硕士研究生。

2020年，河南省政府出台了《河南省优化营商环境条例》，此后，河南省优化营商环境工作领导小组印发《贯彻落实〈河南省优化营商环境条例〉实施方案》《河南营商环境评价与奖惩办法》《2021年河南省营商环境评价整改提升工作方案》等一系列专题文件，推动全省营商环境建设。本报告以上述文件为框架，构建河南省地市营商环境评价指标体系，针对河南省17个地级市的营商环境状况进行评价分析并提出相关优化建议。

一 河南省地市营商环境评价指标体系

（一）指标体系构建

良好的营商环境是促进经济高质量发展的重要基础，构建科学合理的评价体系关系营商环境的持续优化。综观地市营商环境评价的相关研究，国内外学者针对营商环境评价体系构建的研究较为丰富，国外关于地市营商环境评价的研究大多以世界银行营商环境评价指标体系为依据评价区域营商环境发展水平，尚未结合中国社会发展的特殊情境，而国内研究主要基于区域发展差异探索建立适用于各区域的营商环境评价指标体系。因此，报告基于国内外主流营商环境评价方法研究及应用，以《优化营商环境条例》《河南省优化营商环境条例》为制度纲领，参考《中国城市营商环境评价》[1]《2020年中国296个地级及以上城市营商环境报告》[2]《中国分省份市场化指数报告（2021）》[3]等国内知名研究报告及聂辉华等[4]、张三保等[5]学者的研究

---

[1] 李志军主编《中国城市营商环境评价》，中国发展出版社，2019。
[2] 粤港澳大湾区研究院、21世纪经济研究院：《2020年中国296个地级及以上城市营商环境报告》，2020。
[3] 王小鲁、胡李鹏、樊纲主编《中国分省份市场化指数报告（2021）》，社会科学文献出版社，2021。
[4] 聂辉华、韩冬临、马亮、张楠迪扬：《中国城市政商关系排行榜2020》，人大国发院政企关系与产业发展研究中心，2020。
[5] 张三保、康璧成、张志学：《中国省份营商环境评价：指标体系与量化分析》，《经济管理》2020年第4期。

成果，构建河南省地市营商环境评价指标体系，以各地区统计年鉴（2021）为数据基础，评价分析河南省17个地级市的营商环境建设发展情况，同时，为实现地市营商环境的横向比较，报告选择北京、上海、天津、重庆4个直辖市以及大连、青岛、宁波、厦门、深圳5个计划单列市作为对比。河南省地市营商环境评价指标体系划分为政务环境、人力资源、金融服务、公共服务、市场环境、创新环境、法治环境、信用环境8个维度，评价指标体系如表1所示（括号内数值为指标权重）。

表1 河南省地市营商环境评价指标体系

一级指标	二级指标	三级指标	数据来源
政务环境（0.15）	政府支出（0.5）	一般预算内支出	各地区统计年鉴
	政商关系（0.5）	中国地市政商关系指数	《中国城市政商关系排行榜》
人力资源（0.15）	人力资源储备（0.7）	普通高等院校在校人数（0.4）	各地区统计年鉴及中国城市数据库
		年末单位从业人员数（0.3）	
		常住人口（0.3）	
	劳动力成本（0.3）	平均工资水平	
金融服务（0.15）	从业规模（0.5）	金融从业人员	各地区统计年鉴及Wind数据库
	融资服务（0.5）	民间融资效率（0.5）	
		总体融资效率（0.5）	
公共服务（0.10）	天然气供应（0.25）	供气能力	中国城乡建设数据库
	水力供应（0.25）	公共供水能力	
	电力供应（0.25）	工业供电能力	各地区统计年鉴
	医疗情况（0.10）	医疗卫生服务	
	道路基础设施（0.15）	人均道路面积数	
市场环境（0.15）	经济指标（0.4）	地区人均生产总值（0.6）	各地区统计年鉴
		固定资产投资总额（0.4）	
	进出口（0.3）	当年实际使用外资金额（0.6）	
		当年新签项目（合同）金额（0.4）	
	企业机构（0.3）	规模以上工业企业个数	

续表

一级指标	二级指标	三级指标	数据来源
创新环境 （0.10）	创新投入（0.5）	科学支出	各地区统计年鉴
	地市创新能力（0.5）	地市创新能力指数	《中国城市科技创新竞争力报告》
法治环境 （0.10）	社会治安（0.3）	刑事案件数量与常住人口比值	各地区统计年鉴、中国判决文书网
	司法服务（0.4）	律师人数	
	知识产权保护（0.3）	专利授权数与地区生产总值比值	
信用环境 （0.10）	地市信用	地市信用综合指数	"信用中国"网站

（二）数据来源及说明

报告的数据主要来源于各地区统计年鉴（2021）、《中国城市政商关系排行榜》、《中国城市科技创新竞争力报告》及中国城市数据库、中国城乡建设数据库、Wind数据库、中国判决文书网、"信用中国"网站等，具体指标数据来源如表1所示。

（三）评价方法

1. 数据处理

由于各分指标属性不统一，因此利用效用值法进行数据的无量纲化处理。本报告将效用值值阈设置为[0, 100]，计算公式如下：

$$对于正向指标：y_{aj} = (x_{aj} - x_{amin})/(x_{amax} - x_{amin}) \times 100$$

$$对于逆向指标：y_{aj} = (x_{amax} - x_{aj})/(x_{amax} - x_{amin}) \times 100$$

其中 a 表示各类指标，j 表示各地区，x_{aj} 表示 a 指标在 j 地区的指标得分，x_{amax} 表示指标的最大值，x_{amin} 表示指标的最小值，y_{aj} 表示 a 指标在 j 地区的指标效用值。

2. 确定权重

参考李志军等及《中国城市营商环境报告2020》的研究结论确定二级

指标及三级指标的权重,并利用SPSSPRO软件,结合熵值法与CRITIC法确定一级指标的权重,各指标权重在表1中列示。

3. 加权综合

在对分指标进行无量纲化处理后,基于各分指标权重进行分层逐级加权,即利用各指标效用值及各指标权重加权综合计算得出最终营商环境得分及营商环境各要素的得分,计算公式如下:

$$DB_j = y_{a1j} \times w_{a1} + y_{a2j} \times w_{a2} + \cdots$$

其中DB_j表示j地区的营商环境指标得分,y_{a1j}表示j地区第一个分指标a_1的指标效用值,w_{a1}表示分指标a_1对应的权重。

二 河南省地市营商环境状况分析

(一)河南省地市营商环境水平总体一般

基于河南省地市营商环境评价结果,在河南省17个地级市中,郑州营商环境得分相对较高,综合得分为36.21分,其他地级市营商环境得分均位于20分以下。与直辖市及计划单列市相比,北京、上海、深圳、重庆、天津的营商环境得分分别为81.61分、79.25分、67.99分、49.52分、48.94分,均高于河南省各地级市的营商环境得分。由此可见,与全国地市营商环境先进水平相比,河南省地市营商环境水平总体一般。河南省地市营商环境得分及排名情况如表2所示。

表2 河南省地市营商环境得分及排名

单位:分

地市	政务环境	人力资源	金融服务	公共服务	市场环境	创新环境	法治环境	信用环境	营商环境	省内排名
郑州	35.39	48.86	18.06	21.39	31.79	33.47	38.74	67.36	36.21	1
洛阳	11.99	12.82	3.69	22.15	25.99	17.78	22.64	40.91	18.52	2
南阳	10.44	10.12	2.68	15.03	16.61	15.38	20.84	63.98	17.50	3

续表

地市	政务环境	人力资源	金融服务	公共服务	市场环境	创新环境	法治环境	信用环境	营商环境	省内排名
安阳	7.31	7.95	1.29	17.59	15.54	12.79	21.67	71.09	17.13	4
开封	9.73	5.63	1.06	14.49	17.19	10.75	22.83	66.67	16.51	5
新乡	3.68	9.42	1.53	13.90	19.37	11.51	12.23	69.02	15.77	6
漯河	6.67	2.83	0.45	11.76	19.18	1.87	31.35	66.80	15.55	7
许昌	11.94	5.88	1.38	19.78	21.43	7.53	18.84	42.32	14.94	8
商丘	9.70	8.93	1.16	6.42	16.43	2.54	31.53	48.27	14.31	9
驻马店	4.14	6.00	3.33	15.36	16.31	3.41	20.15	53.39	13.70	10
平顶山	7.30	6.47	1.89	16.14	16.57	7.38	30.44	28.49	13.08	11
濮阳	5.78	5.70	0.44	10.02	14.90	3.24	25.61	40.17	11.93	12
焦作	13.83	5.57	1.18	18.19	6.25	7.34	8.43	39.83	11.40	13
三门峡	5.53	3.38	0.67	12.21	19.93	0.00	12.68	31.54	10.07	14
周口	4.82	7.32	1.34	10.98	15.80	4.10	28.19	2.90	9.01	15
鹤壁	8.52	0.17	0.00	12.63	18.59	2.56	25.05	0.83	8.20	16
信阳	2.86	6.94	1.22	7.19	16.98	10.27	22.52	0.00	8.20	17

注：营商环境及各分指标得分均为标准化后的指数分值，得分0.00分表示该地区指标得分在所选样本地市中最低；根据数据标准化结果，营商环境总得分以及政务环境、人力资源等指标得分的满分均为100分，营商环境得分为各一级指标加权计算后的结果；限于篇幅，直辖市及计划单列市的营商环境评价结果未在文中列示，下同。

（二）地市间营商环境发展不均衡，郑州、洛阳、南阳营商环境位居前三

基于表2河南省地市营商环境评价结果的横向对比，在河南省17个地级市中，郑州市营商环境得分为36.21分，其他地市营商环境得分均位于20分以下，其中位居省内排名第二的洛阳市营商环境得分为18.52分，而省内排名靠后的周口、鹤壁、信阳营商环境得分均位于10分以下。因此，从河南省内营商环境得分来看，省会郑州市领先幅度较大，与其他地市相比存在明显优势，河南省内各地市之间营商环境差异较为显著，地市间营商环

境发展不均衡。

在河南省 17 个地级市中,郑州、洛阳、南阳的营商环境排名位居前三,得分相对较高,是"一主两副"中心地市建设成果的重要体现。河南省第十一次党代会报告及 2022 年政府工作报告中明确提出推进郑州国家中心城市建设、支持洛阳建设万亿级中原城市群副中心城市、支持南阳建设副中心城市等战略部署,加大中心城市建设力度,从而为郑州、洛阳、南阳的营商环境建设提供原动力,充分发挥郑州、洛阳、南阳营商环境优化的示范引领作用。

(三)信用环境良好,法治环境及市场环境相对落后

基于表 2 河南省地市营商环境各要素评价结果的横向对比,通过统计计算河南省地市营商环境各要素的得分均值发现,信用环境得分均值为 43.15 分,法治环境及市场环境的得分均值分别为 23.16 分、18.17 分。在信用环境要素中,根据"信用中国"网站的中国地市信用状况监测评价结果,河南省地市信用环境得分均位于 80 分以上(满分 100 分),因此,河南省 17 个地级市的整体信用环境良好。同时,根据信用环境标准化得分结果,安阳、新乡、郑州、漯河、开封、南阳等 6 个地市的信用环境得分相对较高。总之,河南省地市信用环境整体良好,法治环境及市场环境相对落后。

(四)道路基础设施建设相对完善,部分地市医疗卫生资源充足

基于河南省地市公共服务评价结果,在道路基础设施分指标评价中,许昌的道路基础设施得分最高,得分为满分 100 分,驻马店、开封、周口、鹤壁、安阳等多个地市的道路基础设施得分相对较高,且均明显高于直辖市及计划单列市的得分,因此,河南省地市道路基础设施整体水平较高,道路交通规划建设相对完善,而郑州市道路基础设施得分相对较低,这与郑州流动车辆众多、道路交通拥挤现象相吻合。

基于医疗情况分指标评价结果,郑州市医疗卫生服务得分最高,得分为满分 100 分,三门峡、洛阳、南阳等地市的医疗卫生服务得分也相对较高,

且高于部分直辖市及计划单列市的医疗卫生服务得分。可见，郑州、三门峡、洛阳、南阳等地市的医疗卫生服务优势较为明显，人均医疗卫生资源相对充足。河南省地市公共服务得分及排名情况如表3所示。

表3 河南省地市公共服务得分及排名

单位：分

地市	水力供应	天然气供应	电力供应	医疗情况	道路基础设施	公共服务得分	省内排名
洛阳	8.87	3.62	36.28	66.64	21.94	22.15	1
郑州	6.30	7.93	26.84	100.00	7.50	21.39	2
许昌	2.65	0.42	5.92	25.27	100.00	19.78	3
焦作	6.42	1.28	19.90	52.29	40.45	18.19	4
安阳	8.75	2.08	19.11	27.32	49.14	17.59	5
平顶山	9.23	0.19	15.33	46.35	35.43	16.14	6
驻马店	3.95	0.00	1.81	55.62	55.74	15.36	7
南阳	5.96	0.34	11.04	65.18	27.84	15.03	8
开封	5.82	0.58	0.48	47.28	53.63	14.49	9
新乡	5.93	0.81	12.05	46.96	30.04	13.90	10
鹤壁	0.00	0.04	0.00	49.18	51.38	12.63	11
三门峡	1.28	0.22	4.61	71.90	23.29	12.21	12
漯河	4.33	0.28	0.88	43.46	40.28	11.76	13
周口	0.94	0.02	1.32	23.76	53.56	10.98	14
濮阳	4.63	0.10	2.51	21.34	40.49	10.02	15
信阳	2.96	0.44	2.12	18.66	26.33	7.19	16
商丘	4.74	0.23	3.86	8.12	22.66	6.42	17

注：根据数据标准化的结果，公共服务一级指标及水力供应等二级指标得分的满分均为100分，公共服务得分为各二级指标加权计算后的结果。与此类似，下表中各一级指标及二级指标满分均为100分，一级指标得分为各二级指标加权计算后的结果。

（五）郑州营商环境指数靠前，政商关系、人力资源及医疗资源得分较高

鉴于省会城市"辐射带动""示范引领"的关键性地位，针对郑州市营

商环境分指标进行单独评价分析。基于表2排名结果，郑州营商环境指数相对较高、排名靠前。基于政商关系分指标评价结果，郑州市政商关系得分相对较高，得分为51.09分。同时，依据《中国城市政商关系排行榜2020》，在全国292个地级市中，郑州的政商关系指数位于全国第26名。由此可见，郑州市政商关系表现良好，在一定程度上表明郑州市构建"亲清"政商关系取得了显著成效。基于人力资源储备评价结果，郑州市人力资源储备得分为59.08分，得分仅次于北京、上海、重庆，显著高于其他直辖市及计划单列市，人力资源储备充足，间接说明近年来郑州市引进人才等相关政策供给发挥了重要的引流作用。基于医疗情况评价结果，郑州市医疗情况得分最高，得分为满分100分，处于国内先进水平之列，人均医疗资源优势明显。因此，在河南省营商环境建设发展过程中，可以充分发挥省会城市对其他地市的"辐射带动"与"示范引领"作用，助推区域营商环境均衡发展，从而当好"国家队"、引领现代化河南建设。河南省地市营商环境部分指标得分情况如表4所示。

表4 河南省地市营商环境部分指标得分情况

单位：分

地市	政商关系	人力资源储备	医疗情况
郑州	51.09	59.08	100.00
焦作	25.59	5.60	52.29
洛阳	17.27	11.78	66.64
许昌	21.27	5.15	25.27
南阳	13.47	13.27	65.18
开封	16.00	6.98	47.28
商丘	14.30	11.77	8.12
鹤壁	17.03	0.00	49.18
安阳	11.15	8.18	27.32
平顶山	11.44	6.65	46.35
漯河	12.37	1.91	43.46
濮阳	9.04	2.92	21.34
三门峡	9.62	0.74	71.90

续表

地市	政商关系	人力资源储备	医疗情况
周口	2.94	10.45	23.76
驻马店	2.37	7.57	55.62
新乡	3.38	11.46	46.96
信阳	0.00	8.41	18.66

三 河南省营商环境建设面临的问题和困境

（一）融资效率及从业规模不足，金融服务发展存在短板

基于河南省地市金融服务评价结果，在河南省17个地级市中，省内排名第一的郑州市金融服务得分为18.06分，其他地级市的金融服务得分均位于5分以下，金融服务要素的得分均值为2.43分，而北京、上海、深圳、重庆、天津的金融服务得分分别为100.00分、67.61分、53.38分、40.30分、30.11分，远高于河南省各地级市金融服务得分。在融资服务及从业规模分指标评价中，郑州的标准化得分相对较高，其他地市得分均位于5分以下。因此，河南省地市金融服务的整体水平较低，与国内先进水平相比存在较大差距，地市融资效率较低、从业规模不足，金融服务水平成为河南省营商环境建设发展的短板。河南省地市金融服务得分及排名情况如表5所示。

表5 河南省地市金融服务得分及排名

单位：分

地市	从业规模	融资服务	金融服务	省内排名
郑州	12.16	23.96	18.06	1
洛阳	2.85	4.53	3.69	2
驻马店	4.88	1.79	3.33	3

续表

地市	从业规模	融资服务	金融服务	省内排名
南阳	2.69	2.66	2.68	4
平顶山	2.06	1.71	1.89	5
新乡	1.26	1.80	1.53	6
许昌	1.28	1.48	1.38	7
周口	1.20	1.49	1.34	8
安阳	1.14	1.44	1.29	9
信阳	0.75	1.68	1.22	10
焦作	1.33	1.04	1.18	11
商丘	0.58	1.75	1.16	12
开封	0.90	1.22	1.06	13
三门峡	1.02	0.32	0.67	14
漯河	0.51	0.39	0.45	15
濮阳	0.21	0.67	0.44	16
鹤壁	0.00	0.00	0.00	17

（二）多数地市人力资源环境欠佳，区域人力资源环境发展失衡

基于河南省地市人力资源评价结果，在河南省17个地级市中，省内排名前三的郑州、洛阳、南阳人力资源得分分别为48.86分、12.82分、10.12分，而其他地市的人力资源得分均位于10分以下，其中三门峡、漯河、鹤壁3个地市的人力资源得分位于5分以下。与直辖市及计划单列市相比，北京、上海、重庆的人力资源得分分别为79.41分、74.62分、62.88分，远高于河南省多数地市的人力资源得分，天津、青岛、宁波、厦门、大连的人力资源得分也显著高于除郑州市以外的其他地级市。因此，河南省多数地市人力资源环境欠佳、人力资源储备不足、平均工资水平不高，与河南省人口大省的现实不相符，间接说明河南省存在人才流失、工资水平较低等问题。

基于河南省地市人力资源评价结果的横向对比，郑州市人力资源得分为48.86分，人力资源储备得分为59.08分，得分仅次于北京、上海、重庆，

显著高于其他直辖市及计划单列市，而其他地级市的人力资源得分远低于省会城市。因此，郑州市人力资源得分处于全国先进水平之列，人力资源优势明显，人力资源储备充足，而河南省其他地级市人力资源环境欠佳，地市间人力资源环境差异明显，区域人力资源环境发展失衡，一定程度上说明省会城市的虹吸效应可能促使省内其他地市的人力资源集聚郑州。河南省地市人力资源得分及排名情况如表6所示。

表6 河南省地市人力资源得分及排名

单位：分

地市	人力资源储备	劳动力成本	人力资源得分	省内排名
郑州	59.08	25.01	48.86	1
洛阳	11.78	15.23	12.82	2
南阳	13.27	2.76	10.12	3
新乡	11.46	4.65	9.42	4
商丘	11.77	2.29	8.93	5
安阳	8.18	7.42	7.95	6
周口	10.45	0.00	7.32	7
信阳	8.41	3.49	6.94	8
平顶山	6.65	6.03	6.47	9
驻马店	7.57	2.34	6.00	10
许昌	5.15	7.57	5.88	11
濮阳	2.92	12.17	5.70	12
开封	6.98	2.49	5.63	13
焦作	5.60	5.50	5.57	14
三门峡	0.74	9.56	3.38	15
漯河	1.91	4.98	2.83	16
鹤壁	0.00	0.56	0.17	17

（三）进出口业务相对短缺，工业企业规模总量有限

基于河南省地市市场环境评价结果，在进出口分指标评价中，河南省17个地级市中，郑州的进出口得分相对较高，得分为13.65分，其他

地级市得分均位于10分以下，其中信阳等8个地市的进出口得分均在1分以下。与直辖市及计划单列市相比，上海、北京、深圳、重庆、天津的进出口得分分别为100.00分、63.25分、43.18分、34.27分、41.06分，远高于河南省各地级市的进出口得分。由此可见，河南省地市进出口业务水平相对较低，与国内先进水平相比存在较大差距，对外开放水平仍有待提升，间接说明河南承东启西、连南接北的枢纽经济优势尚未得到有效发挥。

基于企业机构分指标评价结果，郑州的企业机构得分为17.48分，南阳等12个地市的企业机构得分均位于10分以下，其中平顶山等7个地市的企业机构得分均在5分以下，且与直辖市及计划单列市的得分差距显著。可见，河南省各地市规模以上工业企业数量不足，工业企业规模总量有限，在一定程度上也限制了区域人力资源乃至区域经济的快速发展。河南省地市市场环境得分及排名情况如表7所示。

表7　河南省地市市场环境得分及排名

单位：分

地市	经济指标	进出口	企业机构	市场环境得分	省内排名
郑州	56.13	13.65	17.48	31.79	1
洛阳	49.34	8.06	12.78	25.99	2
许昌	44.74	1.26	10.52	21.43	3
三门峡	48.01	2.41	0.00	19.93	4
新乡	38.73	2.76	10.15	19.37	5
漯河	45.19	2.19	1.49	19.18	6
鹤壁	45.32	1.52	0.02	18.59	7
开封	37.41	1.02	6.40	17.19	8
信阳	36.13	0.56	7.87	16.98	9
南阳	33.45	0.84	9.93	16.61	10
平顶山	37.86	0.34	4.43	16.57	11
商丘	33.00	0.03	10.75	16.43	12
驻马店	35.40	0.09	7.06	16.31	13
周口	31.89	0.69	9.46	15.80	14

续表

地市	经济指标	进出口	企业机构	市场环境得分	省内排名
安阳	35.91	0.40	3.52	15.54	15
濮阳	34.95	0.93	2.15	14.90	16
焦作	11.27	1.64	4.15	6.25	17

（四）创新投入不足，地市间创新能力差异明显

基于河南省地市创新环境评价结果，在创新投入分指标评价中，郑州市创新投入得分为15.82分，洛阳市创新投入为5.51分，其他地市的创新投入得分均位于5分以下，各地市创新投入得分较低，而北京、上海、深圳的创新投入得分分别为100.00分、98.83分、81.70分，远高于河南省各地级市的创新投入得分。可见，河南省地市创新投入水平相对较低，各地市创新投入不足。

基于河南省地市创新能力评价结果，郑州的地市创新能力相对较高，得分为51.12分，洛阳、南阳、安阳的地市创新能力得分均位于25分以上，而周口、驻马店等7个地市的地市创新能力得分均在10分以下，省内各地市的创新能力培育存在明显差异，地市创新能力建设不均衡。河南省地市创新环境得分及排名情况如表8所示。

表8 河南省地市创新环境得分及排名

单位：分

地市	创新投入	地市创新能力	创新环境得分	省内排名
郑州	15.82	51.12	33.47	1
洛阳	5.51	30.05	17.78	2
南阳	2.30	28.45	15.38	3
安阳	0.33	25.24	12.79	4
新乡	1.30	21.71	11.51	5
开封	0.96	20.53	10.75	6
信阳	1.08	19.47	10.27	7

续表

地市	创新投入	地市创新能力	创新环境得分	省内排名
许昌	0.95	14.12	7.53	8
平顶山	0.54	14.22	7.38	9
焦作	0.13	14.55	7.34	10
周口	0.51	7.70	4.10	11
驻马店	3.30	3.53	3.41	12
濮阳	0.49	5.99	3.24	13
鹤壁	0.10	5.03	2.56	14
商丘	1.45	3.64	2.54	15
漯河	0.43	3.32	1.87	16
三门峡	0.00	0.00	0.00	17

四 河南省营商环境优化对策建议

（一）强化营商环境对标提升，促进营商环境均衡发展

营商环境是城市综合竞争力的重要体现，而河南省地市营商环境水平一般，区域营商环境发展不均衡，因此，如何持续优化城市营商环境、实现营商环境均衡发展是提升城市竞争力乃至推进现代化河南建设的关键举措。首先，鉴于河南省地市营商环境与国内先进水平的较大差距，需要精准对标国际国内先进水平，充分发挥先进地市的标杆引领、示范带动作用，深入学习先进地市的成熟经验与典型做法。同时，进一步完善营商环境评价体系，持续开展全域营商环境评价，建立全省营商环境监测服务平台，深入开展整改专项行动、培育营商环境试点地市，积极推进以评促改、以评促优，实现营商环境的持续优化。其次，针对省内区域间营商环境发展失衡问题，需要健全区域协调发展机制，强化区域中心城市的辐射带动力以及重要节点城市的基础支撑力，以中原城市群为主体全面加强地市营商环境建设的协作联动，

构建主副引领、两圈带动、三区协同、多点支撑的营商环境发展结局,从而实现区域营商环境的均衡发展。

(二)优化企业融资环境,提升金融服务水平

金融服务环境是影响地区生产效率及活力的重要因素,地区金融服务水平能够直接影响本地企业的经营风险乃至可持续发展。针对河南省地市金融服务短板问题,需要进一步优化企业融资环境,提升地市金融服务水平。首先,需要进一步优化企业融资服务,加大普惠金融力度。例如,鼓励各类金融机构运用大数据等技术构建风险管控系统,对信贷发放流程及模式进行优化再造,逐步推行线上信贷服务,从而提升融资效率。同时,引导各类金融机构落实对中小微企业的普惠金融政策,加大普惠金融力度。其次,积极培育多层次资本市场,支持设立民营银行、企业集团财务公司、金融租赁公司、消费金融公司等金融机构,强化其金融服务功能,同时健全地方金融监管体系、加强地方金融监管制度建设,强化功能监管、行为监管,从而优化融资环境、提升地市金融服务水平。

(三)稳定扩大就业,创新引才机制

人力资源是经济高质量发展的长期动力源泉之一,而河南省作为人口大省,多数地市人力资源环境欠佳,人力资源环境成为制约河南省经济高质量发展的重要因素。首先,基于各地市的区域发展需求,稳定扩大就业,健全就业促进机制,鼓励创业带动就业,实现充分、高质量就业。例如,基于河南省人口数量红利,支持发展劳动密集型产业和吸纳就业能力强的服务业,积极发展技术密集型产业,推进"人人持证、技能河南"建设,深化职普融通、产教融合、校企合作,从而稳定扩大技能人才就业。其次,针对人才痛点和政策堵点,结合区域发展需求创新引才政策、完善引才体系、丰富引才模式。例如,从人才激励、平台建设、引育机制、服务体系、组织保障等环节完善人才政策体系,强化人才资源与区域特色产业发展的深度融合,同时构建领军人才、青年人才、潜力人才等具有河南特色的人才发展雁阵布

局。最后，积极利用郑州的人力资源优势，充分发挥先进地市的辐射带动作用，加强郑州与省内各地市的人力资源流动与合作，例如，在其他地市建立一流大学分校、研究机构分支等，从而以强化中心城市能级来引领河南省人力资源建设。

（四）深化高水平对外开放，营造良好市场环境

市场环境是关系企业等市场主体经营成长乃至可持续发展的重要外部条件。针对市场环境相对落后、进出口业务短缺等问题，需要充分利用河南省区位优势，进一步深化对外开放战略，同时完善市场监管机制，营造良好市场环境。首先，充分发挥河南省地处中原、承东启西、连南接北的枢纽优势，积极利用"一带一路"建设等政策红利，扩大高水平对外开放，引导外资更多投向先进制造、高新技术、节能环保、绿色低碳、数字经济等新兴产业领域，从而提升区域经济开放水平。其次，加强市场监管，全面推进"双随机、一公开"的监管机制，积极融合"互联网+监管"等多元化监管方式，营造"公开透明"的优良市场环境。

（五）推动创新体制改革，培育良好创新生态

创新是建设现代化河南的重要战略支撑。针对河南省地市创新投入不足、地市创新能力差异等问题，需要进一步推动创新体制改革，全面培育良好创新生态，从而优化地市创新环境。首先，深化创新体制改革，完善创新治理体系，强化开放创新合作，通过厚植创新文化、健全创新制度、建设创新平台、培育创新主体、引育创新人才来构建良好创新生态。例如，积极营造崇尚创新、鼓励探索、宽容失败的创新文化，把科技创新作为全省发展的重要战略，大力引进培育黄河实验室、嵩山实验室等重大科技创新平台，加大创新投入，且积极对接创新优势区域，推动国内外一流高校、知名科研院所、龙头企业在河南省设立分支机构和研发中心，加强高水平科研院所、创新型企业、高端人才团队等的引进和培育，同时完善产学研协同创新机制，提升科研成果转化质量。其次，优化创新资源区域布局，支持跨区域配置创

新要素，探索异地孵化、飞地经济等区域创新合作机制，促进区域创新协同乃至区域经济一体化发展。

（六）完善法治建设体系，全面推进依法治省

法治引领和保障是实现区域营商环境优化的制度基础。针对河南省地市法治环境水平相对落后问题，需进一步完善法治建设体系，全面推进依法治省战略有效实施。首先，完善地方司法体系，深化公共法律服务体系建设，提高法律监督水平，促进公正司法。全面建设法治政府，严格规范公正文明执法，构建职责明确、依法行政的政府治理体系。同时，健全党统一领导、全面覆盖、权威高效的监督体系，强化对公权力运行的制约和监督。其次，充分利用互联网、大数据等技术构建智慧法院等网上立案通道，从而提升依法治省的司法效率。

河南省地市绿色发展质量评价研究

王淑英　梁晟　刘雪莹　田莉平*

摘　要： 本报告从绿色服务、绿色经济、绿色生活、绿色环境、绿色技术五个维度对河南省18个地市绿色发展质量进行评价分析。研究结果表明：河南省绿色发展质量评价等级"一般"，绿色经济指数较高，绿色环境和绿色技术是其短板；地市间绿色发展质量差异不大，郑州、洛阳、南阳、开封排名靠前；绿色规划是大多地市绿色发展的短板；循环经济发展态势良好，低碳经济仍有很大上升空间；绿色生活成效显著，绿色理念指数高于绿色行为；大多地市绿色技术投入产出滞后，指数整体等级为"差"。为进一步提升河南省18个地市绿色发展质量，需从以下几个方面着力：一是完善绿色制度建设、加大绿色投资力度，发挥政府主导的积极作用；二是加快绿色技术创新和成果转化，打造多方参与的绿色发展原动力；三是践行绿色发展理念，倡导绿色行为和生活方式；四是大力发展绿色产业，推动经济低碳化转型。

关键词： 绿色发展质量　评价分析　河南

推动绿色发展、促进人与自然和谐共存是社会和谐发展的题中应有之义。"十三五"时期，河南在经济规模和发展速度上均实现了较为瞩目的成就，但就发展模式而言，仍处于高污染、高能耗、低效率、低效益的"黑

---

* 王淑英，郑州大学管理工程学院教授，研究方向为区域经济、科技创新管理及评价；梁晟、刘雪莹、田莉平，郑州大学管理工程学院2020级硕士研究生。

色发展"模式中,对加快"中原崛起"、完成"十大战略"任务造成阻碍。因此,如何实现高质量绿色发展,是一个具有重大理论意义与现实价值的研究课题。本报告以河南省18个地市为研究对象,以《河南统计年鉴2021》、各地市统计年鉴、河南省生态环境公报以及"2021年度河南省宜居城市调查问卷"的客观数据为基础,构建河南省18个地市绿色发展质量评价指标体系,在此基础上运用加权指数法对各地市绿色发展质量水平进行定量测算并作出评价分析,最后就提升绿色发展质量提出针对性的优化建议。

一 河南省绿色发展质量评价指标体系

(一)评价指标体系构建

绿色发展这一概念最早是指在社会发展的过程中兼顾环境的承受能力,避免因粗放式经济增长导致生态环境恶化的现象。[1] 2002年,联合国开发计划署指出绿色发展是指在防止代价昂贵的环境破坏、气候变化、生物多样化丧失和以不可持续的方式使用自然资源的同时,追求经济增长和发展。随后,学界就绿色发展的内涵、指标构建和评价方法开展了广泛研究。学界对绿色发展的解读更倾向于经济、环境两个方面,大多认为绿色发展基于区域资源禀赋,以节约资源与环境保护为发展原则,以低碳环保、健康循环、生态持续为发展主线,以区域发展与环境和谐共生的包容性增长为发展目标,通过政策制度引导、技术创新驱动、资源有效配置等途径,最终实现经济、社会以及环境系统的协调共进的新型发展模式。

关于绿色发展评价指标体系,Hall等从绿色状态和绿色政策两个方面构建了绿色指数评价指标体系。[2] 经合组织(OECD)则以经济增长为目标,设计了一个包括环境与资源生产率、自然资产基础、生活质量与政策响应的

---

[1] Pierce David William, *Blueprint for a Green Economy*, London: Earthscan, 1989.
[2] Hall Bob, Kerr Mary Lee, *The 1991-1992 Green Index: A State by State Guide to the Nation' Environmental Health*, Washington D. C. : Island Press, *1991*.

绿色增长指标体系框架。于惊涛等构建了由自然资源基础投入、增长过程绿色化、经济和社会产出3个维度构成的绿色发展评价指标体系。[1] 朱帮助等提出包括资源利用、环境治理、公众满意度等8个指标的评价指标体系。[2] 高春玲依据综合发展度、资源承载力、环境容量3个维度构建指标体系，对湖北省绿色发展状况进行综合评价。[3] 邱丽丽等构建了包括经济增长能力、资源承载利用能力、减排环保能力、科技创新能力、社会保障能力5个维度的区域绿色发展评价指标体系。[4] 基于以上理论研究，结合《河南社会治理发展报告（2021）》的绿色发展质量评价指标体系，本报告构建了包含绿色服务、绿色经济、绿色生活、绿色环境、绿色技术5个一级指标，以及10个二级指标、21个三级指标共计52个观测点的综合评价指标体系（见表1）。

表1 河南省绿色发展质量评价指标体系

一级指标	二级指标	三级指标	数据衡量	指标方向
绿色服务	绿色建设	城市建设	市容环卫专用车辆设备总数(辆)	正
			建成区绿化覆盖率(%)	正
			城市污水处理率(%)	正
			城市燃气普及率(%)	正
		农村建设	沼气工程(个)	正
			用水普及率(%)	正
			太阳能热水器(万平方米)	正
	绿色规划	绿色政务关注度	在各地市人民政府官方网站以"绿色发展"为关键词检索到的全部资讯数(条)	正
		绿色投资力度	节能环保支出(万元)	正
			农林水事务支出(万元)	正
			城市环境基础设施建设完成投资(亿元)	正

---

[1] 于惊涛、张艳鸽：《中国绿色增长评价指标体系的构建与实证研究》，《工业技术经济》2016年第3期。
[2] 朱帮助、张梦凡：《绿色发展评价指标体系构建与实证》，《统计与决策》2019年第17期。
[3] 高春玲：《基于熵值法的湖北省绿色经济发展综合评价研究》，《科技管理研究》2012年第19期。
[4] 邱丽丽、朱永君、王杰：《云南省区域绿色发展水平评价》，《绿色科技》2018年第20期。

续表

一级指标	二级指标	三级指标	数据衡量	指标方向
绿色经济	低碳经济	能源利用效率	全社会单位GDP电耗同比减少量(%)	正
			万元GDP能耗同比减少量(%)	正
			万元GDP用水量同比减少量(%)	正
		能源结构转型	第三产业增加值占GDP比重(%)	正
			第三产业增加值/第二产业增加值(%)	正
			科学研究和技术服务业占GDP比重(%)	正
			水利、环境和公共设施管理业占GDP比重(%)	正
	循环经济	循环利用	万元GDP工业重复用水量(立方米)	正
			工业固体废物综合利用率(%)	正
		无害化处理	污水处理厂集中处理率(%)	正
			生活垃圾无害化处理率(%)	正
		高效利用	土地产出率(%)	正
			人均粮食产量(吨)	正
			社会总劳动生产率(%)	正
绿色生活	绿色理念	居民自我认知	居民对绿色生活方式践行的认知(1~5打分制)	正
		居民社会认知	居民对社区垃圾分类情况的认知(1~5打分制)	正
			居民参与本地政务新媒体的情况(1~5打分制)	正
	绿色行为	绿色出行	公共交通客运量(人次)	正
			公共交通数量(辆)	正
		节约用水	人均日生活用水量(升)	负
			人均污水排放量(升)	负
		绿色消费	教育及文化娱乐占总消费比重(%)	正
			交通及通信服务占总消费比重(%)	正
绿色环境	绿色生态	森林绿化	森林覆盖率(%)	正
			新增造林面积(千公顷)	正
			森林抚育面积(千公顷)	正
		污染物排放	废水排放量(万立方米)/辖区总面积(平方千米)	负
			二氧化硫排放量(吨)/辖区总面积(平方千米)	负
			烟尘排放量(吨)/辖区总面积(平方千米)	负
	绿色人文	文化产业发展	文化及相关产业从业人员数(人)	正
			文化及相关产业规模以上企业资产合计(亿元)	正
绿色技术	科研投入	经费投入	R&D内部支出(万元)	正
			R&D外部支出(万元)	正

续表

一级指标	二级指标	三级指标	数据衡量	指标方向
绿色技术	科研投入	人力投入	R&D 单位数（个）	正
			R&D 人员全时当量（人年）	正
	科研成果	专利产出	专利授权数（件）	正
			有效发明专利数（件）	正
			专利所有权转让及许可收入（万元）	正
		知识产出	植物新品种权授权数（项）	正
			发表科技论文（篇）	正
			出版科技著作（篇）	正

绿色服务是指对环境友好的行政活动。绿色的行政管理活动是对保护资源、环境，实现社会、经济持续发展有利的活动，主要是通过政府部门采取切实有效的措施实现人与环境协调共生的方式，选取绿色建设、绿色规划两个二级指标进行评估。绿色经济作为以资源节约型和环境友好型为主要内容的发展形态，通过经济发展可持续化、资源利用可循环化为绿色发展提供坚实物质基础和实现"稳增长"态势的有效支撑，选取低碳经济、循环经济两个二级指标进行评估。绿色生活侧重于对居民衣食住行等各方面的考察，通过对居民绿色理念和日常绿色生活方式的分析，以公众为主体来评价区域践行绿色发展理念的有效程度，选取绿色理念、绿色行为两个二级指标进行评估。绿色环境是在综合考虑地区间自然资源禀赋、生态环境压力迥异的基础上，合理利用并维护自然环境、优化城市生态环境，在实现自然环境与城市环境相互促进的基础上，不断提高环境承载力，减轻因人为活动产生的环境压力，进而促进人与自然和谐共存的生存方式，选取绿色生态和绿色人文两个二级指标进行评估。绿色技术作为地区绿色发展的内驱力，一方面需要通过科技创新对传统发展模式进行优化，形成发展的良性循环；另一方面，利用知识创新和科技创新，研发新工艺、新技术解决当前绿色发展面临的高成本、低效益、竞争力低下等障碍，以期少投入、低污染、高产出，降低单位成本，提高竞争力，选取科研投入和科研成果两个二级指标进行评估。

（二）数据来源及评价方法

本报告数据源于《河南统计年鉴2021》、各地市统计年鉴、河南省生态环境公报以及"2021年度河南省宜居城市调查问卷"的客观数据，对各地市绿色发展质量进行对比分析（年鉴和统计公报的相关数据均反映上一年度经济状况）。

在原始数据的处理上，本文将打分制数据按照1~5重要度等级取倒数后标准化处理为数值型数据（其余数值型数据均为原始保留），根据所获截面数据将各观测点指标表现最优的地市得分记为100分，其他地市的得分依据其指标值与该项最高值的比例计算，各指标得分 F_{ij} 计算公式如下：

$$F_{ij} = X_i / X_{max} \times 40 + 60$$

其中，i 表示观测点，j 表示河南省18个地市。数值为百分制，评定标准为：70分以下，为"差"；70~80分，为"一般"；80分以上，为"优"。

为保证评价结果客观性，本研究对一级指标、二级指标及其各观测点的权重进行均等化处理。根据河南省18个地市各观测点的初始得分与权重计算其加权平均值得到二级指标得分，再根据二级指标得分与权重进行同上处理，得出一级指标得分，在此基础上将各一级指标进行均值计算得出河南省18个地市绿色发展质量得分。

二 河南省绿色发展质量状况分析

（一）河南省绿色发展质量评价等级"一般"，绿色经济指数较高，绿色环境和绿色技术是其短板

本报告从绿色服务、绿色经济、绿色环境、绿色生活和绿色技术5个维度对河南省18个地市绿色发展质量进行综合测算，具体得分及排名见表2。评价结果显示，河南省绿色发展质量评价等级为"一般"，18个地市绿色发展质量综合得分为77.1分，极差为12.0。绿色经济和绿色生活

得分在80分以上，平均得分分别为86.7分和86.2分，高于总体评价得分。同时绿色经济和绿色生活得分高于绿色技术、绿色服务和绿色环境三个一级指标，评价等级为"优"。绿色服务得分为76.8分，绿色环境和绿色技术得分均在70分以下，分别为67.2分和68.8分，显著低于总体评价得分。其中，除郑州、洛阳外，其他地市的绿色经济和绿色生活得分均高于绿色技术、绿色服务和绿色环境。由此可见，全省绿色发展质量的优势在于绿色经济和绿色生活，而绿色技术和绿色环境是大多数地市绿色发展质量提升的短板。

表2 2021年河南省18个地市绿色发展质量评价得分及排名

单位：分

城市	绿色发展质量 得分	排名	绿色服务 得分	排名	绿色经济 得分	排名	绿色生活 得分	排名	绿色环境 得分	排名	绿色技术 得分	排名
郑州	86.6	1	83.4	2	90.0	1	90.6	1	69.5	6	99.6	1
洛阳	81.4	2	86.3	1	88.9	2	85.4	13	69.6	5	76.6	2
南阳	77.9	3	80.7	4	85.4	15	88.1	3	71.9	1	63.4	15
开封	77.0	4	75.4	12	86.1	12	85.1	14	69.2	7	69.2	7
驻马店	76.9	5	76.8	6	88.2	4	87.0	6	70.0	4	62.6	17
信阳	76.9	6	77.3	5	87.5	8	85.8	10	70.9	2	62.8	16
许昌	76.6	7	75.8	9	87.1	10	86.0	8	67.9	8	66.3	9
三门峡	76.5	8	73.8	15	87.8	6	87.7	4	67.2	10	66.2	10
平顶山	76.3	9	75.7	11	87.8	5	82.6	17	65.8	12	69.7	6
济源	76.3	10	72.0	18	85.7	14	87.4	5	64.8	14	71.4	3
安阳	76.2	11	81.2	3	87.7	7	85.1	15	62.5	18	64.7	12
焦作	76.1	12	74.6	13	82.4	18	89.5	2	63.4	16	70.8	5
鹤壁	76.1	13	73.0	17	87.2	9	82.5	18	66.7	11	71.2	4
新乡	76.0	14	76.1	8	85.7	13	85.8	9	63.4	17	69.1	8
濮阳	76.0	15	74.4	14	88.8	3	85.0	16	67.5	9	64.4	13
商丘	75.5	16	75.5	10	86.7	11	86.6	7	64.7	15	63.7	14
周口	75.5	17	76.7	7	83.4	17	85.8	11	70.1	3	61.4	18
漯河	74.7	18	73.3	16	83.6	16	85.7	12	64.9	13	65.8	11
平均分	77.1		76.8		86.7		86.2		67.2		68.8	
极差	12.0		14.4		7.6		8.2		9.4		38.3	

（二）地市间绿色发展质量差异不大，郑州、洛阳、南阳、开封排名靠前

郑州、洛阳绿色发展质量评价指数为"优"。数据表明，18个地市中，郑州、洛阳综合得分分别为86.6分、81.4分，位居前列，绿色发展质量评价等级为"优"，其他地市的得分均为70~80分，评价等级为"一般"。具体来看，郑州的绿色发展质量得分最高，其绿色经济、绿色生活和绿色技术三个分项得分均居首位，且除绿色环境之外其他一级指标的评价等级均为"优"，说明郑州市绿色发展过程中绿色环境是其短板，政府部门应持续推进各项优势巩固提升。洛阳市的绿色发展质量得分靠前，其绿色服务、绿色技术和绿色经济得分较高，但是其绿色环境得分落后于南阳、信阳、周口和驻马店，绿色生活排名第13，居于下游水平，说明绿色生活是洛阳市绿色发展质量提升的短板，政府部门需着力培养居民的绿色理念，提升其绿色行为的主动性，同时可借鉴郑州市在绿色生活方面的经验提高自身发展质量。

（三）绿色规划是大多地市绿色发展的短板

通过对全省绿色服务指标进行加权计算，得到绿色服务最终得分（见表3）。18个地市的绿色服务平均得分为76.8分，极差为14.4，评价等级为"一般"，区域间发展较为均衡。其中绿色规划均分为68.1分，低于绿色建设的均分，是多数地市绿色服务的短板。从表2可知，洛阳、郑州、安阳和南阳的绿色服务得分分别为86.3分、83.4分、81.2分和80.7分，评价等级为"优"，其余地市绿色服务评价等级均为"一般"。洛阳在绿色规划方面的得分遥遥领先，然而由于农村建设得分仅为78.3分，导致其绿色建设排名靠后；与洛阳类似，郑州市的农村建设是绿色服务的弱势所在，然而其城市建设得分远高于其他地市，加之较大的绿色投资规模，使得其绿色建设整体排名依旧靠前；安阳市绿色建设排名第一，其中城市建设排名第9，农村建设排名居于首位，说明农村建设是提升安阳绿色服务质量的增长点。

表3 河南省绿色发展质量各子指标得分情况

单位：分

城市	绿色建设	绿色规划	低碳经济	循环经济	绿色理念	绿色行为	绿色生态	绿色人文	科研投入	科研成果
郑州	87.6	79.2	94.0	85.9	92.9	88.3	65.6	73.3	99.2	100.0
洛阳	84.3	88.3	88.8	89.0	87.7	83.1	72.6	66.7	82.5	70.8
南阳	91.6	69.7	83.5	87.2	95.9	80.3	80.5	63.3	64.7	62.0
开封	84.4	66.3	82.2	90.1	90.7	79.5	75.0	63.3	73.1	65.2
驻马店	85.7	68.0	87.0	89.4	93.6	80.3	78.0	62.1	63.7	61.4
信阳	86.4	68.2	88.2	86.9	91.9	79.8	79.7	62.1	62.8	62.8
许昌	84.0	67.7	84.2	90.0	92.2	79.8	65.8	70.0	68.7	63.8
三门峡	82.5	65.0	85.0	90.5	94.9	80.6	73.7	60.6	70.5	61.9
平顶山	86.7	64.8	87.0	88.6	87.3	77.8	68.2	63.5	70.6	68.7
济源	82.3	61.7	81.6	89.8	97.3	77.5	69.3	60.2	76.8	65.9
安阳	91.8	70.6	83.3	92.2	92.4	77.7	64.3	60.7	64.8	64.5
焦作	85.6	63.7	74.0	90.7	99.8	79.1	65.2	61.5	71.4	70.2
鹤壁	82.6	63.3	80.2	94.1	88.8	76.5	72.9	60.5	76.7	65.6
新乡	85.8	66.3	83.5	88.0	90.6	81.1	64.3	62.5	70.0	68.2
濮阳	84.1	64.7	85.2	92.5	93.0	76.9	74.4	60.6	65.7	63.0
商丘	84.4	67.1	84.4	89.1	89.3	83.5	65.9	63.5	63.0	64.3
周口	85.3	68.1	79.2	87.6	90.6	80.9	77.5	62.7	61.9	60.9
漯河	84.0	62.7	77.2	90.0	91.2	80.2	68.2	61.6	66.9	64.7
平均分	85.5	68.1	83.8	89.5	92.2	80.2	71.2	63.3	70.7	66.9
极差	9.5	26.6	20.0	8.2	12.5	11.8	16.2	13.1	37.3	39.1

（四）循环经济发展态势良好，低碳经济仍有很大上升空间

通过对全省绿色经济指标进行加权计算，得到绿色经济最终得分。18个地市绿色经济平均分为86.7分，极差为7.6，河南省整体绿色经济评价等级为"优"，各地市发展水平相当。其中，循环经济和低碳经济得分别为89.5分和83.8分，评价等级均为"优"。从各分项指标的横向视角来看，各地市的能源利用效率和能源结构转型差异较大导致其低碳经济的极差大于循环经济的极差，特别是循环经济中的无害化处理均分为99.7分，极差仅为0.8，

说明全省无害化处理水平高是循环经济的增长点，同时也是绿色经济发展的优势。虽然各地市的绿色经济得分高，但原因各异。具体而言，郑州市绿色经济得分为90.0分，排名第一，其低碳经济中的能源结构转型同样居于首位，然而循环经济得分为85.9分，排名靠后，从具体指标可以发现郑州市的高效利用得分较低是发展的短板。从个别地市具体得分来看，低碳经济是制约其发展的核心因素，现阶段此类地市主导产业主要为装备制造、现代化工及化工新材料等资源型第二产业，提升本地绿色经济的重中之重就是推动能源利用效率的提升、加快地区产业结构向环境友好型的第三产业转换。

（五）绿色生活成效显著，绿色理念指数高于绿色行为

通过对全省绿色生活指标进行加权计算，得到绿色生活最终得分。18个地市绿色生活平均分为86.2分，极差为8.2，河南省整体绿色生活评价等级为"优"，各地市发展质量不相上下。绿色理念和绿色行为均分为92.2分、80.2分，评价等级均为"优"，其中绿色理念中居民自我认知和居民社会认知分项指标得分均远高于绿色行为的各分项指标得分；此外，绿色出行的最高分为100分，最低分仅为62.5分，各地市的公共交通客运量差异较大，该现象应引起政府部门的高度关注，积极扩大对公共交通网络的投入，倡导各地居民积极践行绿色出行、低碳出行。

（六）大多地市绿色技术投入产出滞后，指数整体等级为"差"

通过对全省绿色技术指标进行加权计算，得到绿色技术最终得分。18个地市绿色技术平均得分为68.8分，极差为38.3，河南省整体绿色技术评价等级为"差"，区域间水平悬殊。其中科研成果得分低于科研投入得分，说明科研成果不足是河南省绿色技术质量提升的制约因素。郑州的绿色技术得分为99.6分，评价等级为"优"，远高于其他地市，其在经费投入、人力投入、专利产出和知识产出方面均居首位，其中科研成果得分为100分，比第二名高出将近30分，郑州作为国家中心城市，依托各项创新政策叠加的红利，俨然成为河南省的创新增长极。除此之外，4个地市绿色技术评价等级为"一般"，

13个地市为"差"。洛阳的科研投入和科研成果得分分别为82.5分和70.8分，排名均为第二，然而其科研成果中的知识产出排名第9，是其发展的制约因素；济源和鹤壁相似，科研投入排名靠前，科研成果中专利产出得分仅为64.7分和64.6分，拉低了绿色技术整体水平。

三 政策建议

（一）完善绿色制度建设、加大绿色投资力度，发挥政府主导的积极作用

首先，完善引导城市和乡村绿色建设的政策体系，研究生态工业园区准入政策、绿色有机无公害农业发展引导政策、退耕还林政策、农村清洁工程建设鼓励和财政支持政策、农村垃圾处理和资源化利用引导政策，通过亲民绿色举措推动居民生活便捷化、高质量化。其次，加强绿色发展的政务宣传以规范引领清洁生产，同时加大绿色投资力度，做好相应的配套制度建设和标准制定工作，从根本上保障绿色发展。一是建立以政府为主导的绿色发展基金，每年在财政预算上足额安排生态环境保护与建设资金的同时，应继续采用多种方式扩大资金来源，扩充绿色发展基金。对企业设置相应资金，专门用于绿色产业培育与技术革新。二是地方政府要在整合现有优惠政策的基础上，强化对发达地市绿色发展的政策支持，给予投资倾斜政策，加大地方财政投入力度，引导各地市投资时适当向绿色发展领域倾斜，同等条件下优先安排建设任务。三是落实税收减免政策。对拟引进的绿色产业生态链、提供绿色产品的重点企业以及推行绿色消费的商场、超市和农贸市场，除现有优惠政策外，制定相应税收优惠政策。

（二）加快绿色技术创新和成果转化，打造多方参与的绿色发展原动力

技术创新是经济增长和效率提升的内生动力，是实现绿色高质量发展的

关键之举。一方面，紧扣河南省经济发展和环境保护的主线，在加大技术创新经费投入、完善人才储备和人才吸引政策的基础上，优化创新投入机制，通过引入社会资金打造协同创新生态系统，确保政府、企业、科研机构和高校等共同助力科技创新驱动绿色发展目标实现。对标国际领先技术，引进国外先进绿色技术，保持技术创新对绿色高质量发展的推动力，以技术革新促进绿色高质量发展。另一方面，打通创新产出应用推广的难点堵点，促进创新产品迭代升级和规模应用，同时加强科技成果从经济社会向生态环境领域的转化。立足十大战略性新兴产业和六大战略性支柱产业，通过政策倾斜和制度保障等营造绿色技术创新成果价值推广的有利环境，提高生物医药、节能环保、新能源及网联汽车等战略性新兴产业科技创新绿色成果的转化率，为各大制造业创新成果的高效利用搭建更有市场的平台，使科技创新成果与绿色发展的联系更为紧密。

（三）践行绿色发展理念，倡导绿色行为和生活方式

在绿色发展理念宣传上，将绿色发展中的科普知识和重大政策，以通俗易懂、寓教于乐的形式，纳入教育体系，普及中小学生绿色教育课程，以强化居民的绿色发展意识。此外，公众参与是社会支持生态建设的具体体现和实现绿色发展目标的重要保证，应将绿色发展理念逐步引导到居民日常的生活方式中，逐步调整城市的生产结构和消费结构，从根本上改变城市旧有的粗放发展模式。促进生产生活方式的转变，通过政府、企业和公众的共同参与，采用公开宣讲、评选示范等多种方式推广绿色发展理念，培养公众的环保意识和绿色消费意识，在衣、食、住、行、用各个方面体现绿色生活理念。最后，各地市应结合本地发展现状与发展需求以及居民对绿色生活的诉求，提出适合本地的绿色生活方针，切实提高居民满意度。

（四）大力发展绿色产业，推动经济低碳化转型

低碳经济的特征是低能耗、低排放和低污染，其本质是提高能源利用效率和加快能源结构转型。就河南省18个地市而言，能源利用效率已达到较

高水平，因此要积极推动能源结构的转型。一是以绿色发展为契机，立足产业优化布局，充分发挥自然资源比较优势和经济发展后发优势，推动生态产业优先发展，避免走"先污染后治理"的老路。基于生态环境考虑实施新能源优先发展战略，避免传统能源资源的无序开发。二是借助"互联网+"模式，加快传统产业向绿色产业转变，强调经济、社会均衡发展与生态环保相协调，通过将绿色化、信息化与工业化相融合，对产业结构和工业结构进行绿色化调整，形成生态产业持续发展的科学模式，同时加大对环境友好型行业的扶持力度，努力构建高水平的绿色产业体系。三是结合先进的科学技术提高各类资源的利用效率，借助新技术增强资源的循环利用能力。四是制定并完善绿色发展相关的优惠政策，指引和支持民间投资绿色发展项目。基于国家及省市现有产业政策与技术改进管理政策，对投资生态工业、生态农业，兴办能源、交通、基础设施、生态建设项目和社会公益项目的投资者，在基础设施使用、土地、税收及项目审批上给予政策倾斜，以吸引更多社会资本投资绿色发展项目。

数字政府篇
Digital Government

2021年度河南省数字政府建设评估报告[*]

马闯 李若星 吴梦琪[**]

摘　要： 本报告立足河南省辖市数字政府建设实践，通过本次综合调查分析发现，18市数字政府建设总体水平有所提升，郑州市由领先型成为唯一的卓越型，开封、南阳、鹤壁三市由追赶型上升为活力型，起步型仅剩濮阳、周口两市。为加强数字政府建设，建议做好以下几点：一是分级分类开展政务数据开放共享试点；二是打造"四全"政务服务"无人超市"；三是开展全龄友好、包容普惠的城乡数字社区建设；四是推动数字产业化和产业数字化。

关键词： 数字政府　指数评价　数字化转型

---

[*] 2021年度河南省教育系统廉政专题研究项目（编号：2021-LZ26）、2021年度郑州大学党风廉政专题研究项目（编号：2021DFLZ20）"数字经济时代虚拟资产腐败治理研究"。

[**] 马闯，博士，郑州大学政治与公共管理学院直聘副教授，社会治理河南省协同创新中心研究员，研究方向为数字政府与社会治理；李若星，郑州大学政治与公共管理学院2020级硕士研究生；吴梦琪，郑州大学政治与公共管理学院2021级硕士研究生。

数字政府、数字经济和数字社会是数字中国战略的三大支柱。2021年，"数字政府"首次被写入政府工作报告，又成为"十四五"规划的重点内容。2022年4月，中央全面深化改革委员会第二十五次会议召开，审议通过了《关于加强数字政府建设的指导意见》，进一步明确了国家对数字政府建设的决心与方向。截至目前，全国已有21个省级地方政府成立了数字政府建设相关领导小组，23个省级地方政府组建了政务数据统筹管理机构，24个省级地方政府发布了数字政府建设相关规划、方案、行动计划等指导性文件。河南省人民政府在2020年底较早出台了《河南省数字政府建设总体规划（2020—2022年）》，明确了数字政府建设指导思想、目标任务和实现路径；紧接着又制定了《河南省数字政府建设总体规划（2020—2022年）实施方案》，要求18个地市政府以应用便利化为导向，细化建设内容，明确责任单位，推进数字政府建设。

本次调查研究立足河南省18个地市数字政府建设实践，在借鉴国内外数字政府建设发展的先进经验基础上，从顶层设计、数字服务、数字治理和数字经济四个维度构建数字政府建设评价指标体系，对政府数字化转型状况进行五个梯度评估，为河南省各地市数字政府建设提供决策参考。

一 数字政府建设评价指标体系构建及评价方法

（一）数字政府建设评价指标体系构建

数字政府作为一种新型治理形态，是现代政府运用数字技术和发挥数据要素价值，全面深化体制机制改革，实现组织体系和业务流程的互联、共享、协同、赋能，提升治理能力和政务服务效能。

本次调查研究充分吸收借鉴了国内外有关数字政府评价的高质量研究成果，全面梳理了《河南省数字政府建设总体规划（2020—2022年）》统筹安排和18个地市数字政府建设不同实践，部分指标从省、市两级的数字政府规划计划中提炼总结，在2020年河南数字政府建设评价指标体系的基础上优化调整了若干指标，构建了由顶层设计、数字服务、数字治理、数字经济4个一级指标以及19个二级指标和50个三级指标组成的评价指标体系。

顶层设计是指基于有关数字政府的规划和建设标准体系，由专门的领导机构统筹指挥、规范管理，并出台行动方案或实施方案。顶层设计维度侧重考察领导重视、制度保障、组织机构、社会参与、平台基础程度。数字服务是指各级政务服务实施机构运用互联网、大数据、云计算等技术手段，构建"互联网+政务服务"平台，整合各类政务服务事项和业务办理等信息，通过网上大厅、办事窗口、移动客户端、自助终端等多种形式，结合第三方平台，为自然人和法人提供一站式办理的政务服务。数字服务维度侧重考察政府信息公开程度、数据开放程度、智慧应用数量、政民互动交流、营商环境优化。数字治理是指应用人工智能、区块链、云计算、大数据、物联网、边缘计算、数字孪生、5G应用等现代数字技术，构建全面感知、运行分析、预测决策的"城市大脑"来提升社会治理现代化水平。数字治理维度侧重考察基层治理数字化、"互联网+"行动、智慧城市建设、网络治理水平。数字经济是以数字化的知识和信息为关键生产要素，以数字技术为核心驱动力量，以现代信息网络为重要载体，通过数字技术与实体经济深度融合，不断提高经济社会的数字化、网络化、智能化水平，加速重构经济发展与治理模式的新型经济形态。数字经济维度侧重考察产业政策、研发投入、产业应用、数字消费、电子商务，各维度具体指标选取见表1。

表1　数字政府建设评价指标体系

一级指标	二级指标	三级指标
顶层设计	领导重视	数字化建设领导小组、政府工作报告内容等
	制度保障	智慧城市规划计划、政务云管理制度、政务信息资源共享管理制度、数据安全制度等
	组织机构	大数据管理机构及成员等
	社会参与	有关数字技术的本地社会组织、获奖影响方面
	平台基础程度	政府门户网站和两微一端、公共数据开放平台等

续表

一级指标	二级指标	三级指标
数字服务	政府信息公开程度	政府信息公开工作年度报告等
	数据开放程度	数据发布、政务大数据中心等
	智慧应用数量	智慧党建、数字乡村、数字医保、智慧社区、智慧交通等
	政民互动交流	民意征集、政策解读、在线访谈、用户体验等
	营商环境优化	一网通办、跨省通办、电子证照等
数字治理	基层治理数字化	智慧社区、数字乡村等
	"互联网+"行动	"互联网+督查""互联网+监管"等
	智慧城市建设	数字抗疫、数字化城市管理等
	网络治理水平	网络舆情治理、网络空间安全等
数字经济	产业政策	大数据产业、数字经济、数字人才等政策
	研发投入	R&D投入、国家科技奖励等
	产业应用	产业数字化、数字产业化等
	数字消费	政府电子消费券等
	电子商务	主要涉及农村电商、跨境电商等

（二）评价对象和评价方法

1. 评价对象

本次调查评价选择的样本是河南省18个地市政府，数据采集来源分为两个方面，客观数据源自各政府网站及互联网大数据平台，主观数据源自网络问卷调查。

2. 评价方法

数字政府建设一级指标由顶层设计、数字服务、数字治理和数字经济四个维度组成，各占25%，合计100分。根据实际得分表现，各地市数字政府建设状态从高到低划分为"卓越型、领先型、活力型、追赶型、起步型"五个评价等级，分别对应A级、B级、C级、D级、E级，且分别代表"优秀、良好、一般、较差、很差"五种层次。其中，综合得分在85分（含）以上的为卓越型，得分在75分（含）至85分之间的为领先型，具体见表2。

表2 评价方法

等级	水平	类型	得分
A级	优秀	卓越型	85分(含)以上
B级	良好	领先型	75分(含)至85分之间
C级	一般	活力型	65分(含)至75分之间
D级	较差	追赶型	50分(含)至65分之间
E级	很差	起步型	50分以下

二 河南省18个地市数字政府建设总体状况分析

（一）18个地市数字政府建设总体水平有所提升，郑州市上升为卓越型，开封、南阳、鹤壁三市由追赶型上升为活力型

本次调查发现，18个省辖市数字政府建设状况分为A、C、D、E四个等级，83%的地市主要集中在活力型和追赶型。其中，郑州市成为唯一的卓越型，由B级升为A级。洛阳、开封、南阳、鹤壁四市数字政府建设处于活力型，属于C级。61%的地市处于追赶型，如许昌市、驻马店市、漯河市、安阳市、三门峡市、焦作市、济源市、新乡市、平顶山市、信阳市、商丘市，属于D级。仅濮阳、周口两市数字政府建设处于起步型，属于E级（见表3）。

表3 河南省辖市数字政府建设得分及排名

单位：分

排名	城市	得分	类型	等级
1	郑州市	88.17	卓越型	A级
2	洛阳市	71.64	活力型	C级
3	开封市	70.53		
4	南阳市	70.43		
5	鹤壁市	68.02		
6	许昌市	63.85	追赶型	D级
7	驻马店市	62.38		

续表

排名	城市	得分	类型	等级
8	漯河市	62.04	追赶型	D级
9	安阳市	59.92		
10	三门峡市	59.27		
11	焦作市	58.49		
12	济源市	57.77		
13	新乡市	57.39		
14	平顶山市	53.84		
15	信阳市	51.58		
16	商丘市	50.93		
17	濮阳市	49.84	起步型	E级
18	周口市	43.41		

（二）数字服务、数字经济和数字治理三个指标等级提升

本次调查发现，相比上年，各项一级指标得分都有提升，数字服务指标由D级递升为C级，数字经济指标和数字治理指标由E级上升为D级（见表4）。

表4 河南省18个地市数字政府建设评价一级指标比较

单位：分

一级指标	得分	百分制得分	等级 2021年	等级 2020年
顶层设计	15.1	60.3	D	D
数字服务	16.7	66.8	C	D
数字治理	14.2	56.8	D	E
数字经济	15.1	60.4	D	E

（三）数字服务指数提高，鹤壁、济源、安阳进步较快，焦作、漯河、周口相对落后

本次调查发现，与上年相比，18个地市数字服务指数的平均分值由

13.3分上升到16.7分，其中，郑州市排名由第二名上升为第一名，得分最高为23.3分；周口市得分最低为13.0分（见表5）。

表5 河南省18个地市数字服务指数

单位：分

城市	排名 2021年	排名 2020年	得分 2021年	得分 2020年
郑州市	1	2	23.3	18.1
洛阳市	2	4	19.1	15.3
南阳市	3	5	18.6	15.1
开封市	4	1	18.2	18.3
安阳市	5	11	17.6	12.1
商丘市	6	10	17.2	12.3
济源市	7	13	16.9	11.6
许昌市	8	3	16.6	15.8
鹤壁市	9	16	16.4	10.6
平顶山市	10	8	16.3	13.7
三门峡市	11	7	15.9	13.9
新乡市	12	12	15.8	11.7
驻马店市	13	17	15.8	10.5
信阳市	14	15	15.6	11.4
濮阳市	15	14	15.2	11.4
焦作市	16	6	15.1	14.2
漯河市	17	9	14.1	13.6
周口市	18	18	13.0	9.5

（四）数字治理指数有所改善，漯河、郑州排名靠前，商丘、周口相对较差

本次调查发现，与上年相比，18个地市数字治理指数的平均分值由12.0分上升到14.2分，其中，漯河市排名由第四名上升为第一名，得分最高为19.8分；商丘市得分最低为9.5分（见表6）。

表6　河南省18个地市数字治理指数

单位：分

城市	排名 2021年	排名 2020年	得分 2021年	得分 2020年
漯河市	1	4	19.8	15.0
郑州市	2	1	18.3	16.8
三门峡市	3	7	16.7	13.4
南阳市	4	8	16.6	12.9
鹤壁市	5	15	16.5	9.3
安阳市	6	11	15.9	11.4
驻马店市	7	10	15.9	11.7
洛阳市	8	9	14.5	12.8
济源市	9	2	13.9	16.7
开封市	10	3	13.8	16.3
许昌市	11	5	13.7	14.7
焦作市	12	13	13.4	10.3
信阳市	13	14	13.0	10.0
新乡市	14	18	12.9	5.4
濮阳市	15	6	11.3	13.6
平顶山市	16	12	10.2	10.6
周口市	17	17	9.8	6.4
商丘市	18	16	9.5	8.8

（五）数字经济指数上升，郑州、洛阳依然是领头羊，开封、鹤壁增速较快

本次调查发现，与上年相比，18个地市数字经济指数的平均分值由11.8分上升为15.1分，其中，郑州市得分最高为23.6分，商丘市得分最低为11.3分（见表7）。

表7　河南省18个地市数字经济指数

单位：分

城市	排名 2021年	排名 2020年	得分 2021年	得分 2020年
郑州市	1	1	23.6	22.0
洛阳市	2	2	23.1	20.0
开封市	3	14	19.7	9.7

续表

城市	排名 2021年	排名 2020年	得分 2021年	得分 2020年
南阳市	4	4	16.3	13.9
鹤壁市	5	15	16.3	8.9
焦作市	6	8	15.1	11.8
平顶山市	7	5	14.4	13.2
漯河市	8	12	14.3	9.9
信阳市	9	18	14.1	5.7
许昌市	10	11	13.7	10.5
濮阳市	11	9	13.5	11.2
济源市	12	17	13.1	6.1
驻马店市	13	6	12.8	12.6
新乡市	14	3	12.7	16.0
周口市	15	16	12.7	7.5
三门峡市	16	13	12.7	9.9
安阳市	17	10	12.5	10.9
商丘市	18	7	11.3	12.4

三 河南省18个地市数字政府建设的现状优势分析

（一）移动政务服务平台功能增强，指尖服务事项超千项

河南省已建成一体化在线政务服务平台、"互联网+监管"平台，以及贯通省、市、县、乡、村五级的政务服务网，河南政务服务移动端"豫事办"上线运行，"最多跑一次"事项实现率达到90%。截至2021年底，"豫事办"实名注册用户数达6059万人，累计上线3788个事项；各地"豫事办"分厅上线事项均在60个以上，共计上线2727个事项，服务内容覆盖面越来越广。本次调查发现，除了平顶山市和信阳市，89%的地市政府都开发了移动政务应用程序（见表8）。其中，鹤壁市、濮阳市的移

动政务 App 不能在政府门户网站首页下载，而新乡市的移动政务 App 在苹果应用商店无法下载。

表8　河南省16个地市移动政务服务 App

城市	App 名	城市	App 名
郑州市	郑好办	许昌市	i 许昌
开封市	汴捷办	济源市	济源政务服务
洛阳市	洛快办	驻马店市	咱的驻马店
安阳市	安馨办	周口市	周到办
鹤壁市	鹤壁党政服务平台	商丘市	商丘便民网
新乡市	放新办	南阳市	宛快办
焦作市	焦我办	三门峡市	线上三门峡
濮阳市	i 濮阳	漯河市	漯易办

郑州市居重点城市一体化政务服务能力总体指数第10名，是全国一体化政务服务能力提升最为显著的城市之一。[①]"郑好办"App 表现突出，用户注册总量已超过1097万人，占郑州常住人口的87%以上；累计上线政务服务、便民应用1603项。累计办件358.9万件，日均办件量4916件，最高日办件量4.6万件，事项办结率从2020年3月上线首月的60%提高到99.7%以上。

"宛快办"App 发展速度最快。由南阳市政务服务和大数据管理局牵头建设，2021年3月正式上线运行。目前，App 已完成平台互联互通、集约共享的市级软件基础平台搭建，整合对接水电业务、公积金业务、燃气类业务、数字城管（城市 e 管家）、热力查询、热力报装、热力缴费、健康南阳通、图书馆查询、豫电管家、不动产登记网上查询11个应用系统，涵盖了公安交警、交通出行、文化教育、便民服务、旅游观光、人事社保、医疗卫生、政民互动、政务服务、房产服务十大类共计1228个服务事项，用户注册数量已达到143万人，日均访问最高达2.5万人次。

---

① 国务院办公厅电子政务办发布的《省级政府和重点城市一体化政务服务能力（政务服务"好差评"）调查评估报告（2021）》。

（二）政务新媒体实力圈粉，服务受众群体过亿

18个地市高度重视政务新媒体阵地建设，传递党和政府声音、发布权威信息、及时服务公众信息需求，积极回应社会关切、引导舆论，形成一批有较大影响力的政务新媒体矩阵，在政府门户网站直接绑定政务微信微博二维码渠道，其中，56%开通了微信公众号，33%开通了官方微博。目前，河南政务微博总账号数达1.01万个，位居全国第一；政务微博总粉丝量达1.2亿人，总阅读数超过114亿次，互动数超过1000万次[①]；河南省政务微信影响力较大的包括郑州发布、网信商丘、信阳政务、开封发布、平顶山发布、金水发布、今日长葛、说泌阳、荥阳发布、汝州城事、南阳发布、今日汝阳、郑州航空港区发布、二七发布、温县发布、惠济发布、新郑融媒、涧西融媒、中牟发布、今日襄城等。[②] 总体而言，18个地市政务新媒体影响力排名依次为郑州市、开封市、洛阳市、商丘市、安阳市、南阳市、信阳市、驻马店市、新乡市、平顶山市、济源市、许昌市、漯河市、濮阳市、焦作市、鹤壁市、三门峡市、周口市。

（三）数字经济快速成长，占GDP的比重已接近30%，规模居全国第十位

数字政府建设是加快推动数字产业化、产业数字化、加速数字经济和实体经济深度融合的助推器。2019年以来，河南省连续四年正式发布数字经济工作方案。调查表明，已有13个地市出台了促进数字经济发展专项政策，包括郑州市、开封市、洛阳市、新乡市、许昌市、鹤壁市、濮阳市、漯河市、周口市、驻马店市、南阳市、信阳市、济源市。在多重政策加持下，河南省数字经济规模接近1.6万亿元，居全国第十位，是全国数字经济规模超

[①] 第10届政务V影响力峰会分论坛"V力计划——政务新媒体论坛（河南）"。
[②] 《2021河南政务微信影响力年度榜单公布》，https://baijiahao.baidu.com/s?id=1722613554648559049&wfr=spider&for=pc。

过万亿元的省份之一。其中，郑州市数字经济总量接近5000亿元，占全省数字经济规模的比重约三成。洛阳市数字经济总量超过1600亿元，占全省数字经济规模的比重超过10%。南阳、许昌、新乡、信阳、商丘、开封、平顶山、安阳、周口、焦作、驻马店11个地市数字经济总量在500亿~1000亿元，漯河、濮阳、三门峡、鹤壁4个地市数字经济总量在200亿~500亿元。[①]

此外，2021年全省跨境电商交易总额达2018.3亿元，同比增长15.7%，跨境电商企业发展至8770家；其中，郑州、洛阳、南阳三市设立中国跨境电子商务综合试验区，郑州、洛阳、南阳、商丘、开封、焦作、许昌七市是跨境电商零售进口试点城市。河南省10个县市被确定为国家级电子商务进农村综合示范县。

发放电子消费券的举措可以有效刺激本地数字经济新业态、新模式的发展。相比上年，各地市2021年发放的电子消费券主要针对家电类和新能源汽车消费补贴。其中开封市以5亿元居电子消费券额度第一名，其他依次为郑州市3亿元，洛阳市0.5亿元，具体见表9。

表9 2021年18个地市发放电子消费券额度

单位：万元

城市	总额	城市	总额
开封市	50000	新乡市	1000
郑州市	30000	周口市	500
洛阳市	5000	三门峡市	400
鹤壁市	3000	许昌市	400
平顶山市	2000	信阳市	300
南阳市	1635	济源市	200
焦作市	1500	商丘市	200
安阳市	1000	漯河市	0
濮阳市	1000	驻马店市	0

① 中国信通院：《河南省数字经济发展报告（2021）》。

（四）乡村治理数字化转型全面推进，"一村九园"数字化建设成效显著

河南数字乡村建设全面推进，调查发现，已建成省、市、县、乡、村五级联网的乡村治理数字化平台，形成了"三农"服务"一张网"；4.6万个行政村实现了4G网络覆盖，并且正在推进5G基站建设；已建有39个"三农"专题数据库，汇集各类涉农数据6亿条；已培育30个省级数字乡村示范县，其中，淇滨区、灵宝市、西峡县、临颍县入选首批国家数字乡村试点地区。漯河市是省级唯一数字乡村示范省辖市。

2021年5月，河南省首次发布了《"一村九园"数字化建设规范（试行）》，引领驱动乡村数字化发展。"一村九园"指的是"数字村庄""数字果园""数字菜园""数字茶园""数字菌园""数字药园""数字花园""数字牧场""数字渔场"的合称。比如，洛阳市孟津县利用微信小程序，实现村务公开网上传递、审核、公示，公众足不出户就可通过手机查看全县村务公开情况。长垣市整合农业农村、自然资源、综合治理、文明创建等信息资源，开发建设"长垣微脑"社会治理综合服务系统，强化了乡村信息资源互联互通。郑州新密市11.5万余农户下载"乡村在线"App，基本达到户户在线，干群有了沟通协作平台，初步实现乡村治理数字化和农民生活数字化。

四 18个地市市数字政府建设的问题分析

（一）数字治理与公共服务类应用场景建设不足

数字化应用场景是数字政府建设的驱动力。本次调查发现，河南省首批数字化转型典型应用场景共有109个项目，涉及智能制造、智慧能源、数字农业、智慧文旅、智慧物流、智慧城市、公共服务、数字治理、智慧交通、智慧生态10个领域，仅13%的项目是数字政府应用场景，亟须将数字技术

应用于市场监管、生态环境治理、食品安全、城市管理等多个领域，并推动政府治理模式创新，应用场景有待丰富。商丘市是唯一没有数字化应用场景上榜的地市。①

（二）数字政府的核心管理制度不够健全

建设高质量的数字政府，必须加强政务云管理、政务信息资源共享管理、公共数据开放管理和政务数据安全管理。本次调查发现，仅郑州市、许昌市、平顶山市、开封市、新乡市、济源市、南阳市、驻马店市出台了政务云管理制度，占44%；郑州市、平顶山市、新乡市、鹤壁市、焦作市、驻马店市、信阳市出台了政务数据安全管理暂行办法，占39%；郑州市最早出台政务信息资源共享管理制度，随后开封市、平顶山市、洛阳市、商丘市、安阳市、新乡市、许昌市、鹤壁市、焦作市、濮阳市、南阳市、信阳市也制定了政务信息资源共享管理制度，占72%。值得一提的是，18个地市都未出台公共数据开放管理制度。

（三）政务数据开放共享建设落后

推动数据开放共享和政府信息公开是数字政府建设的重要任务。截至2021年10月，全国70%以上的省级（不含直辖市）政府和超一半城市政府已上线政府数据开放平台。②而河南省内尚无一家上线；仅郑州市、开封市、洛阳市、鹤壁市、焦作市、济源市、信阳市和南阳市8个地市在政府门户网站开设了数据发布栏目，其中郑州市是2021年新设的。政府信息公开方面，18个地市政府信息公开工作年度报告都在2021年3月31日前按时发布。但是，各地市提交的政府信息公开工作年度报告内容质量整体不高，尤其是在第五部分"政府信息公开工作存在的主要问题及改进情况"方面，内容简单、笼统模糊、泛泛而谈，改进举措缺乏针对性，甚至存在年年雷同

---

① 《关于印发省数字化转型典型应用场景的通知》。
② 《中国地方政府数据开放报告：指标体系与城市标杆》（2021）。

现象。在政策解读方面，仍然有50%的地市政府网站未按照主题、地区、部门等维度对信息进行科学合理分类，详细介绍政策的背景依据、目的任务、主要内容以及解决的问题并通过可视化方式展现，也没有对政策文件与解读材料加以关联。其中，平顶山市、许昌市、新乡市、信阳市政策解读的数量最多，济源市最少。

（四）政务服务一体化、智能化建设仍有很大差距

1."跨省通办"业务尚未全域实现

调查发现，群众异地办事难，"多地跑""折返跑"等现象仍然存在。尽管18个地市政务服务业务都实现了跨省通办、区域通办，但是业务不够多、范围不够广。比如，信阳市与上海市、江苏省、浙江省、湖北省、山西省等地区政务服务机构签订了"点对点""跨省通办"协议，建立跨区域工作机制，线上依托国家政务服务平台"跨省通办"专区和各地政务服务平台，线下在政务服务大厅设置"跨省通办"专窗，对有异地办理需求的企业和群众提供办事咨询、网办引导、材料代收、协调流转、证照代发、免费邮寄等服务。郑州市与海南省海口市共同确定23个企业和群众办事高频事项作为首批"跨省通办"事项。

本次调查显示，67%的政府门户网站开设了高级搜索、智能答疑系统以增强公众获取政务信息服务的便捷性，包括郑州市、开封市、洛阳市、平顶山市、安阳市、许昌市、周口市、驻马店市、南阳市、商丘市、信阳市和济源市，其中安阳市、周口市、驻马店市新开设了智能答疑系统。但是，高级搜索、智能问答等智能化服务还不能使用户快速、准确找到信息服务；高级搜索不具备"搜索即服务"的智能性和便捷性[1]；智能问答服务也不能通过自然语言分析完全准确理解用户的复杂意图，并基于政府网站群资源提供准确答案。

---

[1] 优化政府网站搜索功能，提供错别字自动纠正、关键词推荐、拼音转化搜索和通俗语言搜索等功能。根据用户真实需求调整搜索排序，多维度分类展现，聚合相关信息和服务，实现"搜索即服务"。

2.政府网站和政务新媒体平台服务功能不到位

第一，未提供互动交流渠道或办事服务功能，如周口市住房公积金中心、周口市卫生和计划生育委员会、驻马店市粮食和物资局等政府网站未提供有效的互动交流渠道；周口市应急管理局网站未提供办事服务功能。第二，内容发布更新不及时，如周口市淮阳区应急管理局网站、周口市项城城市管理局网站、周口市清集镇人民政府网站、周口市生态环境局网站、南阳市邓州市政府门户网站、安阳市"林州人防"微信公众号、漯河市"漯河市数字化城市信息中心"微信公众号、"郾城人社"微信公众号、许昌市"许昌禁毒"今日头条号、平顶山人社移动客户端、鹤壁市"国家湿地公园"微信公众号、鹤壁市"鹤壁环境"抖音号、漯河市"高新区工商"微博、信阳市"潢川县卫生和计划生育委员会"微信公众号。第三，个性化服务设计不完整。依据《国务院办公厅关于印发政府网站发展指引的通知》，应该提供多语言服务。除了开封市、新乡市、焦作市和驻马店市，已有78%的地市政府门户网站开设了简繁体切换的功能；仅有22%的地市政府门户网站开设了中英文切换功能，包括许昌市、鹤壁市、三门峡市和南阳市。

3.政务服务适老化无障碍改造存在形式主义现象

本次调查发现，河南省有8个地市进入深度老龄化社会，包括驻马店、信阳、周口、许昌、南阳、开封、商丘、漯河。按照上级要求[1]，破除老年人"数字鸿沟"，提供适老化、无障碍阅读的政务服务迫在眉睫。目前，除了三门峡市和驻马店市，已有89%的地市政府门户网站设置了适老化和无障碍阅读，但是仅5家可以正常使用，包括郑州市、安阳市、新乡市、许昌市和南阳市。

五 对策建议

在新发展阶段，各地市都越发重视数字政府建设。加快数字政府建设是

---

[1] 《国务院办公厅印发关于切实解决老年人运用智能技术困难实施方案的通知》（国办发〔2020〕45号）、《工业和信息化部关于印发〈互联网应用适老化及无障碍改造专项行动方案〉的通知》（工信部信管〔2020〕200号）。

深化"放管服"改革、增创营商环境新优势、激发市场主体活力、推动经济社会高质量发展的重要抓手，是各地市在日益激烈的区域竞争中全面提升竞争软实力、赢得发展新优势的必然选择。

（一）创设首席数据官，分级分类开展政务数据开放共享试点

各地市试点首席数据官旨在提高政府数字治理能力、提升公共部门数据价值，是数字政府建设的重要创新举措。中共中央、国务院先后出台《关于构建更加完善的要素市场化配置体制机制的意见》和《关于加快建设全国统一大市场的意见》，决心培育数据要素市场，加速数据资源共享开放，推进数字化转型。各地市将首席数字官履职评价纳入党政领导班子和领导干部年度考核指标体系，积极营造支持首席数字官履职和政府数字化转型的良好氛围。首席数据官负责聚焦数据资源全生命周期管理，构建数据分类分级、数据目录、数据交易、数据治理、数据安全等标准体系，推动数据治理、数据共享开放和开发利用，推进重点领域数字化应用场景落地实施，协同推进数据要素市场化配置，全面提升数据资源在数字政府建设中的核心驱动作用。首席数据官依托河南省公共数据开放平台，优先推动金融、信用、交通、医疗、地理、科技、卫生、就业、社保、文化、教育、资源、农业、环境、安监、质量、统计、气象、海洋、企业登记监管等民生保障服务相关领域的政府数据集向社会开放共享。各地市特色化建设市级数据共享交易中心，如郑州作为数据枢纽港试点农业农村数据开放共享，开封试点文旅数据开放共享，漯河试点食品安全数据开放共享，洛阳试点文博数据开放共享，南阳试点中医药数据开放共享等。在此基础上，逐步提高政府数据开放共享水平，盘活数据资源，培育数据要素市场，加快数据价值转化，构建"数商"新体系、新业态。

（二）打造"四全"政务服务"无人超市"

围绕"放管服"改革和持续优化营商环境，以企业和群众办事需求为

导向，进一步优化各地市政务服务平台移动端功能，规范指尖办政务服务标准，建设用户专属服务空间，优化搜索服务和智能客服，完善移动政务服务好差评，开展适老化改造，实现线上线下政务服务深度融合，不断丰富"一件事一次办""扫码亮证""一证通办""无感通办""掌上好办"等高效一体化的政务服务"无人超市"，由政务公开、公用事业、普惠金融、综合服务、企业证照、百姓证照、评价反馈、智能问答、送递到家9个功能区组成，充分利用新一代信息技术，持续提升移动政务服务便利化水平，实现全天开放、全程自助、全年无休、全省通办，最大限度利企便民，提高企业和群众的获得感和满意度。

（三）开展全龄友好、包容普惠的城乡数字社区建设

城乡数字社区是数字政府建设的重要组成部分，是加强基层智慧治理能力建设，提高基层治理数字化智能化水平的"细胞"。各地市调整目前"大而全"的智慧社区建设思路，转向打造"小而美"全龄友好包容的数字社区；由市委社治委牵头制定本地化的数字社区建设导则，以"低成本零维护、高弹性零门槛"的方式推广复制数字技术赋能社区治理和服务。根据不同社区需求特色建设普惠实用适用的"微"应用场景，如"互联网+社区党建"、智慧物业、智能门禁、智慧安防等；聚合社区周边商超、物业、维修、家政、养老、餐饮、零售、美容美发、体育等生活性服务业资源，链接社区周边商户，集约建设便民惠民智慧服务圈，提供线上线下相融合的社区生活服务、社区治理及公共服务、智能小区服务等，同时提升全民数字素养与技能，让社区居民更好拥抱、智享数字生活。大力发展电子商务，探索建立无人物流配送进社区，优先开发符合"三农"需要的技术应用。推动社区购物消费、居家生活、公共文化生活、休闲娱乐、交通出行等各类生活场景数字化，支持村（社区）史馆、智慧家庭、智能体育场地等建设，打造多端互联、多方互动、智慧共享的数字社区生活。强化数字技能教育培训服务，助力未成年人、老年人、残疾人共享智慧生活，消除数字鸿沟，让全体居民共同体验数字美好生活。

（四）推动数字产业化和产业数字化

数字政府是推进数字经济创新发展的中坚力量。各地市充分发挥数字政府对数字经济建设的推动引领作用，在数字政府建设的同时，大力发展数字经济，形成政务、产业双轮驱动的相互促进、统筹发展的新态势。第一，探索发展跨越物理边界的"虚拟"产业园区和产业集群，加快产业资源供需调配和精准对接，促进产业链与供应链虚拟化集聚、平台化运营和网络化协同，支持核心企业打造产业"数据中台"，以信息流促进上下游、产供销协同联动，保产业链供应链稳定，构建虚实结合的产业服务化新生态。第二，总结跨境电商发展创新和试点的成功经验，对优质创新方式和经营方式进行复制推广，支持郑州、洛阳、南阳、商丘、开封、焦作、许昌7个跨境电商零售进口试点城市，大力发展数字贸易。第三，聚焦全市优势产业和未来产业，支持建设高能级、利益共享的市级科技创新综合服务云平台，线上线下融合全球人才、资金、信息、数据等各类创新要素，有效整合政、产、学、研、用各类资源，贯通研发、孵化、转化、投融资服务等关键链条，有效提升科技成果转移转化成效，促进科技创新赋能数字经济高质量发展。

2021年度河南省突发热点事件舆情分析[*]

张彦帆 刘 爽[**]

摘　要： 2021年，河南省突发热点事件多发频发，"7·20"特大暴雨事件网络关注度一度达到千万级，给政府舆情应急处置工作带来了诸多挑战。从舆情走势来看，3~7月河南省突发热点事件持续处于高位态势，舆情风险指数偏高；从地域分布来看，郑州、商丘、新乡等地突发热点事件多于其他省辖市，舆情压力相对较大；从行政系统分布和事件类型来看，公安、教育、应急管理系统多发，非正常伤亡、社会治安、网络举报等类型事件占比较多。2021年河南省突发热点事件舆情表现为：河南"7·20"特大暴雨引发舆论海啸，网络关注度持续居高不下；涉公职人员网络举报、媒体曝光类热点舆情事件频现；涉未成年人敏感事件多发，易发酵成为公众热议话题；新冠肺炎疫情反弹引爆网络，暴露出疫情防控工作漏洞等。基于以上特点，本报告提出舆情应对处置建议：加强组织领导，省委、省政府强化统筹指导全省舆情处置工作；优化突发事件舆情应对机制，增强舆情风险防控处置能力；提高热点事件舆情回应实效，及时纾解公众负面情绪；强化领导干部舆情危机意识，提升舆情应急处置水平。

---

[*] 河南省高校哲学社会科学创新团队项目"市域社会治理融合发展研究"（项目编号：2021-CXTD-07）

[**] 张彦帆，舆情分析师，在媒体、政府机关从事多年舆情工作，具有一定的政企舆情研判和应对处置经验；刘爽，郑州大学政治与公共管理学院2021级硕士研究生。

关键词： 突发热点事件　舆情风险　舆情回应　河南

随着网络新兴传播平台的不断出现以及自媒体的迅猛发展，网络舆情生成的渠道之多、速度之快前所未有，从发酵到成为热点舆情的时间越来越短。在突发热点事件发生后，政府及时、高效地开展舆情处置引导工作，关乎社会稳定以及党和政府的形象。习近平总书记高度重视互联网新形势下舆论引导工作，在中共中央政治局第十二次集体学习会上强调，全媒体不断发展，出现了全程媒体、全息媒体、全员媒体、全效媒体，信息无处不在、无所不及、无人不用，导致舆论生态、媒体格局、传播方式发生深刻变化，新闻舆论工作面临新的挑战。要因势而谋、应势而动、顺势而为，加快推动媒体融合发展，使主流媒体具有强大传播力、引导力、影响力、公信力，形成网上网下同心圆。对于各级政府部门而言，应加强对当前舆论环境的分析研判，进一步提高突发热点事件舆情应急处置能力，切实增强舆论引导实效。

河南省作为人口大省，社会转型时期各类矛盾突出，近年来持续成为网络热点舆情高发地，舆情压力居高不下。从2021年河南省突发热点事件舆情处置情况来看，全省各级政府舆情回应意识整体提升，突发热点事件舆情回应率高达98%，且相关涉事单位能根据事件线下调查处置情况，动态回应舆论的关切和诉求，提高了官方权威信息的渗透率，对冲了网络片面信息。但也存在"特大突发事件、敏感事件应急处置和舆论引导能力存短板""个别地方政府部门舆情意识偏低，导致'小事件'变为'大舆情'"等消极应对问题。本报告对2021年河南省突发热点事件舆情进行分析，提出相应的舆情应对处置建议，以供政府部门参考。

一　2021年河南省突发热点事件汇总

笔者依托网络舆情监测系统，对2021年涉及河南省的突发热点事件进行梳理，从中提取出网络关注度排行前50的突发热点事件，汇总如表1所示。

表1 2021年河南省突发热点事件网络关注度TOP50

单位：条

序号	涉及地区	报道时间	舆情事件	舆情信息总量
1	河南	7月20日	河南"7·20"特大暴雨	60792434
2	郑州	7月30日	郑州新冠肺炎疫情反弹	1870966
3	郑州	3月2日	河南女车主质疑特斯拉刹车失灵事件	608242
4	安阳	9月29日	安阳"狗咬人"事件	359653
5	商丘	6月25日	河南柘城一武馆火灾致18死	166113
6	新乡	11月25日	新乡封丘一学校学生餐后集体呕吐腹泻	163720
7	周口	12月14日	周口一女子实名举报前婆婆吃空饷	154154
8	济源	1月16日	网传济源市委书记掌掴政府秘书长	139638
9	南阳	8月17日	南阳一家长反映儿子校内蹊跷坠亡	130558
10	郑州	5月26日	郑州阿五黄河大鲤鱼员工向行道树"下毒"	97662
11	周口	11月19日	河南多地逍遥镇胡辣汤店被起诉	78689
12	平顶山	5月4日	平顶山9名男童遭教师体罚致皮骨分离	75998
13	平顶山	12月10日	父亲不同意拆迁遭殴打，平顶山一少年网上求助	63217
14	驻马店	3月1日	网传"驻马店一老人娶未成年女孩为妻"	50600
15	南阳	5月25日	南阳两只老虎逃出笼舍咬死饲养员	45526
16	郑州	6月7日	河南新密煤矿涉嫌瞒报4人死亡安全事故	38074
17	郑州	4月8日	郑州政法委书记于东辉被举报索贿	31994
18	郑州	11月3日	郑州一饭店老板留下3封遗书烧炭自杀	29803
19	商丘	8月14日	商丘虞城县涉嫌瞒报疫情两地升为高风险	29703
20	南阳	5月25日	南阳男子持棍行凶致14伤	29071
21	许昌	9月12日	许昌20岁幼师饭局后遭多人纠缠溺亡	23875
22	周口	2月2日	周口男子匿名举报污染企业被打致颅脑损伤	23727
23	郑州	7月20日	河南登封一工厂发生爆炸	22071
24	永城	4月7日	央视曝光河南永城代王楼村厕所问题	22029
25	新乡	5月7日	一女游客在河南新乡失足坠崖	20311
26	许昌	6月12日	长葛发生跳河溺亡事件4人死亡	18775
27	商丘	1月26日	商丘一男子离婚2天后杀害前妻父母	18229
28	周口	9月28日	周口一校长反击闯校园的醉汉被刑拘	18077
29	洛阳	3月27日	洛阳一女子提分手遭男友泼汽油点燃	16485
30	郑州	4月14日	郑州实验外国语中学一学生坠楼身亡	16048
31	新乡	12月24日	新乡一男子看守所待3个月断15根肋骨	15234

续表

序号	涉及地区	报道时间	舆情事件	舆情信息总量
32	信阳	3月28日	信阳埋尸案死者家属为被告辩护	15017
33	郑州	3月24日	郑州财经学院一男生在公寓死亡	14413
34	三门峡	6月15日	陕西4男子去河南"挖金",5天后遗体被发现	12715
35	商丘	2月22日	商丘虞城一男子称被顶教师岗22年	12609
36	新乡	11月17日	河南辉县高三学生课间跑操猝死	11381
37	洛阳	7月5日	洛阳男子持械伤人致1死3伤	9806
38	开封	11月30日	河南一交警被前妻实名举报家暴	9370
39	新乡	12月8日	新乡市封丘县一女生被逼脱衣服拍照	8722
40	商丘	4月20日	柘城16岁男生酒后遭朋友围殴溺死湖中	8642
41	焦作	3月30日	焦作女教师举报"评职黑幕"	8416
42	鹤壁	6月5日	河南鹤壁煤与瓦斯突出事故8人遇难	7835
43	漯河	1月30日	部分涉疫奶枣流入漯河	7563
44	濮阳	4月15日	濮阳男学生被多名同学寝室内暴殴	6872
45	郑州	10月1日	郑州中牟一景区吊桥桥身侧翻致10余名游客落水	6577
46	安阳	3月27日	安阳一非法营运客车闯红灯致6死6伤	6449
47	平顶山	5月12日	鲁山11户村民住宅深夜遭强拆	6133
48	商丘	2月2日	商丘虞城一男子对儿媳家人行凶致3死1伤	6107
49	郑州	1月6日	郑州一暖气管道爆裂致一死一伤	5955
50	滑县	4月15日	滑县夕阳红养老院一老人被打致死	5212

注：①"舆情信息总量"系依托第三方舆情监测系统，对新闻网站、手机客户端、报刊、微博、微信、论坛贴吧、视频、博客等平台相关舆情信息量相加得出。舆情信息总量越多，代表相关舆情热度越高，在网上受到的关注越多。

②本报告相关舆情信息统计时间范围为2021年1月1日至2021年12月31日。

二 2021年河南省突发热点事件分布特征

2021年，河南省突发热点事件频现，部分事件在网络舆论场引发广泛、持续热议，发展成为现象级舆情事件。通过对50起突发热点事件进行梳理，其舆情特征表现如下。

（一）3~7月突发热点事件持续处于高位态势，舆情风险偏高

监测发现，2021年河南省突发热点事件舆情走势波动变化，3~7月突发热点事件的数量持续处于高位态势，引发网络舆论长时间聚焦关注，舆情整体风险偏高。8~10月有所减少，11~12月呈现再次增多趋势（见图1）。

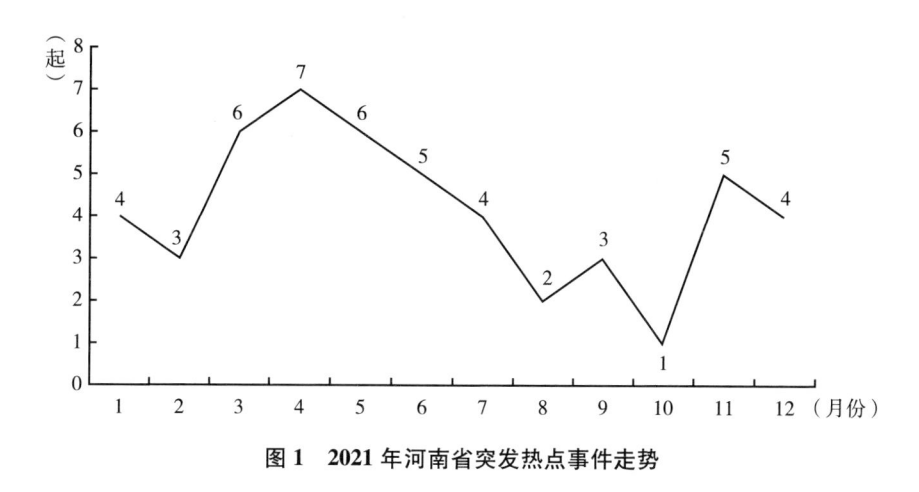

图1 2021年河南省突发热点事件走势

4月，涉及河南省的突发热点事件舆情走势达到最高值，共7起，主要与消费维权、网络举报官员受贿、央视曝光地方问题、涉及未成年人治安及非正常伤亡类案件有关。"河南女车主质疑特斯拉刹车失灵事件"引爆网络舆论场，相关方利益博弈导致舆情持续发酵，出现舆情"长尾效应"。"郑州政法委书记于东辉被举报索贿""央视曝光河南永城代王楼村厕所问题""郑州实验外国语中学一学生坠楼身亡""柘城16岁男生酒后遭朋友围殴溺死湖中"等事件因充斥敏感元素，引发网民持续热议。

7月，河南"7·20"特大暴雨事件产生了空前的影响力，引发海内外舆论聚焦，成为备受全球关注的特大突发事件，相关舆情信息总量超过6000万条，也是2021年国内舆情热度最高的突发事件之一。此外，7月底发生的"郑州新冠肺炎疫情反弹"一事，将刚遭受特大暴雨灾害侵袭的郑州再度推向舆论的风口浪尖，相关舆情热度经久不息。

（二）郑州、商丘、新乡等地突发热点事件多发，舆情压力较大

2021年，河南省突发热点事件地域分布广泛，省级及各个省辖市均有出现。其中，省会城市郑州市最多，共11起，舆情压力最大（见图2）。相关事件涉及自然灾害、疫情防控、消费维权、生态环保、生产安全、网络举报、非正常伤亡等诸多方面，"河南'7·20'特大暴雨""郑州新冠肺炎疫情反弹""河南女车主质疑特斯拉刹车失灵事件""郑州阿五黄河大鲤鱼员工向行道树'下毒'"等事件舆情特征复杂，波动周期长，在网络舆论场产生了居高不下的影响力，舆情处置工作面临较多挑战。

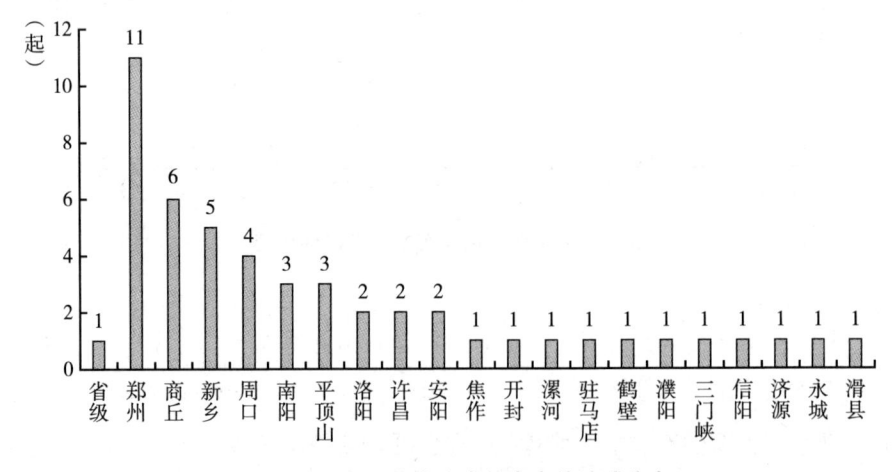

图2 2021年河南省突发热点事件地域分布

商丘市舆情压力次之，突发热点事件共6起，涉及非正常伤亡、疫情防控、社会治安、教育等方面，相关事件如"河南柘城一武馆火灾致18死""商丘虞城县涉嫌瞒报疫情两地升为高风险""商丘一男子离婚2天后杀害前妻父母""商丘虞城一男子称被顶教师岗22年"等。

新乡市舆情压力位居第三，突发热点事件共5起，涉及食品安全、非正常伤亡、社会治安等方面，例如"新乡封丘一学校学生餐后集体呕吐腹泻""一女游客在河南新乡失足坠崖""新乡市封丘县一女生被逼脱衣服拍

照"等。

此外，周口市突发热点事件4起，南阳市、平顶山市各3起，洛阳市、许昌市、安阳市各2起，焦作市、开封市、漯河市、驻马店市、鹤壁市、濮阳市、三门峡市、信阳市、济源市以及省直管县级市永城市、滑县各1起。

（三）公安、教育、应急管理系统等成为突发热点事件多发行政系统

2021年，河南省突发热点事件涉及公安系统的最多，占33%，主要为行凶杀人、故意伤害等社会治安类案件；涉及教育系统的突发热点事件舆情次之，占17%，主要为学生非正常死亡事件、校园食品安全事件等；应急管理系统位居第三，占13%，涉及生产安全事故、非正常伤亡事件等。此外，由党委和政府层面直接主导处置的突发热点事件舆情占9%，纪委监委系统、卫健委系统各占5%，其他共占18%，其中法院、林业系统各占4%，生态环境、民政、妇联、市场监管、旅游系统各占2%（见图3）。

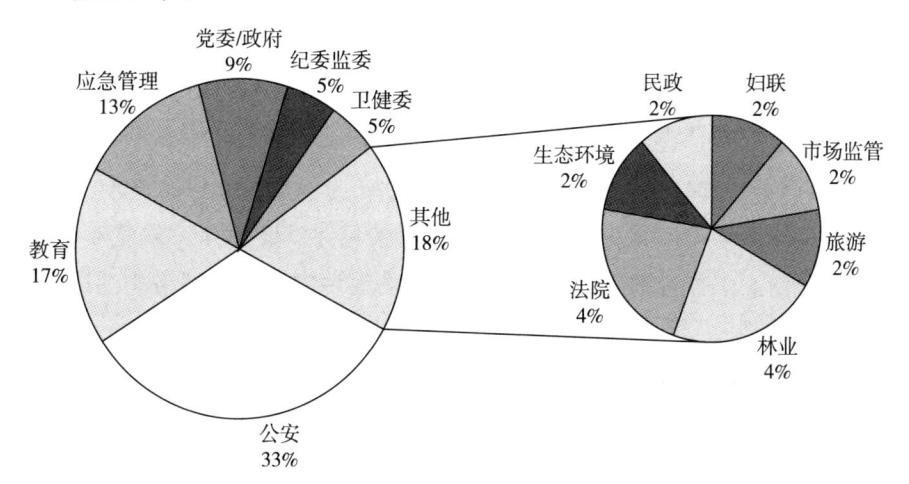

图3　2021年河南省突发热点事件涉及行政系统占比

三 2021年河南省突发热点事件舆论焦点分析

（一）河南"7·20"特大暴雨引发舆论海啸，网络关注度持续居高不下

2021年7月中下旬，持续性特大暴雨袭击郑州、新乡、鹤壁、洛阳、安阳、开封、焦作等河南多地，引发严重洪涝灾害，并造成重大人员伤亡和财产损失，海内外舆论给予高度关注。习近平总书记第一时间作出重要指示，要求各级领导干部要始终把保障人民群众生命财产安全放在第一位，身先士卒、靠前指挥，迅速组织力量防汛救灾，妥善安置受灾群众，严防次生灾害，最大限度减少人员伤亡和财产损失。[①]

舆情监测系统监测显示，此次河南特大暴雨事件网络舆情总体特征表现如下。

从网络关注情况来看，全网对河南"7·20"特大暴雨事件关注度极高，相关舆情信息超过6000万条，成为2021年全国最热门网络舆情事件之一。在河南省辖市中，省会城市郑州因最大小时降雨量突破中国大陆自开始记录以来的历史极值[②]，且引发的洪涝灾害和次生灾害造成大量人员伤亡，导致郑州处于河南特大暴雨网络舆论的中心位置，相关舆情信息2800万条，远超其他省辖市。新乡因多处河段相继发生决口和漫堤，洪水围困卫辉，卫辉城区受淹长达7天，积水最深处达2~3米，使得新乡处于河南特大暴雨网络舆论的次中心位置，相关舆情信息539万条。鹤壁、洛阳、安阳、开封、焦作等地在此次河南特大暴雨事件中引发的网络关注度位居其后（见图4）。

从网络舆论倾向来看，主流舆论持续关注河南特大暴雨最新情况，以及

[①] 《习近平对防汛救灾工作作出重要指示》，中华人民共和国中央人民政府网站，http://www.gov.cn/xinwen/2021-07/21/content_5626289.htm。
[②] 《国家防总：7月20日郑州最大小时降雨量达201.9毫米 突破历史极值》，央视网，http://news.cctv.com/2021/07/28/ARTIKxvJfEj5u8Fsae4DPoDX210728.shtml。

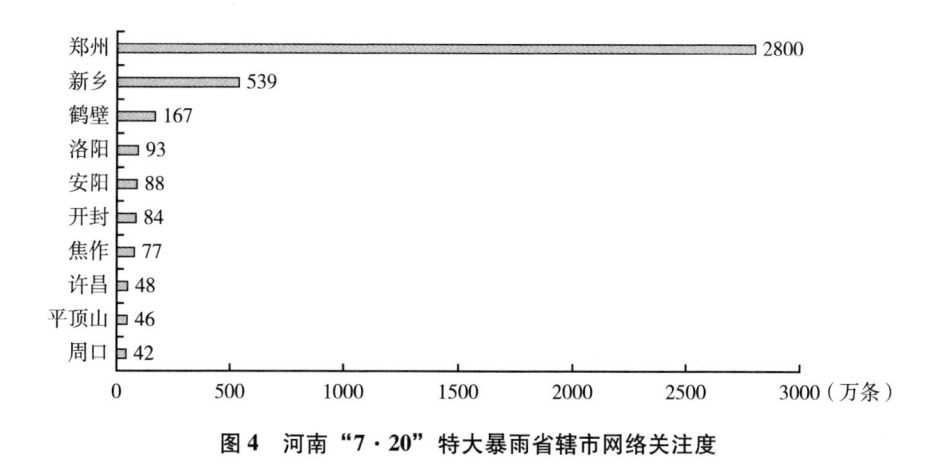

```
郑州  ████████████████████████████ 2800
新乡  ████ 539
鹤壁  █ 167
洛阳  | 93
安阳  | 88
开封  | 84
焦作  | 77
许昌  | 48
平顶山 | 46
周口  | 42
     0    500   1000  1500  2000  2500  3000（万条）
```

图4　河南"7·20"特大暴雨省辖市网络关注度

中央及省市层面部署开展抗洪救灾工作、救援力量驰援河南、被困人员救助、外界捐赠情况等方面，充分展现出全国人民在大灾大难面前的团结一致、"一方有难，八方支援"的家国情怀。在微博平台，围绕河南特大暴雨救援设置的相关话题"河南暴雨""河南暴雨救援""河南暴雨互助""河南暴雨救援电话""河南暴雨紧急求助通道""河南暴雨求助""河南暴雨消防急救援"等阅读量总计超过400亿次。在舆论整体积极的同时，也存在一些消极倾向，例如涉河南特大暴雨网络谣言集中出现，"郑州常庄水库爆破决堤""郑州全面空中喷药消杀""全域炸大堤，牺牲卫辉，保新乡""暴雨后自来水不能喝"等谣言广泛传播，在社会面引发一些恐慌。

以郑州"7·20"特大暴雨为例，相关舆情各个阶段特征表现如下。

第一阶段（舆情发生期）：7月19日至7月20日12时，媒体以客观报道郑州降雨强度和引发的道路积水、断行等情况为主，提醒居民出行注意安全。在微博、抖音等社交媒体平台，网民的态度则以调侃为主，"郑州的海来看我了"登上微博热搜榜。部分网民和河南当地媒体发布巩义、荥阳、登封、新密等地暴雨导致严重受灾问题，但未获得舆论持续聚焦关注。

第二阶段（舆情发展期）：7月20日12时至7月20日下午，郑州特大暴雨持续，16时至17时，一小时降雨量高达201.9毫米，导致城市严重内涝、河流洪水、山洪滑坡等多灾并发，并出现交通瘫痪、断电、停水等次生问题。此时，广大网民对郑州灾情的严重性有了一个清晰的认识，并为此感到揪心，密切关注最新情况，"巩义暴雨""登封暴雨""郑州一小时降雨超100个西湖""郑州地铁4号线成水帘洞""郑州高铁""郑州停电""郑州暴雨多条道路被淹"等多个话题冲进微博热搜榜，舆情热度进入急剧上升期。

第三阶段（舆情爆发期）：7月20日晚，受郑州地铁5号线一列列车被洪水围困、京广路隧道被淹、辖区水库出现险情等多个事件影响，涉及郑州特大暴雨的网络舆情呈现持续爆发式增长态势。"郑州地铁""郑州地铁5号线一车厢多人被困""沙口路地铁站""巩义暴雨已致1死2失联""郑州中牟县通告上游常庄水库出现险情""郑州地铁5号线被困人员已被陆续疏散""郑州三天下出了一年的雨""中牟县通知做好撤离准备"等与郑州特大暴雨最新情况相关的热门话题不断刷屏，引发舆论持续聚焦关注。

7月21日，网络舆情走势达到最高峰，相关信息高达1200万条。从舆情内容来看，一是主流舆论聚焦关注各方救援力量陆续抵达郑州开展抗洪抢险工作，例如"国家级抗洪抢险应急专业部队紧急出动""第83集团军星夜驰援爆破分洪""火箭军奔赴郑州""中部战区向郑州派出前方指挥部""7省1800名消防员增援河南"；二是企业和明星捐款、捐赠物资等成为网民热议话题，例如"腾讯宣布捐款1亿元驰援河南""阿里追加1.5亿捐款驰援河南"等；三是郑州特大暴雨新动态、新情况备受全网关注，在主要平台热榜和新闻网站要点新闻栏目实时滚动更新，相关信息如"郑州郭家咀水库溃坝""巩义米河镇2万人亟待救援""郑州暴雨已致25死7失联""郑大一附院停电""郑州阜外华中心血管医院急需物资""K15列车被困已超40小时""交通部要求汲取地铁雨水倒灌事件教训"等；四是舆论痛批一些企业利用灾难营销、哄抬价格等违背社会公德和监管规则的恶意行为，具体事件如"郑州康桥集团项目发布'入住高地，让风雨只是风景'海报广告语""郑州东站希岸酒店涨价到2888元一晚"等。

第四阶段（舆情回落期）：7月22日后，郑州特大暴雨舆情整体走势呈现逐渐回落趋势，但网络关注度依旧处于高位态势，舆论针对相关话题的热议持续到8月初。随着灾情缓解，舆论在关注郑州灾后重建、生活秩序恢复的同时，也开始反思郑州特大暴雨灾害应对处置工作存在的一系列问题，一些网民围绕郑州前期防洪准备不足以及暴雨预警机制、郑州"海绵城市"建设投入和成效、郑州市政建设理念等方面展开质疑。

8月初，受国务院决定成立调查组、河南公布汛情受灾情况等新动态影响，舆情走势再度出现一轮小高峰。8月2日，针对郑州特大暴雨灾害应对不力以及群众关切问题，国务院宣布成立河南郑州"7·20"特大暴雨灾害调查组[1]，依法依规、实事求是、科学严谨、全面客观地对灾害应对过程进行调查评估，总结灾害应对经验教训，提出防灾减灾改进措施，对存在失职渎职的行为依法依规予以问责追责。与此同时，8月2日下午，河南省人民政府在第十场"防汛救灾"新闻发布会上公布，河南特大洪涝灾害已致302人遇难[2]，其中，郑州遇难292人。各大新闻媒体和网站平台以要点快讯的形式密集推送了以上消息。央视新闻评论称，河南全省应从灾害中吸取教训，其他地方也要引以为戒。[3] 应对灾害，把困难想得多一些、复杂一些，从最坏处着眼，做最充分准备，才是对人民群众负责。

8月18日下午，国务院总理李克强在考察郑州地铁5号线隧道受灾现场时指出，要抓紧实事求是查明情况，对存在失职渎职的行为依法依规问责追责，回应群众关切，警示后人。[4] 8月20日，国务院河南郑州"7·20"

---

[1] 《国务院成立河南郑州"7·20"特大暴雨灾害调查组》，中国政府网，http://www.gov.cn/xinwen/2021-08/02/content_5629044.htm。

[2] 《河南暴雨302人遇难 其中郑州292人》，中国网，http://henan.china.com.cn/m/2021-08/02/content_41634307.html。

[3] 《热评｜彻查郑州"7·20"特大暴雨灾害，依法依规问责追责》，央视新闻，https://baijiahao.baidu.com/s?id=1706993033601450774&wfr=spider&for=pc。

[4] 《李克强在河南考察并主持召开灾后恢复重建专题会议》，中国政府网，http://www.gov.cn/premier/2021-08/19/content_5632185.htm。

特大暴雨灾害调查组进驻动员会20日在郑州召开，部署全面开展调查工作。调查组在河南开展调查工作期间，设专门举报电话和邮箱，受理与调查工作有关的来电来信。对此，主流舆论认为，调查是抵达真相的过程，通过调查，可以总结灾害应对经验教训，提出防灾减灾改进措施，让涉事部门真正懂得敬畏生命。痛定思痛，举一反三，相关部门要在教训中学会成长，避免重蹈覆辙。

（二）涉公职人员网络举报、媒体曝光类热点舆情事件频现

2021年，网上针对河南地方领导干部和公职人员的实名举报，以及媒体曝光的公职人员作风类问题呈增多趋势，折射地方政治生态存在一些问题。相关事件如"网传济源市委书记掌掴政府秘书长""安阳'狗咬人'事件""郑州政法委书记于东辉被举报索贿""河南一交警被前妻实名举报家暴"等，此类涉及公职人员的负面事件曝光后，往往会引发大量网民围观，短时间内演变成为网络热点舆情。

以"网传济源市委书记掌掴政府秘书长"事件为例，1月16日晚，微博用户"@济源市尚娟"（自称是济源市政府秘书长翟伟栋妻子）发布一篇博文《市委书记掌掴政府秘书长——实名公开举报河南济源市委书记张战伟》，称2020年11月11日早晨，翟伟栋与其他市领导在机关某食堂角落里吃早餐时，被张战伟公开掌掴。该博文发布后，随即吸引众多网民参与讨论，舆情热度不断攀高。

从时间节点来看，该实名举报发生于2021年河南省"两会"前夕，加剧了网民的猜测和联想，一些网民认为事件背后存在着错综复杂的利益纷争，甚至猜测济源市委和市政府主要领导关系不睦才是"本因"。此后，"@济源市尚娟"的微博举报信删除，济源市委及市政府、河南省纪委监委等相关方模糊化、碎片化的回应等，进一步激发了广大网民强烈的好奇心，导致舆情持续发酵，产生的负面影响扩大。

针对此事，中央媒体接连发声，严厉批评地方领导干部耍官威、搞特权现象。《新华每日电讯》刊发评论《这一记"耳光"是反面"警醒"》称，

不管调查结果如何，身居重要岗位的领导干部，在公共场所一言不合就大打出手，有辱斯文，与人们期待的领导干部形象相去甚远，影响可谓恶劣。央视网发布《掌掴下属的市委书记想当"山大王"？》一文指出，为政者须率先奉法，官德隆则民德昌，尤其主要领导干部更要严以修身、严以用权、严以律己，如此潜移默化塑造政风、民风，才能营造风清气正的政治生态。

1月19日凌晨，大河网发布官方最新回应，"关于网上举报济源市委书记张战伟有关问题，河南省有关部门正在深入调查。"1月21日，济源召开领导干部会议，宣布河南省委相关处理决定。此后，舆情走势逐渐回落，但持续数日的舆论纷争和质疑，已对河南政府部门形象造成了明显的负面冲击。

（三）涉未成年人敏感事件多发，易发酵成为公众热议话题

2021年，河南省涉及未成年人的敏感事件多发，主要为非正常伤亡、校园食品安全、教师体罚、校园欺凌等类型，例如"河南柘城一武馆火灾致18死""新乡封丘一学校学生餐后集体呕吐腹泻""南阳一家长反映儿子校内蹊跷坠亡""平顶山9岁男童遭教师体罚致皮骨分离""新乡市封丘县一女生被逼脱衣服拍照""濮阳男学生被多名同学寝室内暴殴"等。"未成年人保护"一直备受社会关注，相关事件发生后，容易迅速激起舆论热议，成为网络热点话题。

"河南柘城一武馆火灾致18死"事件中死伤者多为未成年学生[1]，性质较敏感，舆情风险较高。6月25日早上，柘城县政府网站对外通报此次事故后，舆论一片哗然，各大媒体纷纷跟进报道，相关舆情快速发酵成为全网聚焦关注的热点舆情事件。公众对此次火灾事故造成的严重人员伤亡情况感到痛心，并围绕涉事武术馆及学员相关情况、火灾事故原因、官方处置和事故追责等进行广泛讨论。此外，涉事武术馆涉嫌"住改商"违规经营问题

---

[1] 《河南柘城武术馆火灾最新情况：致18死，4重伤，多为7至16岁学生》，https://weibo.com/ttarticle/p/show?id=2309404652012376555553。

也引发网络热议。舆论认为，这一悲剧暴露出农村自建房的安全隐患，以及当地相关部门对一些长期存在的安全隐患的忽视。安全问题无小事，只有切实提高全民消防安全意识，坚决落实层层安全责任制，筑牢生命安全这道防线，方能杜绝类似悲剧的再次发生。

"新乡封丘一学校学生餐后集体呕吐腹泻"一事经媒体曝光后，在社交媒体平台引发网民热议，"河南学生呕吐涉事公司事发后才取得许可证""官方再通报学生餐后呕吐腹泻""学生餐后呕吐初步判定是一起食源性疾病事件"等话题进入微博热搜榜，阅读总量超过15亿次。针对此事件，舆论聚焦关注事发过程、涉事餐饮公司背景及营业资质、相关招标流程是否合规合法、责任人追责问责等方面。中央媒体积极介入报道此事，并发布相关评论。

（四）新冠肺炎疫情反弹引爆网络，暴露出疫情防控工作漏洞

新冠肺炎疫情传播和防控涉及群众生命健康安全，是当前舆论持续高度关注的一个话题。2021年，"郑州新冠肺炎疫情反弹""商丘虞城县涉嫌瞒报疫情两地升为高风险"等事件的发生，暴露出地方政府部门常态化疫情防控工作存在明显的漏洞，引发公众质疑。

7月30日17时，郑州市二七区在例行检查中发现1例核酸初筛阳性，后经市疾控中心复核，认定为无症状感染者。7月31日，据郑州官方通报，截至当日18时，当地又排查出11例确诊者和16例无症状感染者。随后，郑州四地被调整为中高风险地区，郑州市第六人民医院被要求停诊并实行闭环管理。另据"郑州发布"消息，7月31日，郑州市委责令市卫健委党组对郑州市第六人民医院领导班子作出调整。郑州市政府部门密集的通报和处置动作，也引发了舆论对郑州疫情进一步传播扩散的担忧。

8月5日下午，国务院联防联控机制召开新闻发布会，国家卫健委医政医管局监察专员在发布会上说，调查结果认为，郑州市第六人民医院疫情是一起医院感染事件，对确诊感染的患者致病毒株进行基因测序分析以后，与定点医院收治的一位境外输入感染患者的基因测序高度同源，也是德尔塔变异毒株，因此判断这起感染与南京的感染没有关联。舆论呼吁郑州相关部门

从此次事件中认真吸取教训，举一反三，及时采取措施弥补防疫漏洞，切实遏制新冠肺炎疫情反弹。

四 河南省突发热点事件舆情应对处置情况分析

（一）舆情回应意识持续提升，突发热点事件舆情回应率达98%

舆情回应是舆情应对处置工作中的重要一环，突发热点事件发生后，倘若政府部门失声或发声迟滞，就可能助长谣言的滋生和传播，不仅扰乱社会秩序、引发社会恐慌，也会对政府部门公信力造成损害。

近年来，河南各级政府部门对舆情应对处置工作越发重视，在突发热点事件发生后，能够快速介入调查核实情况，正面回应舆论关切。2021年，在河南省50起突发热点事件中，涉事政府部门公开回应的共49起，舆情回应率达98%。其中，涉事部门在5小时内回应的有12起，占比为24%；在12小时内回应的共39起，占比为78%。相关部门通过及时回应、主动引导，增强了舆情应对的权威性和时效性，同时保障了公众的知情权和参与权，在网上与广大网民之间形成了良性互动的局面。

（二）动态回应舆论关切能力增强，促进舆情形成完整闭环

监测显示，针对一些突发热点事件，河南有关部门能够基于对事件的调查核实情况和处置情况，分阶段、分步骤动态回应舆论关切，科学引导舆论走向，从而掌握舆论引导的主动权和话语权，确保舆情整体态势不失控。

以"河南柘城一武馆火灾致18死"事件为例，该事件发生于2021年6月25日凌晨3时许，当天上午8时50分，柘城县人民政府网站发布针对此事件的首次通报《柘城县远襄镇发生一起重大火灾事故》[1]，包含"火灾事

---

[1] 《柘城县远襄镇发生一起重大火灾事故》，柘城县人民政府网站，https://www.zhecheng.gov.cn/xxgk/xxgkml/gsgg/2021-06-25/40293.html。

故造成18人死亡、4人重伤、12人轻伤"以及"武术馆负责人已被警方控制"两大核心要素。舆情通报相对及时，避免因信息发布迟滞而陷入舆论被动情况。

此后，在事故处置、舆情应对引导等方面，各层级、各相关部门线上线下积极联动协同，确保各项工作高效开展。据媒体报道，2021年6月25日事发后，河南省委书记第一时间作出批示，要求省卫健委要派专家组，全力救治受伤人员；省应急厅要派调查组，迅速查明事故原因，纪检机关、公安机关同步介入；商丘市要成立事故善后处理工作领导小组，全力做好善后工作。随后，省委书记等紧急赶往事发地点，现场指导应急处置和善后工作。同时，应急管理部部长到部指挥中心视频调度指导救援处置工作，并派出由应急管理部副部长带队的工作组赶赴现场指导处置工作。针对此事件暴露出的校外培训机构问题，6月25日晚，中共商丘市委教育工作委员会发布紧急通知，自25日起商丘全市所有校外培训机构一律暂时关停封存，停止所有教学培训活动。

2021年6月26日，舆论关注涉事武术馆违法违规经营情况以及当地官员被免职动态。新华社报道称，柘城县消防救援大队介绍，涉事武术馆所在建筑为村民自建房，建设时性质并非培训机构，目前并未办理审核、验收或消防备案手续。《河南日报》发布消息，柘城县委书记、县长，远襄镇党委书记、镇长已免职，武术馆经营者等3名涉事嫌疑人已被公安机关依法采取刑事强制措施。

2021年6月27日，河南政府网发布《王凯在省安全生产委员会会议上强调 深刻吸取教训 坚决守牢底线 不断提高本质安全水平》一文，人民网、新华网、中国网、《河南日报》客户端、大河网、新浪新闻、凤凰新闻等众多媒体网站和客户端转发。此外，众多媒体平台推送《河南多地发紧急通知，所有校外培训机构暂停营业》一文称，商丘、安阳、洛阳、信阳、濮阳、开封、新乡等河南多地教育局发布紧急通知，将暂时关停封存所有校外培训机构，全面进行安全自查整改。

2021年12月20日，河南省柘城县"6·25"重大火灾事故调查报告公布。经河南省政府事故调查组认定,该事故是一起因使用蚊香不慎引发的重大火灾事故。对震兴武馆3名责任人,公安机关依法采取刑事措施,并移送检察机关进行公诉。对事故涉及的31名有关公职人员,给予了党纪政务处分或组织处理,其中1名公职人员被公安机关依法采取刑事措施,并移送检察机关进行公诉。

从该事件可以看出,在中央政府深入指导下以及河南省委、省政府直接介入处置下,事件调查处置过程公开透明,舆情应对引导及时、高效。相关部门在整个舆情周期中动态回应舆论关切,提高了官方信息的渗透率,使得网络舆论场持续以官方发布的信息为准,有效避免了谣言的滋生,未出现次生舆情灾害。

(三)特大突发事件、敏感事件应急处置和舆论引导能力存短板

2021年,河南各层级政府部门应对处置突发事件的能力整体提升,多数事件应对处置表现受到舆论认可,但在个别特大突发事件、敏感事件应急处置和舆论引导方面也暴露出明显的不足和短板。

例如在郑州"7·20"特大暴雨事件中,2021年7月19日晚21时59分,郑州市气象局已发布暴雨红色预警信号,20日上午郑州市气象局局长连续签发3份暴雨红色预警信号,但郑州针对暴雨的应急响应机制并没有及时启动,因防洪准备不足、预警不充分、撤离不及时等造成人员重大伤亡,滋生较多负面舆情。尤其是"郑州地铁5号线事故"引发严重伤亡后,网络质疑声汹涌,网民认为郑州地铁管理方存在重大失误,在部分线路已进水的情况下地铁5号线依旧还在正常运营,发生地铁进水后没有及时疏散乘客逃生,且救援工作不力。

从线上舆论反馈来看,郑州市政府部门在"7·20"特大暴雨发生后,未能及时、高效开展舆情应急处置和引导工作,网民关注的焦点、热点和关键问题未得到及时回应,导致网民在一些事件上负面情绪高涨。此后,"沙口路地铁站市民献花被围挡""郑州灾后修花坛"等忽视市民群众感受的行为,进一步加剧了网络舆论场的撕裂。这也暴露出郑州突发事件舆情应急工

作机制不健全、不同部门联动协同能力不足、舆情风险防范意识不强等多方面问题。

2022年1月，国务院《河南郑州"7·20"特大暴雨灾害调查报告》公布[①]，报告指出郑州市委、市政府在"7·20"特大暴雨灾害应对处置方面存在"应对部署不紧不实""应急响应严重滞后""应对措施不精准不得力""关键时刻统一指挥缺失""缺少有效的组织动员""迟报瞒报因灾死亡失踪人数"等问题，同时指出郑州发展理念存在偏差，城市建设"重面子、轻里子"，抢险救灾的关键时刻还在"修花坛"。调查认定郑州地铁5号线、京广快速路北隧道亡人事件是责任事件，郭家咀水库漫坝事件是违法事件等。这无疑是对此前舆论质疑的焦点问题逐一正面回应，符合社会公众的普遍认知，充分体现了中央政府对生命的敬畏，对人民的尊重。

对于一些网络关注度较高的敏感事件，例如"网传济源市委书记掌掴政府秘书长""南阳一家长反映儿子校内蹊跷坠亡""许昌20岁幼师饭局后遭多人纠缠溺亡""新乡一男子看守所待3个月断15根肋骨"等，相关部门因舆情回应不及时或不到位，未能充分掌握舆论引导的主动权，甚至出现"舆情烂尾"现象，导致负面影响扩大，政府部门公信力受损。

（四）个别地方政府部门舆情意识偏低，导致"小事件"变为"大舆情"

在一些涉及群众切身利益的舆情发生后，一些地方涉事部门一味回避、推诿，以消极的态度应对，以至于错过舆情处置的黄金时期，将看似微不足道的"小事"拖成了全国舆论关注的焦点，出现舆情"长尾效应"，严重损害了党和政府为人民服务的形象。

典型事件如安阳"狗咬人"事件。事发后，身为公职人员的狗主人依

[①] 《河南郑州"7·20"特大暴雨灾害调查报告公布》，中华人民共和国应急管理部网站，https://www.mem.gov.cn/xw/bndt/202201/t20220121_407106.shtml。

仗职权置之不理，百般推诿狡辩，拒绝承认自身错误，也不向被咬伤老人道歉。在被狗咬伤者的家人不断向有关部门反映诉求的情况下，事情依旧未得到处理，导致相关舆情持续发酵，网络舆情态势失控。这件事暴露出地方政府一些部门和领导干部的作风问题，也暴露出相关部门舆情意识较差，在事件发生后没有意识到潜在舆情风险并及时采取有效的化解措施，导致事态扩大。在媒体多次介入报道后，依旧推诿扯皮，给舆论留下袒护当事人的印象，引发全国网民的声讨，加剧了舆情处置的难度。这无疑是一次失败的舆情应对案例，教训极为深刻。

五 突发热点事件舆情应对处置工作建议

（一）加强组织领导，强化统筹指导全省舆情处置工作

网络舆情应对处置，事关意识形态安全建设，事关社会和谐稳定。省政府对政务舆情处置以及舆论宣传引导工作高度重视，已建立了全局化、系统化的舆情工作机制和体系，成立了舆情相关工作部门，定期督促检查下级政府舆情工作开展情况，促进了全省各级各部门舆情处置能力的持续提升。但也存在个别地方政府部门贯彻落实中央和省委、省政府相关工作要求不到位，舆情应对处置能力低下，不仅导致政府公信力受损，也对河南省形象造成了负面影响。基于省内地方政府舆情工作实际存在的问题，省政府需进一步加强监督指导，提升地方政府舆情风险意识，从被动应对舆情转变为主动预防，从根源上遏制舆情危机的出现。

一是完善舆情工作考核机制，强化考核力度，监督各级各部门做好舆情源头治理工作。要进一步完善舆情工作规范细则和考核管理办法，将舆情隐患排查处理、分类分级报送、回应引导、形象修复等工作开展成效纳入党政部门绩效考核范围，并根据不同时期舆论态势动态提升考核比重，确保全省各地政府部门对舆情工作给予足够重视，持续进行源头防范、源头治理、源头处置，降低负面舆情事件发生的频次。同时，加大监督问责力度，对因工

作重视不够、应对处置不力而引发重大问题、造成严重负面影响的，要依纪依法严肃追究相关单位和人员责任。全省定期通报舆情处置积极和消极案例，分享经验和教训，警示各级领导干部时刻保持舆情危机意识。

二是持续构建"大宣传""大引导"工作格局，凝聚新闻宣传和舆论引导强大合力。习近平总书记强调，要树立"大宣传"的工作理念，动员各条战线各个部门一起来做，把宣传思想工作同各个领域的行政管理、行业管理、社会管理更加紧密地结合起来。从政务舆情处置引导角度来看，构建"大宣传""大引导"工作格局，不仅能够压制负面舆论的滋生空间，也有利于政府在突发热点事件发生后第一时间占据舆论制高点。省、市政府要协同加强相关工作部署，与中央及省市媒体、各类网络媒体平台形成大联合、大联动，发挥全省政务新媒体矩阵、各级网评员的"前哨"作用，做到热点舆情事件中官方发声和媒体正向引导相互策应，形成强大声势和引导合力，牢牢掌握舆论引导的主动权。

三是加强舆情智库建设，积极提供舆情处置和风险防范建议。近年来，河南省突发热点事件进入高发期，相关舆情发酵扩散过程中出现的一些新特点、新问题，给政府部门舆情处置工作带来了诸多新挑战。省、市政府可通过建设舆情智库的形式，聘请省内外舆情研究领域专家学者，在全省热点舆情事件处置过程中积极献计献策，有效分解各级部门舆情处置压力，促进舆情处置水平的持续提升，进而改善河南政府部门公共形象。

（二）优化突发事件舆情应对机制，增强舆情风险防控处置能力

现阶段，河南省各类突发事件呈现多发态势，不仅严重威胁人民群众的生命财产安全，也会对正常的社会秩序和社会稳定造成破坏。在突发事件发生后，相关舆情处置引导成效如何，已成为检验政府执政能力的重要指标。对于河南政府部门而言，进一步完善优化突发事件舆情应对机制显得尤为迫切。

首先，应根据形势变化及时调整更新突发事件舆情应急预案。舆情应急预案相当于指挥中心系统，为舆情处置工作提供了一个基本的方向，发挥着统筹协调党委与政府、政府部门之间、政府与社会等多方的作用。但随着互

联网的发展及舆论环境的变化,政府舆情应急预案可能出现部分内容不适应新形势、新问题的情况,进而影响突发事件舆情应对的整体效果。这就需要政府对舆情应急预案定期进行评估,根据实际情况补充、调整和完善预案内容,确保预案适应不断变化的外部环境。

其次,应强化不同层级、不同部门突发事件舆情联动协同应对机制。做好上下层级联动,形成媒体资源共享、舆情互通机制,为基层政府部门舆情引导工作提供强有力的支撑。强化同级部门联动,各涉事部门在突发事件发生后加强沟通协调和信息共享,将线下工作开展和线上舆情回应引导同步进行,有助于及时掌握舆论话语权,实现全方位、多渠道、立体化的舆论疏导,遏制舆情危机的出现。

最后,要持续优化突发事件舆情监测预警、研判引导工作机制。在舆情监测预警方面,加强关注第三方舆情系统的更新迭代情况,选择使用监测性能全面性、及时性较强的舆情系统,确保及时发现苗头性、倾向性问题和舆情风险隐患,提前做好预警防范。在舆情研判引导方面,应围绕已监测到的舆情数据情况进行梳理,深入分析舆情特征,科学研判舆情动向,有针对性地开展舆论引导,以此进一步凝聚社会共识,有效防控处置突发事件舆情风险。

(三)提高热点事件舆情回应实效,及时纾解公众负面情绪

当前,网络已成为大众获取信息、参政议政的最主要渠道,在热点舆情事件出现后,网民围绕相关话题进行广泛讨论,发表看法、表达意见和诉求等。对于政府而言,加强政务公开、做好网络舆情回应工作日益成为政府提升社会治理能力的内在要求。《国务院办公厅关于在政务公开工作中进一步做好政务舆情回应的通知》指出,各级政府及其部门要高度重视政务舆情回应工作,切实增强舆情意识,建立健全政务舆情的监测、研判、回应机制,落实回应责任,避免反应迟缓、被动应对现象。[1]

---

[1] 《国务院办公厅关于在政务公开工作中进一步做好政务舆情回应的通知》,中华人民共和国中央人民政府网站,http://www.gov.cn/zhengce/content/2016-08/12/content_5099138.htm。

根据舆情传播规律和特点，在突发热点事件发生后，政府部门可从以下几个方面提高舆情回应实效。

一是快速反应，及时发声。在热点事件舆情滋生期，倘若政府部门发声迟滞，就可能错过舆情引导的黄金时期，导致片面信息成为舆论主流，加剧舆情处置难度。但及时发声并不是盲目追求"快"，而是在已经初步掌握相关信息的情况下发声。事件涉及多个部门的，相关部门应积极联动协同，根据初步调查核实情况尽快统一口径，避免回应口径不一致而引发公众质疑。

二是以事实为依据，准确发布信息。政府部门在处置舆情过程中发布的信息应准确无误，在事实层面力求无懈可击，否则不仅无法起到澄清事实真相、遏制谣言、平息舆论的目的，反而可能导致舆论危机进一步加剧，对政府部门的权威性和公信力造成伤害。

三是动态回应，在逻辑上形成"闭环"。舆情发展态势波动变化，相应的舆情回应也是一个动态的过程。在热点事件发生后，政府部门难以做到第一时间将事件相关情况和处置情况等一次性发布出去，相关部门要随着事件处置进展和舆情演变情况，循序渐进地跟进发布信息，回应舆论关切和质疑。动态回应应选择好每次回应的时机，做到周期和内容连贯，前后一致，从而在舆情回应逻辑上形成"闭环"，缓和公众负面情绪。

（四）强化领导干部舆情危机意识，提升舆情应急处置水平

处置舆情工作目前已成为领导干部的一项常态化工作，正确应对处置舆情是领导干部自身能力提升的内在要求，是领导干部密切联系群众的必要路径，也是领导干部创新社会治理的有效手段。在突发热点事件发生后，部分领导干部因信息获取能力和舆情危机意识欠缺，丧失了舆论引导的主动权，导致事件扩大化，给党和政府部门的形象造成了一定的负面影响。因此，领导干部应持续增强舆情危机意识，将舆情应急处置工作作为提升执政能力的重要抓手。

一方面，随着互联网的迅猛发展，领导干部要深刻认识互联网在国家管理和社会治理中的重要作用，牢固树立互联网思维，始终坚持以人民为中心

的工作导向，走好网上群众路线，主动倾听网民声音，针对网民关切做好解疑释惑工作。对于网络舆情暴露出的一些苗头性倾向性问题，领导干部应从线下找寻问题的根源所在，从而提升舆情引导处置的针对性和效率，及时消除舆情风险，不断提高应对复杂网络舆情的处突能力。

另一方面，领导干部应加强掌握舆情应急处置和引导技巧。一是要提升舆情应急响应速度。突发热点事件发生后，相关舆情短时间内急剧增多，领导干部应迅速启动应急响应机制，从舆情监测预警、分析研判、回应引导等方面部署开展相关工作，做到科学有序应对突发舆情。二是应注意防范次生舆情风险。领导干部需加强了解舆情传播规律和特点，结合事实情况慎重发声，不主观臆断妄加评判，避免因个人不当言论给舆情"火上加油"，产生次生舆情灾害。三是要尊重公众的知情权、参与权、表达权、监督权。领导干部在处置突发舆情时，应充分考虑民意基础和公众感受，掌握公众的主要关切，通过媒体、政务新媒体与公众开展良性互动，表明政府部门积极处置的态度和决心，以此进一步拉进领导干部与广大网民之间的距离，获得网民群体的信任和支持，推动舆情危机快速化解，重塑政府部门形象和公信力。

河南省地方政府回应民众网络诉求状况分析[*]

——基于河南省四市"领导留言板"的数据分析

何水 姚志茹[**]

摘 要： 基于人民网"领导留言板"中2020年河南省四个地级市市长及市委书记民众留言样本数据，对河南省地方政府回应民众网络诉求状况进行评估分析发现，民众网络留言在类型上以投诉类、求助类留言居多；在领域上以城建、交通、教育等领域留言居多；在时空分布上以下半年、工作日留言居多。地方政府在网络公共空间中能够积极承担回应责任，对民众网络诉求回应率较高。深入分析河南省地方政府回应民众网络诉求存在的问题发现：地方政府一方面回应质量有待提升，另一方面回应制度不健全难以形成硬性约束。而民众作为政府服务和回应的对象，其网络问政能力和态度等也对地方政府回应行为有着制约作用。鉴于此，加大资源投入提升地方政府回应质量、健全地方政府回应制度体系、提升民众网络问政能力和水平是改进河南省地方政府回应民众网络诉求工作的现实路径。

关键词： 地方政府 网络诉求 回应状况 河南

---

[*] 基金项目：河南省高等学校哲学社会科学研究优秀学者资助项目"新型城镇化与政府治道变革"（项目编号：2018-YXXZ-16）。

[**] 何水，郑州大学政治与公共管理学院教授、博士生导师；姚志茹，郑州大学政治与公共管理学院行政管理专业硕士研究生。

提升政府回应性是建设服务型政府的重要议题，也是推动国家善治的重要方式。互联网的发展在为民众提供多元化表达渠道的同时也使得各种诉求和隐性社会矛盾凸显，更加迫切地要求提升政府回应的质量和速度。国家"十四五"规划和2035年远景目标纲要明确指出要"全面推进政府运行方式、业务流程和服务模式数字化智能化"[1]。在互联网信息技术快速发展的背景下，政府变革治理方式，提升治理能力，及时回应民众诉求，成为时代发展的客观要求和趋势。网络问政平台作为民众合理合法表达自身利益诉求的官方渠道，是政府与民众互动的重要桥梁，也是直观体现政府回应性的重要载体。人民网"领导留言板"公布的2020年河南板块留言办理情况显示，全年网民留言量约8.3万件，同比增长约20%；河南省各地政府回复人民网网友留言7.5万件，居全国首位，同比增长约22%。[2] 本文以人民网"领导留言板"河南省民众留言数据为基础，抽取郑州市、新乡市、开封市、三门峡市四个地级市，并借助Python软件抓取2020年1月1日至12月31日四个地级市的市长及市委书记的8895条留言作为样本数据，分析民众网络诉求特征、地方政府回应状况及存在的问题，提出提升地方政府回应能力的对策建议。

一 民众网络诉求分布特征

（一）投诉类、求助类留言居多，建言类留言高于预期

人民网"领导留言板"将民众留言从类型上分为投诉、求助、咨询、建言、感谢五大类型。本研究依据五个留言维度对留言类型进行数据整理，通过EXCEL对8895条样本留言进行处理后发现，投诉类的留言总量

---

[1] 《中华人民共和国国民经济和社会发展第十四个五年规划和2035年远景目标纲要》，《人民日报》2021年3月13日，第8版。
[2] 《河南"网上群众工作"太康通许县等地零回复》，http：//henan.people.com.cn/n2/2021/0325/c351638-34640192.html，2021年3月25日。

有3149条，占总样本的比重为35.4%；其次是求助类，共计2794条，占比为31.4%；咨询类留言数量为2059条，占比为23.1%；建言类总计853条，占比为9.6%；五类留言中占比最少的是感谢类，仅为0.4%，总计40条。

由此可见，投诉类和求助类留言占据留言总量的65%以上，它反映了民众在日常生活中自身权益受到侵害、遇到难以解决的难题时倾向于进行网络问政。咨询类留言约占留言总数的1/4，它往往是公众对于各类办理事项和政策不够了解或不知从何种渠道了解而产生的诉求，这类留言问题通常简单明了。

建言类民众留言总体来说虽占比较小，但其全年留言量达到853条，这反映了民众不仅仅受个人利益驱动在网络问政平台表达诉求，而且具有一定的社会责任感和参与社会公共事务的主动性和积极性，愿意借助网络问政平台表达自身对于社会发展和建设的意见和建议。

（二）城建、交通、教育等领域民众关注度高

人民网"领导留言板"从领域上分为城建、交通、教育、就业、政务、环保、治安、企业、三农、医疗、金融、旅游、文娱13个领域。从留言领域来看，民众留言量最高的是城建领域，留言数量高达4600条，占比51.7%；其次是交通、教育、就业，留言数量分别为915条、656条、607条，分别占留言总量的10.3%、7.4%、6.8%。政务、环保、治安、企业、三农等公共领域次之，占比分别为4.9%、4.3%、4.0%、3.6%、3.5%。相比之下，民众对于医疗、金融、旅游和文娱等公共领域的关注度较低，单个领域留言占比均不超过2%。由此可见，在人民网这一全国性网络问政平台，民众普遍关注的是有关城建领域的问题。作为生活在城市中的一分子，居住环境、市政公共设施的优化和完善是民众切实的需求和愿望。而交通、教育、就业等和居民个人利益相关的领域也是民众关注的焦点所在。

（三）民众留言数量时空分布不均衡，政府回应量个别月达千条以上

图 1 反映了 2020 年民众网络留言量和政府回应量月份分布情况，从中可以看出，无论是民众留言量还是政府回应量，下半年的数量明显高于上半年，两者总体上呈同步变化趋势。民众留言量集中在 9 月、11 月和 12 月，最高峰出现在 9 月。政府回应量最高值集中在 9 月和 12 月，与同民众留言数量趋同。

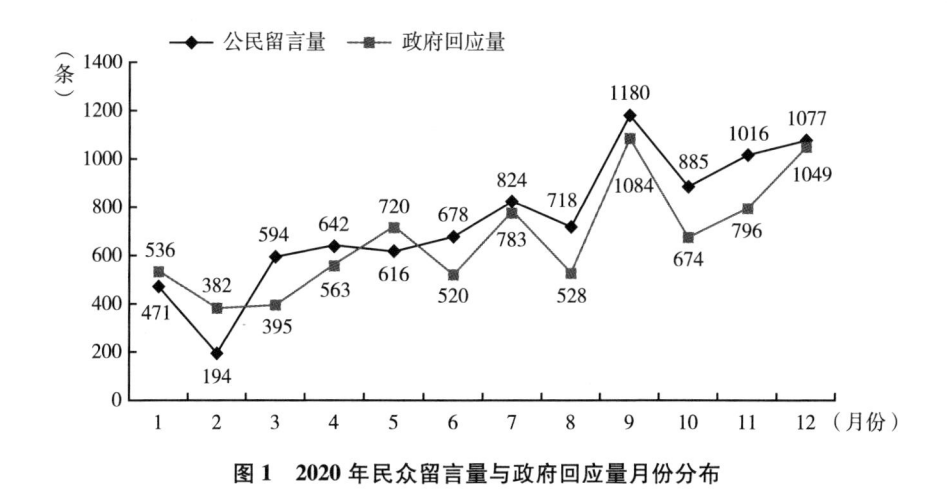

图 1 2020 年民众留言量与政府回应量月份分布

进一步分析表明，9 月是学生开学季，11 月、12 月冬季来临供热供暖以及环境污染等问题增多，教育、供暖服务等诉求导致民众留言量明显增多；政府回应量总体上随着民众留言数量的变化而同步变化。

二 地方政府回应民众网络诉求状况分析

本部分从政府回应量占民众留言总量的比例、政府平均回应时长，以及政府面对不同类型、领域留言时的回应特点等方面对四个地级市政府回应状况进行分析。

（一）地方政府回应率较高但回应时间较长

表1显示，在政府回应数量中，回应率最高的为三门峡市，高达96.4%；新乡市和郑州市紧随其后，分别为86.9%和85.2%；开封市回应数量为1425条，占民众网络留言数量的77.5%。由此可见，地区经济发展水平与政府回应情况并无显著关系。

表1 四个地级市民众网络留言及政府回应情况统计

城市	留言数量(条)	回应数量(条)	回应率(%)	平均回应时长(天)
郑州市	3262	2780	85.2	40
新乡市	2801	2433	86.9	19
开封市	1838	1425	77.5	42
三门峡市	994	958	96.4	44

从平均回应时长来看，地方政府对民众网络留言的回应时长普遍较长。新乡市人民政府办公室2011年发布的《人民网"地方领导留言板"、新乡市政府网"市长信箱"网民留言办理规定（试行）》曾明确要求："各承办单位收到电子信件之日起，建议、咨询类的，应在3~5个工作日内办结并答复；投诉、求助类的应在7个工作日内办结并答复；需要立案调查处理的，应在10个工作日内办结并答复。"但从统计结果来看，新乡市平均回应时长为19天；而开封市和三门峡市平均回应时长均超过40天。

（二）地方政府对民众建言类网络留言回应率相对较低

分析发现，河南省地方政府在面对不同类型的民众网络留言时，回应率和平均回应时长存在明显差异，其中，求助类、咨询类和投诉类更易得到回复，且回复周期相对偏短，建言类和感谢类不易得到政府回复，其中建言类回复周期明显偏长（见表2）。

表2 四个地市级政府对不同类型民众网络留言的回应差异

类别	留言数量（条）	回应数量（条）	回应率（%）	平均回应时长（天）
咨询	2059	1763	85.6	30
投诉	3149	2717	86.2	33
求助	2794	2401	85.9	34
建言	853	687	80.5	45
感谢	40	28	70.0	29

相较而言，河南省地方政府更倾向于回应咨询类、投诉类和求助类民众留言，回应率均高于85%，其中政府对于投诉类民众网络留言有着最高的回应积极性，回应率达86.2%。而建言类和感谢类民众网络留言政府回应积极性较低，感谢类民众网络留言回应率仅为70.0%。

从平均回应时长来看，河南省地方政府对于感谢类和咨询类民众网络留言回复最快，平均时长为29天和30天，其次为投诉类和求助类，建言类留言平均回复时长最长，为45天。投诉类和求助类民众网络留言问题较为突出，政府出于解决民众急盼难问题的考虑，会优先选择和尽可能多地回应此类留言。咨询类留言"回应程序更简单、成本更低、收益更高"[1]，大多只需根据留言内容作出政策法规等的官方解读，无需进行广泛协调和查实。建言类留言不容易得到政府的接纳和支持。

（三）地方政府对民众三农领域网络留言回应率最高

分析发现，河南省地方政府对于不同领域的民众网络留言，其回应率和回应时长有明显差异。对于与脱贫攻坚、污染防治等政府重点工作内容相关的环保和三农等领域，有着较高的回应率和较短的回复周期。而对涉及金融、旅游、企业等相对个体化且诉求量较少的领域回应率相对偏低，回应周期也有所拉长（见表3）。

---

[1] 罗中枢、何蓉蓉：《网络空间中政府回应的多重逻辑探索——基于我国278个地级市政府门户网站的现场实验》，《学术研究》2020年第9期。

表3 四个地市级政府对不同领域留言的回应差异

领域	留言数量(条)	回应数量(条)	回应率(%)	平均回应时长(天)
城建	4600	4017	87.3	33
交通	915	725	79.2	39
教育	656	562	85.6	36
就业	607	501	82.5	35
政务	437	362	82.8	29
环保	384	345	89.8	28
治安	360	306	85.0	34
企业	317	250	78.8	46
三农	307	287	93.4	25
医疗	175	144	82.2	35
金融	63	40	63.4	33
旅游	44	34	77.2	52
文娱	29	22	75.8	34

其中，河南省地方政府对于三农领域民众网络留言回应率最高，回应率达到93.4%；其次是环保、城建、教育等领域，回应率在85%以上。相较而言，交通、企业、文娱等领域的政府回应率整体偏低，不足80%。就政府平均回应时长来看，地方政府对于三农领域的民众留言有着较高的回应积极性，回应时长为25天；旅游和企业领域的平均回应时长较长，分别为52天和46天。除此之外的其他领域，其平均回应时长为35天左右。

（四）"市委书记"留言量远高于"市长"，"市长"回应率相对较高

从整体来看，民众更偏向于对市委书记留言，留言数量为5478条，约为市长留言数量的1.6倍。从回应率来看，市长的回应率要高于市委书记约10个百分点，为91.3%。从平均回应时长来看，市长和市委书记的回应时长均高于30天，分别为37天和32天，市委书记的回应速度要快于市长（见表4）。

表4 市长和市委书记留言及回应情况统计

对象	留言数量(条)	回应数量(条)	回应率(%)	平均回应时长(天)
市长	3417	3121	91.3	37
市委书记	5478	4475	81.6	32

(五)含有个人信息的民众留言政府回应率相对较高

分析发现,政府面对不同的民众网络留言内容存在不同的回应行为,留言字数较多的民众网络留言会得到政府相应较长的回应内容,民众在网络留言中选择公开自己的个人信息会获得政府相对较高的回应率。

囿于表达形式的单一,民众一般会选择通过增加字数来丰富自身的表达内容,使表达更加真实,以显示自身的重视程度。通过对8895条民众留言内容进行函数分析,发现最长的民众留言为1541个字,最短的仅为20个字,平均字符长度为174字,高于平均值的有3415条,政府的总体回应量为3078条,平均回复字数为208个字,回应率为90.13%;低于平均值的有5480条,政府回应量为4952条,平均回复字数为181个字,回应率为90.36%。由此可见,民众留言长度对政府回应行为并无显著影响,但留言字数较多的内容会得到政府相对较长的回应和解释。此外,以留言内容包含"我是"为条件进行筛选,作为民众是否公开个人信息的依据,共标记样本1796条,政府回应数为1644条,回应率为91.54%。未公开个人信息的留言有7099条,回应率为89.96%。由此可见,民众在留言过程中选择透露自己的个人信息会在一定程度上影响政府的回应行为,两者回应率相差1.58个百分点。

三 地方政府回应民众网络诉求存在的问题

就本研究而言,地方政府回应民众网络诉求既涉及地方政府和民众两方,也依赖作为中介的人民网平台。其中,作为回应民众网络诉求的主体,河南省地方政府存在回应质量有待提高、回应制度不尽完善等问题；而民众作为政府服务和回应的对象，其网络问政能力和态度等也对河南省地方政府回应行为有着制约作用。

（一）地方政府回应内容形式化问题突出

河南省地方政府面对民众网络诉求有着较高的回应率，回应型政府建设取得了一定的成效。但经过对河南省四个地级市政府留言回复内容的分析，笔者发现地方政府在回应民众留言时有着严格的程序，对于可以直接进行回复的留言，一般会以"网友：您好！您的留言已收悉，现将办理结果回复如下："等官方话语开头，语言用词礼貌规范，具有一定的格式化要求。但是，囿于时间和精力的限制，程式化的回应要求、过量的民众网络留言，也易导致政府在回复留言时存在敷衍了事、形式主义的现象。譬如网民留言内容详细指出了事情发生的地点和现场的状况以及造成的危害，且诉求明确。但政府回应却是："您好：请将要反映的具体问题叙述清楚（具体位置在哪里）以便我们了解情况后转交至有关部门进行调查处理，感谢您对我们工作的支持。"地方政府并没有在回复中详细回答民众留言中所反映的问题和具体的整改措施，存在形式主义。由此可见，面对留言内容多且居民反映的问题较为复杂时，地方政府可能会选择以程式化的语言进行回复，回应内容没有针对性，并没有解决实际问题。

（二）地方政府回应不够及时

四个地级市政府从接收公民网络留言到做出回应的平均间隔时长远远超过7个工作日，最长的平均回应间隔时长达44天，时效性大打折扣。就单个样本来看，回应时长两极分化现象严重，四个地级市政府最快可以在公民留言当天做出回应，而最长的时间则不一而足，郑州市最长回复时间为411天，新乡市为332天，开封市为271天，三门峡市为377天，回应间隔时间长达一年之久，严重拉低了政府回应的效率，也暴露出地方政府回复公民网络留言不及时的问题。高效高质的政府回应可以维护政府权威，提升公众对于政府的满意度，而低效、形式化、无实质内容的回应有损政府形象，挫伤了公民参与公共事务、积极反映社会问题的积极性。此外，在这一过程中暴露出的政府消极被动、态度敷衍等问题也是亟待解决和改进的方向。

（三）政府回应制度化待加强，留言办理缺乏刚性制度约束

截至2021年12月，笔者以"留言""留言办理""政府回应"等为关键词分别在四个地级市人民政府门户网站进行检索，结果显示只有新乡市人民政府在2011年出台了关于留言办理工作的制度规定。新乡市人民政府出台的制度规定在一定程度上促进了回应办理效率的提升，其在回应时长方面要明显优于其他三个地方政府，但仍远远达不到制度所规定的办理时长要求。因此，政府回应制度的不尽完善及执行不力是影响河南省地方政府回应民众网络诉求能力和效果的根本性因素。

一是留言办理工作制度不健全。政府在网络问政平台回应民众网络诉求需要有制度作为约束力，使办理流程更加规范，提升质量和效率。新乡市政府公开可见的有关留言办理制度的文件印发于2011年，制度建设滞后于政府管理要求和社会发展需要，实施细则有待更新完善。其他三个城市有关制度建设不公开、不透明，且河南省人民政府网站亦无公开可见的有关留言办理的工作制度。这些都不利于形成良好的政府回应氛围，也缺乏硬性约束作为保障。

二是监督考核机制不健全。目前，对于人民网"领导留言板"的外界监督方式是人民网等媒体公布月度各地各级政府留言办理情况以及公众对公开的政府留言回复情况进行打分评价，虽能发挥一定作用，但不足以从根本上倒逼政府提升回应能力。归根到底，政府内部考核监督评价制度的欠缺是河南省地方政府普遍存在回应周期长、回应率不高等问题的根本性因素，政府工作人员因此缺乏内在动力，致使政府回应效果大打折扣，影响了政府回应质量。

三是部门协调机制不健全。人民网"领导留言板"是面向各级党政一把手的网络问政平台，但是民众网络诉求反映的问题千差万别，面向的部门

各不相同，有时需要多部门协调联动加以解决。但从政府回应留言情况来看，领导在接到民众留言后对能解决的问题会直接进行回复，对于不能解决的问题会在留言中回复已转交相关部门处理并将结果告知留言者，有的则直接告知第三方部门的联系方式，请留言者自主联系解决问题。涉及其他部门的问题无论是哪一种解决方式，民众与负责部门都不能直接进行沟通，影响了沟通的效率和沟通结果的真实性。

（四）民众网络问政能力待提高

民众利用人民网"领导留言板"在表达自身网络诉求时，其文字表达水平、留言内容清晰程度、留言态度等所代表的留言质量是民众网络问政能力的直观反映。人民网"领导留言板"包含13个领域，其下又细分为138个话题。民众在进行网络留言时囿于自身文化素质、性格特征等因素，其所选择的留言领域是否对应准确，能否详细表达诉求的时间、原因、简要经过、涉及单位、涉及金额、造成的困难、影响程度以及期望的结果，都会对政府回应能力和回应效果产生影响。而分析发现，样本中有大量的民众网络留言缺少必要的要素，除不能清晰准确地表达自身的利益诉求之外，还存在着留言内容过于随意、留言方式不够尊重、留言问题过于个体化等现象，不利于诉求得到及时回应。

四 加强地方政府回应的对策建议

前述分析表明，河南省地方政府回应民众网络诉求存在的主要问题为地方政府回应质量有待提升、政府回应制度不尽完善、民众表达网络诉求存在阻力等。鉴于此，加大政府资源投入、健全政府回应制度体系、提升民众网络问政能力和水平是改进河南省地方政府回应民众网络诉求工作的现实路径。

（一）加大资源投入提升政府回应质量

一是提升政府工作人员专业化回应水平。回应主体是政府整个回应系统的重点构成，政府工作人员的能力和素质是决定政府回应速度和回应质量的基础性因素。职业化意味着专业化，专业化意味着有足够的时间、精力和能力投入政府回应工作中，保证回应质量。同时，为了提高民众满意度，河南省各地市级政府可以采取培训教育、考核评估、学习交流等措施提升行政人员的回应能力。使行政人员熟悉回应民众网络诉求的工作要求、办理流程、服务理念等基本规范。将培训考核工作常态化，构建提升行政人员回应能力的长效机制。

二是推进互联网基础设施建设。河南省要加大投入完善平台建设、升级改造硬件设施，逐渐拓宽人民网"领导留言板"的应用场景，更加快速便捷地收集民众诉求。一方面要持续深入推进宽带全覆盖，加强农村网络设施建设，为民众利用网络问政平台表达自身诉求提供基础条件。另一方面要加大普及宣传力度，利用短视频平台、入村入户开展宣传讲座等线上和线下相结合的方式使更多民众参与到网络问政中来，扩大平台的知晓度和覆盖面。增设简单易操作的微信、微博小程序，方便民众表达自身诉求，达到拓宽表达渠道、提高参与度的目的。

（二）健全地方政府回应制度体系

一是推进各级政府建立留言办理工作制度。政府回应民众网络诉求作为提升政府政务服务水平的一项重要工作，是服务型政府和回应型政府建设的重要一环，需要有严格的制度规范作为保障。为了提升政府回应积极性，使留言办理工作更加制度化、规范化，河南省各级政府要主动出台并制定人民网"领导留言板"留言办理工作办法，确立办理原则，明确部门间责任分工，详细规定办理的最长时长、回应流程等实施细则，推进同类别留言诉求无差别处理，为政府工作人员回应民众网络诉求提供行动框架和遵循规范。

二是完善有关政府回应工作的绩效问责考评制度。只有将留言办理工作情况纳入政府绩效考评中，才能激发政府工作人员回应民众网络诉求的内在积极性，并在各级政府间形成良性竞争。为此，河南省留言办理工作可以借鉴并引入好差评制度，明确政府回应责任主体，使责任主体可追溯。此外，还可以围绕服务质量、服务水平、办理效率、规范程度等方面建立一套覆盖全面、科学规范的评价体系。充分发挥监督考评机制在提升政府回应积极性、惩罚规范形式主义、懒政怠政、敷衍搪塞等不良政府回应行为等方面的作用。

三是建立政府回应部门联动协调机制。政府回应效率和质量提升受阻的一个原因在于民众网络诉求多种多样，面向多个部门和主体，很多情况下需要将留言者诉求转交给相关部门核实调查处理，再将办理结果反馈给留言者，这大大拉长了留言回复时长。因此，河南省需要采取有效措施提高留言办理工作效率，提升政府回应能力，可以尝试建立政府部门横向沟通机制，借助大数据、云计算等技术打通多部门互动的回应通道，整合部门行政资源，实现留言者与直接负责部门之间的一对一沟通，取消中间人环节，压缩办理流程，节省办理时间。

（三）提升民众网络问政能力和水平

一是引导民众理性网络问政。一方面需要在民众进行网络留言前通过阅读操作指引、弹窗等形式提醒其准确选择留言对象、准确选择适用的领域等，并告知留言形式不规范、留言用词不礼貌会影响政府回复时长，导致无法响应等问题，引导民众正确合理表达诉求。另一方面政府也要积极营造良好的上网环境，通过出台法律法规等措施来约束民众上网行为，对于不合法、不合规留言进行集中整治和清理，树立违法典型，发挥法律震慑作用，引导民众健康、有序、文明上网。

二是提升民众对于政府的信任程度。一方面政府工作人员在处理民众网络留言时，要尊重和保护民众个人隐私，尤其对于投诉政府部门的留言，在转交相关责任部门处理时可以选择隐去个人信息，保护民众权益。另一方面政府工作人员要积极采纳民众合理建议，将其纳入政策议程。民众出于自身责任感愿意将对于城市建设和社会发展的意见反映给政府部门，其中不乏真知灼见，对于那些可以采纳或借鉴的意见政府应该积极推动其转化为切实可行的政策方针，并对民众的留言建议进行公开鼓励，吸引更多民众投身到网络问政中来。

河南省开放政府数据建设状况调查分析

张聪丛　张艺颖　熊欣欣　吴柯莹*

摘　要： 本研究立足于河南公共数据开放现状，从环境、数据、平台和互动反馈四个维度构建开放政府数据评价指标体系，对河南省政府开放数据建设现状进行分析评估。结果显示，河南省在开放数据政策环境、数据基础设施建设、数据平台、用户反馈等方面都取得了一定成效，但也存在重信息轻数据、重建设轻应用、数据平台整合协同失灵、数据开放部门间差距显著、数据开放领域分布极化、数据利用互动失效等问题，大大限制了数据的高效共享利用。针对存在的问题，提出以下建议：一是加强宣传监督，提高数据共享开放意识；二是突出领导支持，强化数据共享开放与利用方面的政策配套；三是坚持需求导向，注重高需求、高质量、高频率事项的数据共享开放；四是推进数据融通，鼓励多主体数据共享共用；五是保障数据安全，构建数据安全保障体系。

关键词： 开放政府　数据开放　数据平台　河南

2021年发布的《中华人民共和国国民经济和社会发展第十四个五年规划和2035年远景目标纲要》强调，要加快数字产业发展，推动数据资

---

* 张聪丛，郑州大学政治与公共管理学院讲师，郑州大学公共管理博士后科研流动站博士后，研究方向为政府治理；张艺颖、熊欣欣、吴柯莹，郑州大学政治与公共管理学院2019级本科生。

源开发利用，提升公共服务、社会治理等数字化智能化水平。《河南省数字政府建设总体规划（2020—2022年）》提出，建设数字政府更好地满足企业和群众日益多元化的政务服务需求。河南省于2018年6月上线了河南省公共数据开放平台，这标志着河南省公共数据开放工作进入了新阶段。本研究基于河南地方政府网站、政策文本、统计年鉴和各类发展报告数据，对河南省开放政府数据情况进行评价分析，并在此基础上针对开放数据建设中存在的问题提出具有可行性的对策建议，助推河南省域内政府数据开放生态建设。

一 开放政府数据指标体系构建

开放政府数据是在满足开放数据要求的基础上，由政府或公共部门将其拥有的非涉密和非隐私限制的数据开放给任何人免费访问、获取、利用和分配的数据集。在梳理学界关于政府开放数据内涵、评价体系、案例研究的基础上，本报告构建了由4个维度、10个一级指标以及13个二级指标组成的开放政府数据评价指标体系。环境维度主要包括政策环境、基础设施、组织与领导。数据维度主要包含数据数量和数据质量两方面内容。平台维度主要包括平台整合协同、平台工具供给和数据产品供给三方面内容。互动反馈维度主要包括用户多样性和用户评价两方面内容。具体指标选取见表1。

表1 开放政府数据评价指标体系

维度	一级指标	二级指标	指标解释
环境	政策环境	政策环境	各类政策性文件
	基础设施	基础设施	各类数字基础设施
	组织与领导	组织与领导	数据管理机构
数据	数据数量	数据数量	数据集开放数量

续表

维度	一级指标	二级指标	指标解释
数据	数据质量	数据完整性	部门覆盖、主题场景覆盖
		数据及时性	更新频率
平台	平台整合协同	省域整体性	省与地市级协同
	平台工具供给	平台工具供给	数据统计、可视化展现、开发工具等
	数据产品供给	成果形式	数据利用成果形式
		数据下载量	数据产品的下载数量
		数据调用量	数据接口的调用数量
互动反馈	用户多样性	用户多样性	参与主体类型
	用户评价	用户评价	评价打分

二 评估分析

（一）政务数字化政策体系基本建立，政府数据共享开放工作滞后

省级层面深入推进政务信息资源和政务服务数字化。河南省颁布了一系列政策文件，深化数据共享开放，加强数据应用开发，激发政府数据要素潜力，服务企业和公众。如《河南省人民政府办公厅关于印发河南省政务信息资源共享管理暂行办法的通知》致力于推进全省政务信息系统互联和政务数据共享。《河南省人民政府关于印发河南省数字政府建设总体规划（2020—2022年）的通知》则在统筹推进河南省政务服务数字化转型，持续深化"放管服"改革，着力优化营商环境方面做出了总体部署。《河南省人民政府办公厅关于印发河南省政务数据安全管理暂行办法的通知》则对政务部门非涉密政务数据收集、存储、传输、共享、开放、使用、销毁等行为及相关管理活动进行数据安全防护规范，落实政务数据安全责任制。

各地市政府积极践行政务公开和"一网通办"改革。截至2021年底，河南省的18个地级市都在网上公布了涉及政务公开的政策文件，如各市人民政府相继出台了关于全面推进基层政务公开标准化规范化工作实施方案的通知，建设统一规范的基层政务公开标准体系，覆盖基层政府行政权力运行全过程和政务服务全流程。各地市政府都出台了数据资源共享与开发应用的相关政策，实施了"一网通办，一次办成"政务服务改革，建成全省一体化在线政务服务平台和贯通省、市、县、乡、村五级的政务服务网。

政府数据共享开放工作滞后。整个河南省域内的大部分相关政策主要集中在政府或政务信息公开上，较少涉及政府或公共数据共享开放。各地区以数字政府建设为契机，建设了一批数字基础设施，但是这些数据平台和系统目前只服务于各地区内部，并未在部门间打通。河南省各地市主要处在积极推进政务公开标准化规范化的阶段，以建立统一的接口，为下一步政府数据共享开放奠定基础。目前，济源示范区管理委员会、鹤壁市和郑州市政府开始出台政务数据资源共享的相关政策，推进数据共享开放工作。

（二）地市层面的数据开放平台尚未上线，省市级数据平台协同不足

数据开放平台的区域整体性不足。截至2021年下半年，我国51.33%的城市已上线政府数据开放平台。具体来看，在河南、江西、安徽、湖北、湖南与山西中部六省中，除河南外其他五省从2017年开始已陆续上线城市层面的政府数据开放平台（见表2）。河南省域内仅有一个省级公共数据开放平台，未上线任何地级市开放平台。因此在省域公共数据开放平台中，未提供已上线地市平台的有效链接，数据开放目录也只是涉及省直部门的相关数据，在河南省层面尚未实现真正的数据共享开放，这也在一定程度上限制了河南省公共数据的利用。

表2 中部六省主要城市平台上线时间一览

上线时间	地方	
2017年及之前	副省级	武汉
	地级	长沙、荆门
2018年	地级	六安、马鞍山、宣城
2019年	地级	蚌埠、阜阳、常德、黄冈、永州、抚州、黄山
2020年	地级	赣州、九江、南昌、萍乡、上饶、铜陵、芜湖、孝感、宜昌、鹰潭
2021年	地级	亳州、长治、郴州、池州、大同、鄂州、淮北、吉安、景德镇、荆州、娄底、十堰、宿州、随州、湘潭、新余、宜春、益阳、岳阳

（三）省直部门数据开放程度差距较大，统计局、教育厅、质监局排名靠前，环保厅、商务厅数据缺乏

开放数据总量有待增加。截至2022年3月，河南省开放数据总量达356.72万条，数据目录总量806个，涉及47个部门、20个领域，API接口总量为1609个，API调用次数为325次。与同为中部省份的安徽相比，安徽省数据总量达4481.04万条，共开放2570个数据目录，河南省在数据总量与数据目录方面有待优化提升。

省直各部门数据开放程度差异较大。从各部门数据目录数量（见表3）、各部门数据量（见表4）以及各部门开放指数与使用指数（见图1）综合来看，在数据总量上，交通运输厅数据量最高，统计局、住房城乡建设厅、国税局、水利厅、教育厅、科技厅数据量均超过1万条。但旅游局、国资委、工商局等多数部门数据量不超过1000条，同时仍有环保厅、商务厅等39个部门未公开数据；在数据目录上，统计局、质监局、教育厅数据目录较为丰富，但大多数部门数据目录不超过20项，且37个部门数据目录欠缺，如环保厅、商务厅等部门的数据目录查询结果为零。在数据开放指数和数据使用指数方面，截至2022年3月，以省统计局为参照，省质监局数据开放指数与数据使用指数较高，分别为0.559和0.411。

表3　河南省直部门数据目录（部分）

单位：个

部门	数据目录	部门	数据目录
省统计局	246	省发展改革委	9
省质监局	138	省通信管理局	9
省教育厅	102	省国资委	8
省工业和信息化委	69	郑州人行	8
省住房城乡建设厅	21	省国税局	7
省水利厅	17	省人民检察院	7
省卫生和计划生育委员会	16	省工商局	6
省委政府信访局	14	省旅游局	6
省交通运输厅	13	省档案局(馆)	6
省民政局	12	省粮食局	6
省科技厅	11	省文化厅	5
省财政厅	10	省供销合作总社	5

表4　河南省省直部门数据量（部分部门）

单位：条

部门	数据量	部门	数据量
省交通运输厅	2874122	省委政府信访局	810
省统计局	374212	省文化厅	736
省住房城乡建设厅	167101	省农业厅	576
省国税局	50797	省人民检察院	564
省水利厅	34009	省工商局	462
省教育厅	25004	省食品药品监管局	448
省科技厅	11003	省农机局	416
省质监局	6053	省档案局(馆)	408
省工业和信息化委	5690	省发展改革委	396
省通信管理局	2486	省扶贫办	390
省民政厅	2000	郑州人行	308
省财政厅	1946	省政府办公厅	249
省审计厅	1823	省畜牧局	188
省地震局	1174	省供销合作总社	179
省卫生和计划生育委员会	909	省粮食局	167
省旅游局	890	省公安厅	138
省国资委	865	省文物局	135

河南省开放政府数据建设状况调查分析

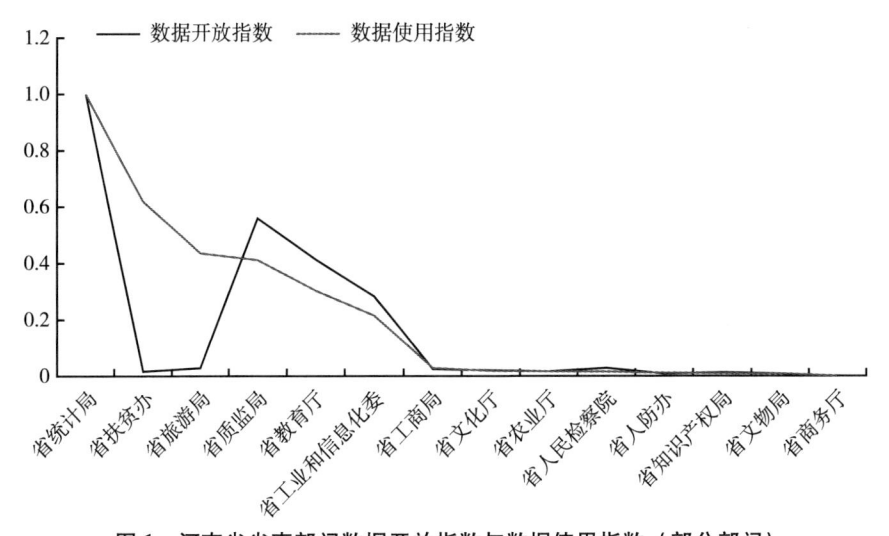

图1 河南省省直部门数据开放指数与数据使用指数（部分部门）

（四）开放数据主要集中在统计、质量监管、教育等领域，企业登记监管、社保、信用等领域数据较少

从不同领域的数据目录数量（见表5）和领域开放指数（见表6）来看，河南省公共数据开放平台发布的数据涉及22个领域，平均每个领域开放数据目录为51个，统计领域开放数据目录最多，其次是质量监管和教育领域，其他如资源、金融、科技、环境、就业等领域也具备较多的数据目录，企业登记监管、社保、信用、地理、气象、知识产权、海洋、林业等领域数据目录数量偏少，均不超过20个，整体呈现差异化格局；统计、质量监管、教育领域开放指数较高，超过80%的领域开放指数在5%以下，各领域数据的内容丰富度和利用度较差，整体开放利用水平有待提升。

表5 河南省不同领域数据目录

单位：个

领域	数量	领域	数量
统计	441	资源	77
质量监管	157	金融	42
教育	122	科技	37

续表

领域	数量	领域	数量
环境	37	社保	16
就业	36	信用	13
卫生	25	地理	10
文化	25	医疗	3
安监	24	气象	2
交通	23	知识产权	2
农业	23	海洋	1
企业登记监管	19	林业	0

表6 河南省领域开放指数

单位：条，%

领域	统计	百分比	领域	统计	百分比
统计	439	38.85	农业	23	2.03
质量监管	156	13.80	交通	23	2.03
教育	122	10.80	企业登记监管	19	1.68
资源	76	6.73	社保	16	1.42
金融	42	3.72	信用	13	1.15
科技	37	3.27	地理	9	0.80
环境	37	3.27	医疗	3	0.27
就业	36	3.19	气象	2	0.18
卫生	25	2.21	知识产权	2	0.18
文化	25	2.21	海洋	1	0.14
安监	24	2.12	林业	0	0.00

（五）数据更新不及时，缺乏时效性

河南省公共数据开放平台上93.61%的数据是静态数据（以年为单位更新），仅有小于5%的数据属于动态数据（以月、日为单位更新，或实时更新）。例如，省工商局公布的6个数据集的更新频率均为每年，包括企业受扶持信息、商品质量抽检不合格情况统计表等。而山东省在950个数据目录中，年度更新的有354个，在全部数据目录中占比为37.3%，自定义或不定期更新的数据集有 481 个，占比为 50.6%，9.3% 的数据目录为实时更新。比较而言，河南省开放数据的更新频率有待提高，需要增加实时数据的动态更新。

（六）数据接口和应用数量较少，实际利用率不高

截至 2021 年底，河南省公共数据开放平台提供了 1609 个 API 以及 10 个应用。数据平台提供的 1609 个 API 中，连接应用的仅有 28 个，大部分 API 都没有被应用。表 7 列出了平台中下载排行前 10 的 API 情况。这 10 个 API 涉及气象、地理、统计、文化、安监、资源和信用等领域，自发布以来最高下载次数为 554 次。虽然标注数据集是每年更新，但实际上这些数据基本没有按照要求进行更新。目前，河南省公共数据开放平台应用中心发布了 10 个应用（见表 8），涉及公安、教育、工商、社保、政务等场景。主要服务包括信息查询与订阅、业务预约与办理进度查询等。这些接口和应用整体上数量较少，和北京、广东、山东、上海这些数据开放建设较好的地区相比差距较大。此外，数据平台提供了地图空间可视化工具，能够使部分数据和地理空间叠加展示。但是，目前仅有一个道路客运站经营许可数据支持地理空间可视化叠加，尚未发现其他数据集。

表 7 API 下载排行前 10 一览

单位：次

数据目录名称	最后更新	更新频率	下载次数	浏览次数	所属领域
河南省各地市历史天气情况	2019 年 4 月 3 日	每年	554	4215	气象
关于郑州铁路科技发展有限公司等 8 家单位测绘资质	2019 年 12 月 27 日	每年	406	2705	地理
全省行政区划	2018 年 6 月 26 日	每年	314	2800	地理,统计
地理信息产业三十强	2019 年 12 月 27 日	每年	300	2415	地理
图书馆情报与文献学	2019 年 12 月 27 日	每年	300	2425	文化
综合平衡表	2018 年 6 月 26 日	每年	267	2070	安监,统计
河南省企业名录	2019 年 6 月 26 日	每年	246	1635	统计
自然资源	2018 年 7 月 2 日	每年	232	1635	资源,统计
法人单位数	2018 年 8 月 24 日	每年	228	2470	信用,统计
精准扶贫行动先进民营企业推荐名单	2019 年 12 月 19 日	每年	224	1520	信用

表 8　应用公布一览

单位：次

应用名称	发布时间	使用次数	场景领域
河南警民通	2018年6月28日	1695	公安
精准扶贫	2018年6月28日	1172	民政
河南省安全教育平台	2018年6月28日	812	教育
河南电子营业执照	2018年6月28日	668	工商
河南省交通安全综合服务平台	2018年7月2日	610	交管
河南人社	2018年12月20日	480	社保
河南省统计局	2018年8月22日	149	统计
豫游	2019年4月2日	69	旅游
河南政务服务	2019年12月9日	25	政务
掌上工商	2019年11月20日	15	工商

（七）用户反馈较少，互动性几乎没有

需求反馈不足。河南省暂无省级开放数据创新利用比赛，暂未征集社会各界对数据资源开放的具体需求，缺乏公共数据供需对接活动。河南省公共数据开放平台提供了互动交流的栏目导航，其中需求调查方面，针对需求类型、数据领域、格式与用途等方面有细分选择，但依然未显示过往历史信息。

互动参与不足。河南省数据开放平台的应用服务中也未提供开发者名称以及开发者类型等信息，也就无从评价各类主体的参与程度。在平台互动交流栏目的咨询建议方面，并未公开历史用户互动交流的内容诉求，只是单向的问题反馈。此外，在该数据平台的应用中心界面，针对每个应用都设置了评分和评论栏目，但由于进行评分的参与者极少，而成为一种形式主义。

三　对策建议

总体来看，河南省在开放数据政策环境、数据基础设施建设、数据平台、用户反馈等方面都取得一定成效，但也存在重信息轻数据、重建设轻应

用、数据平台整合协同失灵、数据开放部门间差距显著、数据开放领域分布极化、数据利用互动失效等问题，大大限制了数据的高效共享利用。本研究基于评估分析结果提出以下建议。

（一）加强宣传监督，提高数据共享开放意识

针对普遍存在的政府不愿开放、不敢开放、不懂如何开放的情况，各地市各部门要不断加强对政府工作人员，尤其是部门主要领导人员的思想宣传，让大家认识到各个部门的数据本质上仍是公共产品，不能因为担心部门利益损失而阻碍整体数据共享开放和社会公共利益的实现。同时，利用多种技术和管理手段，培训相关人员的数据共享业务能力，降低数据共享部门的风险责任，通过补偿性措施鼓励各个部门开放数据，通过制度性激励机制激发各个部门的共享动力。此外，要强化督导检查，建立定期通报和抽查制度，及时评估反馈，推动数据共享开放工作有序规范开展。

（二）突出领导支持，强化数据共享开放与利用方面的政策配套

依托省大数据管理局，市、县两级政务服务和大数据管理机构，积极推进数据共享开放与利用的相关职责落实。建立健全数据共享开发利用方面的政策配套，构筑较为完备的顶层设计。加大政策在数据开放与利用环节的倾斜力度，强化河南省政府在规划引领、统筹协调、政策扶持方面的引导作用。完善河南省大数据管理局在数据资源整合、数据资源开放共享、政府网站建设等方面的职能。以深化数据应用为主线，充分发挥河南省人口、交通、产业领域拥有的海量数据和丰富应用场景优势，在重点省辖市和领域谋划实施数字经济和信息化重点工程，以政务数据为基础，链接行业、社会数据资源，集约建设省、市两级数据资源体系，推进数据资源化，实现重点领域数据有序汇聚和安全调用。

（三）坚持需求导向，注重高需求、高质量、高频率事项的数据共享开放

开放政府数据建设要以回应社会问题、公民需求以及政府部门自身业务

需求为导向，最大限度地发掘利用并实现数据的潜在价值。一方面，畅通反馈渠道，促进用户参与互动，及时收集整合用户诉求，从中分析提炼需求信息，为数据共享开放提供方向指导。另一方面，政府数据平台在提供各领域数据的基础上，在政策允许的范围内，应更加注重民生服务、产业发展和社会治理等高需求、高质量、高频率事项数据的共享开放，促进数据开发应用落到实处，创造更高的经济和社会价值。

（四）推进数据融通，鼓励多主体数据共享共用

探索推进政府数据与平台企业数据的融通发展模式。推动具有产业带动能力、资源集聚能力的平台企业打造数据基础平台，支持各地基于城市数据大脑、政务云等探索建立政务数据与平台企业数据互通机制，研究政府数据向平台企业有序开放的机制和模式。加大政务数据推广应用力度，支持平台企业打通产业壁垒，推进重点区域各环节统一调度，推动政务数据公平公正赋能千行百业。

积极拓展公共数据开发利用新路径。实行管运分离的数据价值化运营模式，支持政府主导整合、汇聚、管理政务数据，引导汇入行业数据。发挥平台互动功能，与企业、高校、科研机构、社会团体等形成常态化合作机制。一方面，可以通过开放竞赛、补助奖励、应用培训等形式，鼓励公民、法人和其他组织利用政务数据资源创新产品、技术和服务，推动社会主体对开放数据的创新应用和价值挖掘。另一方面，尝试采用公共数据的"市场化运营"方式，实现数据要素有序的市场化流动，提升公共数据增值利用效率。

（五）保障数据安全，构建数据安全保障体系

基于数据总体安全的角度，创新思维理念，从法律、管理、技术等多角度合力打造全方位的大数据安全保障体系。首先，贯彻落实《中华人民共和国网络安全法》《中华人民共和国数据安全法》《中华人民共和国个人信息保护法》《关键信息基础设施安全保护条例》等法律法规，强化防

护责任，加强监督检查，守住数据安全底线，为国家大数据战略实施提供强有力的数据安全保障。其次，进一步完善河南省数据安全管理制度体系，实行政务数据安全责任制，将安全管理责任细化到具体组织机构，同时加大对数据安全保障技术方面的投入，建立专业的人才队伍。最后，鼓励寻求更加有效的技术方式，提高数据安全技术水平。搭建安全监管技术平台，利用技术手段迅速监测、识别、处理各类数据系统的安全风险和安全事件。

案 例 篇
Cases

河南省乡镇（街道）社工站建设调查报告

王维 程建平 嫘宏涛[*]

摘　要： 乡镇（街道）社工站为专业社会工作力量嵌入基层治理提供重要的平台与途径。河南省乡镇（街道）社工站建设正平稳有序推进，初步建立乡镇（街道）社工站的基本架构，不断明晰乡镇（街道）社工站的功能定位，试点推动乡镇（街道）社工站的全面建设。但河南省乡镇（街道）社工站在具体建设实践过程中面临各地社工站建设城乡差异较大且县域社工站发展缓慢，阶段性目标指引不明确导致对社会治理痛点的切入不足，建设推进速度较快而财政及人力制度保障跟不上，督导体系与评估体系不健全难以保证社工站的服务品质等问题。基于此，河南省乡镇（街道）社工站建设需要注重区域的平衡发展、强化专业人才培养、增强整体发展能力、丰富服务项目内容、提升服务方式的专业性，满足民政

---

[*] 王维，博士，郑州大学政治与公共管理学院讲师，研究方向为社会治理；程建平，郑州大学政治与公共管理学院教授，研究方向为社会工作理论；嫘宏涛，郑州引航社会工作发展中心中级社会工作师，研究方向为社会工作与社会治理。

重点服务对象的迫切需求。同时，完善乡镇（街道）社工站建设的配套政策体系，促使社工站建设工作稳步推进与全面发展。

关键词： 乡镇（街道）社工站　精准定位　专业性服务　平衡发展

乡镇（街道）社工站建设是"十四五"期间社会工作专业人才队伍建设的核心内容，民政部要求统筹推进乡镇（街道）社工站建设，构建完善县（市、区）、乡镇（街道）、村（社区）三级社会工作服务体系，实现社工站基本全覆盖。截至2021年11月，全国已建成1.2万余个乡镇（街道）社工站，3万余名社会工作者驻站开展服务。[1] 河南省乡镇（街道）社工站建设平稳有序推进，2021年河南省共建成社工站621个，服务群众31.89万人次，累计投入资金9579.35万元[2]，总结河南省社工站建设经验和面临的问题，对于河南省推动社会服务专业化具有重要的现实意义。本报告基于河南省民政厅、河南省统计公报、地方政府网站、实地调查以及参与乡镇（街道）社工站建设的社会工作机构的访谈资料，分析探讨河南省乡镇（街道）社工站建设现状及困境，以期为河南省乡镇（街道）社工站建设提供精准的对策建议。

一　河南省乡镇（街道）社工站建设现状

乡镇（街道）社工站建设鼓励社会工作发挥专业优势，促进社会工作参与基层社会治理。河南省在乡镇（街道）社工站基本架构、功能定位、示范站点建设等方面进行了一系列探索。

---

[1]《民政部："十四五"期间乡镇（街道）社工站将实现基本全覆盖》，央视网，https://news.cctv.com/2021/11/06/ARTI7BKW2zqnYsx5wgn9qL2W211106.shtml，2021年11月6日。
[2]《2021年河南社工站建设取得重大进展》，河南省民政厅网站，http://mzt.henan.gov.cn/2022/01-06/2378667.html，2022年1月6日。

（一）初步建立乡镇（街道）社工站的基本架构

河南省乡镇（街道）社工站建设从政策框架设置、工作体系建设等方面着力，基本形成了完整的政策与实践相结合的体系性架构。

第一，设置政策制度框架。在顶层政策制度设计层面，河南省"十四五"规划纲要明确提出"推进社会工作服务站乡镇（街道）全覆盖"。推动社工站建设成为河南省"十四五"、城镇化和特殊群体保障等12项省级政策规划内容之一。21个部门联合印发《关于加强河南省社会工作人才队伍建设推动社会工作发展的意见》，出台社工站项目实施方案和年度工作方案，印制10项社工站制度、11项社工服务指南和套表。[①]

第二，建立"省-市-县-乡"四级工作体系。在工作体系构建层面，河南省建立省、市、县、乡四级工作体系，明确职责任务，统筹推进项目实施。省级民政部门负责研究制定项目整体实施方案和相关配套工作方案、管理办法和服务标准，建立社工站项目服务监管机制等；市级民政部门制定本地实施方案和配套工作方案，开展业务培训、服务指导和评估工作，并督查考核项目实施情况，每半年向省级民政部门提交项目实施情况报告；县级民政部门具体负责社工站项目的组织实施，制定年度实施计划，为社工站提供必要的办公场地和设施设备，每季度向省、市民政部门提交项目实施情况报告，并依法依规对接、监管承接主体的资金、服务、管理等；乡镇（街道）社工项目承接主体按照服务协议开展相应服务，向有关部门公开基本情况、专业资质、年度财务报告、社会服务项目经验等，配备专职社工开展专业服务，定期向民政部门报告项目实施情况，接受民政、财政、审计等部门的监督检查。[②]

第三，规划社工站建设进程。在乡镇（街道）社工站具体建设方面，按照"一年起步、两年铺开、三年建成、五年提升"的思路，有序推进社

[①] 《2021年河南社工站建设取得重大进展》，河南省民政厅网站，http://mzt.henan.gov.cn/2022/01-06/2378667.html，2022年1月6日。

[②] 具体内容参考《河南省乡镇（街道）社会工作服务站项目实施方案》（试行）。

工站项目建设。到2023年，河南省全省县（市、区）乡镇（街道）社工站基本覆盖。[①] 河南省乡镇（街道）社工站建设从顶层设计到工作体系建设层面初步形成基本架构。

（二）不断明晰乡镇（街道）社工站的功能定位

河南省乡镇（街道）社工站建设的功能定位不断明晰，将专业的社会工作服务与基层民政工作、社区社会治理工作有效融合，形成明晰的服务功能定位。

第一，明晰乡镇（街道）社工站目标设置。河南省乡镇（街道）社工站建设主要是利用社会工作专业服务理念与方法，聚焦民政领域服务对象，对纳入困难群众救助补助资金保障范围等人员开展专业服务。在3~5年的时间内，河南省乡镇（街道）社工站实现全覆盖，实现"一县（市、区）一中心，一乡镇（街道）一站点，村（社区）都有社工服务"，扩大社会工作的服务范围与受益人群，增强社会工作的服务专业性与服务成效。以乡镇（街道）社工站为载体，建成汇集多种公共资源的基层民政服务平台，培育扎根基层的公益类组织，形成一支本土化的专业社会工作人才队伍，解决基层社会治理和社会公共服务的难题。

第二，明确乡镇（街道）社工站服务内容。河南省乡镇（街道）社工站的功能主要是通过聚焦社会救助、养老服务、儿童福利、社会治理以及社会事务等领域，为相关服务对象提供相应的社会工作专业服务，促使民政领域服务对象的发展。并对各个领域的相关服务进行细化，如在社会救助领域，主要包括协助社会救助部门开展对象排查、受理评估、满意度调查、家庭经济状况调查评估、建档访视、需求分析、政策宣传、绩效评价等事务，并为社会救助对象提供心理疏导、照料护理、康复训练、资源链接、能力提升、社会融入等服务。在养老服务领域，主要包括对特困供养老年人（含

---

① 《河南省民政厅关于印发〈河南省乡镇（街道）社会工作服务站项目实施方案〉（试行）的通知》，河南省民政厅网站，http://mzt.henan.gov.cn/2020/11-24/1907557.html，2020年11月24日。

机构供养和分散供养)、留守老人、建档立卡贫困老人等老年群体开展健康服务、精神慰藉、危机干预、社会支持网络建设、社区参与、权益保障服务等。[①]

(三)试点推动乡镇(街道)社工站的全面建设

第一,制定地方乡镇(街道)社工站建设方案。在河南省民政厅实施方案的指导下,地方各级民政部门开始响应,并将乡镇(街道)社工站建设作为各级部门的重要工作内容。基于河南省民政厅乡镇(街道)社工站建设的总体思路,各级民政部门制定本地社工站建设方案。到2021年5月,河南省共有17个省辖市和7个直管县(市)出台了政策文件。[②] 以濮阳市为例,濮阳市政府发布了《濮阳市乡镇(街道)社会工作服务站项目实施方案(试行)》《关于加强濮阳市社会工作专业人才队伍建设加快推进社会工作发展的意见》等文件,制定了社工站项目实施方案,明确2021～2023年89个乡镇(街道)社工站建设的重点任务,制定了整合场地、整合机构、整合人员的"三步走"资源整合方案,为乡镇(街道)社工站建设提供专业支持。2021年初,选择基础条件比较成熟的乡镇(街道)先行试点,下半年各个县区全部推开,当年建成27个社工站。

第二,试点推动乡镇(街道)社工站建设。确定乡镇(街道)社工站示范点,截至2021年5月,河南省共有512个乡镇(街道)列入首批试点,落实项目资金5500余万元,建成示范性社工站70个。如郑州市选取金水区、管城区、中原区、郑东新区作为试点区,社工服务涉及多领域内容,形成一批社会工作服务项目,如郑州市组织开展了"护童行动",为困境儿童开展政策宣传、心理辅导以及社会适应等服务。

---

① 主要依据《河南省乡镇(街道)社会工作服务站项目实施方案》(试行)内容整理而成。
② 《"开局十四五 奋进新征程"系列新闻发布会(三):谱写新时代民政改革事业发展新篇章》,河南省人民政府门户网站,https://www.henan.gov.cn/2021/05-18/2146480.html,2021年5月18日。

二 河南省乡镇（街道）社工站建设面临的问题和困境

基于河南省"十四五"民政事业发展规划要求，河南省不断推进乡镇（街道）社工站建设。当前河南省乡镇（街道）社工站在站点建设进度、阶段性目标指引、财政及人力制度保障、督导与评估体系等方面存在问题，导致乡镇（街道）社工站悬浮于基层社会治理实践中，尚未有效发挥乡镇（街道）社工站的专业服务与社会治理功能。

（一）各地社工站建设城乡差异较大，县域社工站发展缓慢

乡镇（街道）社工站建设的主要场域在广大农村地区。河南省内各地区县域资源有限，农村发展状况以及发展次序不同，各有各的特点。相对于城市地区，农村的人才、文化、社会管理水平难以支撑乡镇（街道）社工站的快速建设与发展。因此，在河南省农村地区的乡镇（街道）社工站建设具有各自的发展次序，其发展进度与力度不一。河南省乡镇（街道）社工站建设从示范站点到全面铺开的过程中，农村地区的乡镇（街道）社工站硬件和制度建设、人才储备和培养、项目产出和管控、资金监督和审计相对于城市来说会存在较大差异。从河南省县域社会工作发展情况来看，不少县域尚未成立社工机构，有的是刚挂牌不久，处于"没有人、没有钱、没有技术"的状态。这影响省内各地区乡镇（街道）社工站建设的区域平衡性。

（二）阶段性目标指引不明确，社会治理痛点切入不足

明确的阶段性发展目标是乡镇（街道）社工站建设有序顺利推进的重要指引，有助于抓住社会治理的痛点难点问题，实现有效的基层治理。河南省乡镇（街道）社工站建设提出整体推进的目标任务，用3~5年的时间实现乡镇（街道）社工站的全覆盖，但是阶段性发展目标并非十分明确，由此乡镇（街道）社工站建设与服务过程中容易产生难以找到服务的重点、

不易形成服务的亮点、对社会治理的痛点切入不足等问题。第一，乡镇（街道）社工站建成与提升的细化目标不明确。河南省乡镇（街道）社工站建设提出了"一年起步、两年铺开、三年建成、五年提升"的建设进度要求。但是，对于如何建成以及如何提升等内容的要求并非很明确。第二，不同发展阶段的乡镇（街道）社工站的工作目标与重点内容不突出。乡镇（街道）社工站建设进度不同，缺乏阶段性目标指引容易导致社工站在发展过程中缺少明确的目标定位，难以抓住服务工作的重点与难点，影响社工站的服务成效。

（三）财政及人力制度保障不足

乡镇（街道）社工站的建设发展是一项系统工程，需要凝聚多方力量，整合多方资源。当前河南省乡镇（街道）社工站建设按照"一年起步、两年铺开、三年建成、五年提升"的进度推进，乡镇（街道）社工站建设的进度较快。乡镇（街道）社工站建设需要大量的财政支持以及稳固的人力资本投入，但是目前相应的制度与支持政策并未完全配套到位。第一，地方财政支持不到位。河南省构建"以县级保障为主、省市适当补助"的资金保障机制，基本形成一般公共预算资金、困难群众救助补助资金、福彩公益金、慈善资金等多元资金投入机制，县级民政局出政策与资金，乡镇（街道）出场地与办公条件。但是在实际工作中，很多偏远农村地区的乡镇，往往因财政资金紧张的问题导致社工站工作难以顺利开展。第二，人力制度保障不足。省人社部门加强社工人才政策规划以及21个部门联合印发《关于加强河南省社会工作人才队伍建设推动社会工作发展的意见》，但是对于乡镇（街道）社工站社会工作人才队伍建设与培养的制度保障力度较弱，影响社工站专业人才储备，甚至影响社工站服务项目的专业性。

（四）督导与评估体系不健全，社工服务品质难以保证

在乡镇（街道）社工站建设与运行中，健全的督导体系与完善的评估

体系是确保乡镇（街道）社工站顺利建设与提供优质服务项目的重要保障。当前河南省乡镇（街道）社工站建设与运行过程中，社工站的督导与评估体系不健全，不少乡镇（街道）社工站缺乏专业督导，难以提升服务质量。同时，缺乏从省级层面出台的统一的社工站建设以及社工站服务项目评估标准，影响乡镇（街道）社工站建设进度与服务成效。第一，督导的供给严重不足。乡镇（街道）社工站对督导的需求较大，但实际供给严重不足，供需不平衡问题比较突出。河南省域内本土督导人才库建设进度缓慢，督导的本土培养体系不完善，并未有效整合与吸纳整个省域内的督导力量与资源，也尚未形成统一的本土督导人才库，难以有效补充督导人才队伍。第二，督导制度体系不完善。部分乡镇（街道）社工站仅仅依靠机构内部督导，"内部+外部"督导支持模式难以建立，不易发挥督导的外部支持作用，难以提升服务效果。第三，尚未正式出台河南省统一的评估指标体系。省内乡镇（街道）社工站在基本标准、服务内容、管理运营、督导评估、经费保障等方面仍处于自主摸索阶段，缺乏从省级层面出台的具有全省统一性及权威性的评价体系。2022年4月，河南省民政厅对《河南省社会工作服务站建设标准与管理规范》《河南省社会工作服务站项目评估办法》公开征求意见，但文件尚未正式出台，影响乡镇（街道）社工站服务成效的展现与提升。

三 河南省乡镇（街道）社工站建设的对策建议

基于当前河南省乡镇（街道）社工站建设运行状况及发展困境，宜从区域平衡、专业人才培养、服务能力、政策支持体系建设四个方面着力改善。

（一）着力县域社工站建设推进平衡发展

结合河南省各地区县域经济、社会、文化等发展水平不一的情况，从省级层面为各地区乡镇（街道）社工站建设提供长期与近期相结合的发展规划，实现乡镇（街道）社工站建设分级推进与梯度发展，尽可能缩小区域间乡镇（街道）社工站建设差距。第一，推进"省-市-县-乡"四级乡镇（街道）社工站建设的发展规划。以省级乡镇（街道）社工站建设政策为指导，结合市级、县域社会发展情况，制定县域乡镇（街道）社工站建设的规划蓝图，为各地区乡镇（街道）社工站发展提供方向指引。第二，推进乡镇（街道）社工站示范站点建设工作。通过示范站点建设为后发县域乡镇（街道）社工站建设提供站点建设、专业服务开展、专业人员培养、服务项目管理等各个方面的经验借鉴。第三，加快推进县域专业社会工作机构的建设步伐。随着乡镇（街道）社工站建设的推进，在县域范围内建设一批专业社会工作机构为后续承担本地区乡镇（街道）社工站建设提供一定的组织基础。第四，加大各级政府对本区域乡镇（街道）社工站建设的政策、资金、技术等支持力度，为乡镇（街道）社工站建设提供基本保障与支持。以上各方面的有机结合与互相促进可推动乡镇（街道）社工站建设的区域性平衡。

（二）培养社工站建设专业人才

专业的乡镇（街道）社工站建设人才队伍能够为乡镇（街道）社工站建设提供重要的人才支撑。河南省民政厅、省委组织部等21个部门联合发布《关于加强河南省社会工作人才队伍建设加快推进社会工作发展的意见》，推进社会工作人才队伍建设。河南省乡镇（街道）社工站建设过程中存在不少服务创新性与专业性方面的困境，强化专业人才队伍建设可以弥补这一缺陷。第一，优化专业人才招聘环节。乡镇（街道）社工站工作人员配置中要强调持证社工比例，增加社会工作专业的人员比例，新招录的社工要求在规定的时间内必须持证。第二，强化专业人才培养环节。从省级层面开展社会工作专业人才培养工程，尤其注重在乡镇（街道）社工站中社工的培训与轮训工作。具体来说，对新入职的员工开展能力提升培训，定期为全体员工提供专业服务工作开展、专业服务技能提升等方面的培训，增强其服务意识和实务操作能力。第三，加强专业人才督导环节。采用"本土+外部"督导形式，通过定期的实地督导与随时开展的线上督导模式，加强对社工的专业指导。同时，推动本土社工督导培养工作，建立社会工作专业督导人才库，形成"一线社工+督导"的人才梯度模式。第四，创新人才资源整合模式。主动探索开展"五社联动"活动，培育一批扎根基层的公益类社会组织，建立"社工站、社区、社区组织、社会工作者、社区志愿者'五社联动'工作模式"。第五，强化社工人才的激励措施。出台社工人才激励政策，对通过全国社会工作者职业水平考试人员给予一次性奖励，对机构新聘任的社工给予一次性工作补贴。

（三）提升社工站服务能力

增强乡镇（街道）社工站的整体发展能力是确保乡镇（街道）社工站作用有效发挥的关键。各级政府有关乡镇（街道）社工站建设的政策为其发展指明了重要的方向。第一，精准乡镇（街道）社工站功能定位。乡镇（街道）社工站要明确自身在不同发展阶段的目标与规划，实现平稳有序发展。乡镇（街道）社工站的承接主体主要是社工机构，省、市、县三级要放权不放任，既要赋权也要统筹，明确各级责任分工，扮演好自身角色。同时，乡镇（街道）社工站要以满足民政服务对象发展需求为首要目标，致力于打通民政服务的"最后一米"，并且兼顾社区治理工作，形成社工站独具特色的功能定位。第二，拓展乡镇（街道）社工站服务项目。结合不同民政服务对象的实际需求，开发设置相应的专业服务项目，发挥社会工作者的专业性与创造性。第三，优化乡镇（街道）社工站服务方式。针对不同民政重点服务群体采取符合该群体需求与发展特征的服务方式，增强服务的专业性与有效性，真正满足民政服务对象的切身需求。第四，搭建乡镇（街道）社工站发展平台。将乡镇（街道）社工站建设与现有的党员活动中心、居家养老照料中心等整合起来，方便居民求助和接受服务，为社工站的正常运营提供场地。

（四）完善社工站建设的政策支持体系

完善的政策支持体系能够为乡镇（街道）社工站建设提供重要保障。

当前河南省民政厅出台不少有关乡镇（街道）社工站建设的政策文件，但相应的配套政策体系尚未完全建立。完善乡镇（街道）社工站建设的政策支持体系需要从以下四个方面推进。第一，推动出台地方社工站建设政策方案。以省级乡镇（街道）社工站建设相关政策为指导，地方政府结合地域特点出台本地区乡镇（街道）社工站建设政策方案。第二，加强部门协同，形成政策合力。除了省民政厅主要推动外，还需要整合组织、财政、人社等部门积极参与乡镇（街道）社工站建设，形成支持性政策方案。第三，推动完善社工站建设配套政策。以省民政厅的相关政策为指导，从乡镇（街道）社工站建设的规范站点建设、人才队伍建设、资金支持保障以及服务清单指引等多方面形成配套制度，有效指导乡镇（街道）社工站建设。第四，健全社工站建设的评估体系。形成以省级为指导、市级为统筹、县级为主导、乡镇（街道）配合的科学推进机制，制定合理的服务质量管控标准，完善相应的评估政策机制，建立评估系统，开展过程监测与实地评估，保障乡镇（街道）社工站项目的顺利发展。

河南省城市生活垃圾分类治理调查分析[*]

姜利娜 王彦冯[**]

摘　要： 本报告以 2012~2021 年《中国城乡建设统计年鉴》、《河南统计年鉴》、河南省各地方政府网站等平台公布的数据资料和 2022 年 1~3 月"河南省城市生活垃圾分类治理调查"课题组的问卷调研为数据来源，剖析了河南省城市生活垃圾分类现状及存在的突出问题。研究发现河南省城市生活垃圾分类有如下表现：一是河南省城市生活垃圾无害化处理率高于全国平均水平，以焚烧处理为主；二是郑州市在河南省垃圾分类工作中排名第一；三是垃圾分类投放收集设施覆盖率接近 2/3；四是居民垃圾分类投放参与意愿高，对垃圾分类有较强的责任感知和收益感知。但也存在以下问题：一是组织机构不健全，垃圾分类标准和目标不明确；二是仅个别地市有垃圾分类专项立法，强制推行力度弱；三是厨余和可回收垃圾处理硬件配套缺口大，商丘、三门峡还存在无害化处理缺口；四是分类投放设施实际利用率低，分类投放、收运缺乏监管；五是垃圾分类宣传效果差，缺乏面对面的有效宣传；六是居民实际参与行为较少，奖惩机制不能发挥"指挥棒"的作用。为此，进一步推进河南省城市生活垃圾分类工作需要：统筹布局垃圾分类硬件设施，明确垃圾分类标准和目标；完善地市立法，强制推行垃圾分类工作；建立生产者责任制、居民付费等制

---

[*] 2023 年度河南省高校人文社会科学研究一般项目"河南省基本公共服务均等化的实现程度与提升路径研究"（项目编号：2023-ZZJH-026）。

[**] 姜利娜，博士，郑州大学政治与公共管理学院讲师，社会治理河南省协同创新中心研究员，研究方向为城乡公共服务供给；王彦冯，郑州大学政治与公共管理学院 2021 级硕士研究生。

度，加强全过程分类硬件设施建设；建立全过程监管机制，提高各环节分类实效；持续开展垃圾分类面对面宣传教育工作；完善奖惩机制，保障垃圾分类长效可持续。

关键词： 生活垃圾分类　硬件配套　制度构建　河南

垃圾分类关乎民生，是政府治理能力和经济社会文明程度的重要体现。2017年，《生活垃圾分类制度实施方案》发布，正式开启城市生活垃圾强制分类时代，政府出台了一系列政策以深入推进垃圾分类工作的开展，包括《关于进一步推进生活垃圾分类工作的若干意见》（建城〔2020〕93号）、《"十四五"城镇生活垃圾分类和处理设施发展规划》（发改环资〔2021〕642号）等，强化垃圾分类工作的顶层设计。河南省先后出台了《河南省生活垃圾分类管理制度实施方案》（豫发改城市〔2018〕734号）、《河南省城市生活垃圾分类管理办法》（省人民政府〔2022〕209号）等政策法规，在城市生活垃圾分类方面做了大量探索，也取得了一定的成效。本报告以2012~2021年《中国城乡建设统计年鉴》、《河南统计年鉴》、河南省各地方政府网站等平台公布的数据资料和2022年1~3月"河南省城市生活垃圾分类治理调查"课题组的问卷调研为数据来源，就河南省垃圾分类相关政策法规、硬件配套、制度实施效果和居民参与情况进行了分析，基于此，剖析了河南省生活垃圾分类工作存在的突出问题，并提出了针对性的对策建议。

一　数据来源

为了系统剖析河南省城市生活垃圾分类治理状况，利用2012~2021年《中国城乡建设统计年鉴》、《河南统计年鉴》和各地级市官方网站及相关网站的公开数据，系统梳理了河南省生活垃圾分类的相关政策法规和硬件配套情况；利用问卷调查收集的数据，剖析了制度实施效果和居民参与情况。

问卷调研通过线上平台（问卷星）开展，共回收问卷369份，其中无效问卷60份（非河南省常住居民：2021年在河南省居住时间不超过6个月）。调查样本中，男性占比为36.89%，女性占比为63.11%；高中及以下文化水平占比为25.57%，大学（含大专）占比为47.25%，研究生占比为27.18%；20岁以下占比为19.42%，20~40岁占比为57.60%，40岁以上占比为22.97%；教师占比为19.74%，私企员工占比为9.39%，国企员工占比为6.47%，医生占比为3.24%，公务员占比为1.94%，非政府组织人员占比为1.29%，其他职业占比为57.93%。

二 河南省城市生活垃圾分类治理现状

垃圾分类是一项系统工程，包含硬件配套、制度支撑两个子系统和分类投放、分类收集、分类运输、分类处理四个环节，分类投放和分类收集是垃圾分类的核心，这两个环节的制度建设是难点，分类运输和分类处理是垃圾分类的保障，这两个环节的硬件建设是难点。

（一）生活垃圾无害化处理率高于全国平均水平，以焚烧处理为主

近10年来，河南省城市生活垃圾无害化处理水平不断提高。生活垃圾无害化处理量从2011年的615.90万吨，增长到2020年的1129.50万吨，年均增长率为7.04%，高于全国平均水平（6.76%）。2020年，河南省城市生活垃圾无害化处理率为99.94%，高于全国平均水平（99.75%）（见图1）。

河南省生活垃圾无害化处理以焚烧为主。目前，"全省已建成垃圾焚烧设施56座，焚烧处理能力5.64万吨/日，实际日均焚烧处理垃圾约4.9万吨，焚烧处理占比接近68%。同时，全省已建成餐厨废弃物处理设施27座，处理能力达到1760吨/日，如：郑州市已建成投用9个生活垃圾分拣中心，日均收集处理厨余垃圾约400吨，生活垃圾回收利用率超过35%。"[①]

---

① 《见"圾"行事、变废为宝！未来河南将实现生活垃圾零填埋、再利用》，大河网，https://baijiahao.baidu.com/s?id=1725611344891980738&wfr=spider&for=pc，2022年2月24日。

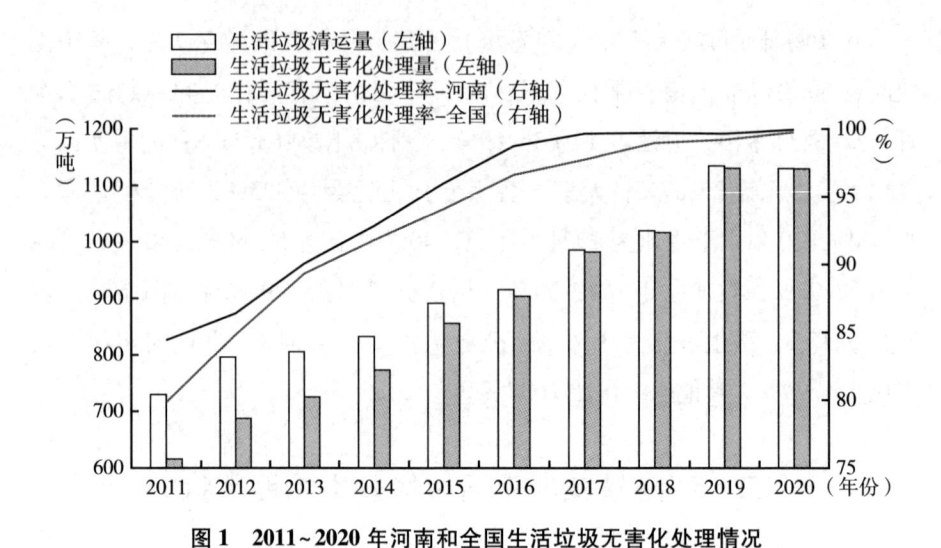

图 1　2011~2020 年河南和全国生活垃圾无害化处理情况

注：生活垃圾无害化处理率=生活垃圾无害化处理量（万吨）/生活垃圾清运量（万吨）。
数据来源：2012~2021 年《中国城乡建设统计年鉴》。

（二）郑州市在河南省垃圾分类工作中排名第一

郑州市、安阳市、洛阳市、焦作市、开封市垃圾分类工作走在河南垃圾分类工作的前列，郑州市排名第一。2017 年，郑州市作为全国 46 个试点城市之一，在河南省率先启动垃圾分类试点工作；2018 年，河南省确定安阳市、洛阳市、焦作市、开封市 4 个城市开展省级垃圾分类试点工作。截至 2021 年底，郑州市垃圾分类投放收集设施覆盖 327 万户，4 个省级试点城市覆盖 77.5 万户，其他 12 个省辖市和济源示范区覆盖 72 万户。郑州市内目前有 9 个区已经实现前端分类、中端收运和末端处理的全闭环管理[1]，除郑州市外，其他省辖市均不具备厨余垃圾处理能力[2]。

（三）垃圾分类投放收集设施覆盖率接近 2/3

截至 2021 年底，在垃圾分类投放收集设施方面，郑州市覆盖 327 万户，

---

[1] 成书丽：《河南生活垃圾分类出新规》，《中国建设报》2022 年 2 月 14 日。
[2] 张哲等：《城市生活垃圾分类，河南省这样做》，《新乡日报》2022 年 2 月 25 日。

安阳市、洛阳市、焦作市、开封市4个省级试点城市覆盖77.5万户，其他12个省辖市和济源示范区覆盖72万户，覆盖率得到有效提升。

就调研结果来看，垃圾分类投放收集设施覆盖率达到65.37%。就垃圾分类投放收集设施进行调研，关于"您所在小区是否配备厨余垃圾、可回收垃圾、其他垃圾和有害垃圾四类垃圾收集设备"，回答"没有"的占比为34.63%，"有，但没有分类使用"的占比为49.51%，"有，分类使用"的占比为15.86%。垃圾分类投放收集设施覆盖率接近2/3。

（四）居民垃圾分类投放参与意愿高，对垃圾分类有较强的责任感知和收益感知

绝大部分居民都愿意参与垃圾分类。对居民垃圾分类投放意愿进行调研，关于"您愿意把家庭生活垃圾分为可回收物、有害垃圾、厨余垃圾、其他垃圾，并分类投放吗"，回答"愿意"的居民占比为89.97%，"不愿意"的居民占比为10.03%。

大部分居民对垃圾分类有较强的责任感知。只有5.83%的居民表示垃圾分类和回收与居民无关，9.39%的居民表示自己关心的是生存生活问题，而非垃圾回收等环境问题，8.74%的居民表示自己产生的垃圾很少，无需分类回收（见表1）。

表1 居民垃圾分类责任感知

单位：%

题目\选项	完全不赞同	比较不赞同	一般	比较赞同	完全赞同	平均分
垃圾分类和回收是政府和企业的责任，与居民无关	57.61	28.48	8.09	2.27	3.56	1.66
我关心的是生存生活问题，而非垃圾分类等环境问题	46.60	29.13	14.89	4.21	5.18	1.92
我产生的垃圾很少，不需要进行分类回收	37.86	33.01	20.39	5.83	2.91	2.03

数据来源：课题组调研数据。

大部分居民认为垃圾分类是有意义和有益的事。82.20%的居民认为小区需要进行垃圾分类，83.17%的居民认为垃圾分类有意义，75.41%的居民赞同垃圾分类可以降低处理成本，82.53%的居民赞同垃圾分类可以提高资源利用率，83.82%的居民赞同垃圾分类可以改善周围环境，84.79%的居民赞同垃圾分类可以减少垃圾随意堆放带来的公众健康危害（见表2）。

表2 居民垃圾分类收益感知

单位：%

题目\选项	完全不赞同	比较不赞同	一般	比较赞同	完全赞同	平均分
小区环境已经很干净，不需要垃圾分类	49.51	32.69	11.33	3.56	2.91	1.78
垃圾分类没有什么意义	60.84	22.33	8.74	4.85	3.24	1.67
垃圾分类可以降低垃圾处理成本	5.5	4.21	14.89	31.07	44.34	4.05
垃圾分类可以提高资源利用率	5.18	2.27	10.03	28.16	54.37	4.24
垃圾分类可以改善我们周围的环境	3.56	1.29	11.33	26.86	56.96	4.32
垃圾分类可以减少垃圾随意堆放带来的公众健康危害	3.24	1.94	10.03	24.92	59.87	4.36

数据来源：课题组调研数据。

三 河南省城市生活垃圾分类治理存在的问题分析

（一）组织机构不健全，垃圾分类标准和目标不明确

垃圾分类涉及城管局、生态环境局、商务局、工信局等多个部门，18个地市组织机构建设存在一定的差距。部分地市已经建立起专门的垃圾分类工作领导小组，部分地市还是由城管局负责，不能很好地起到统筹协调作用。而在科层制的管理体系下，没有统筹协调的部门，容易出现重复管理、

管理真空的情况和互相推诿扯皮的问题，垃圾分类强制执行就很难推进下去。

对18个地市的政策文件进行分析发现，各地市垃圾分类标准的划分不统一，不利于省域内的统筹协调管理。在明确提出分类标准的13份政策法规文件中，有10份文件提到了四分类法，但具体分类存在差异，有"厨余垃圾、可回收垃圾、有害垃圾、其他垃圾""可回收物、湿垃圾、有害垃圾、其他垃圾""有害垃圾、易腐垃圾、可回收物、其他垃圾"等多种方法。还有3份文件提到了三分类法，其中，新乡市和三门峡市将垃圾分为"可回收物、有害垃圾、其他垃圾"，许昌市将垃圾分为"可回收物、可燃垃圾、有毒有害垃圾"。考虑到部分地市垃圾产生量小，建设垃圾焚烧、堆肥、资源化利用等硬件设施不具有规模效应，可以在省级层面建立跨地市统筹协调的硬件设施。但不同的分类方法对应不同的分类习惯和硬件设施，分类方法的差异不利于省域内的统筹协调管理，亟须推广一个全省统一的分类标准。

此外，大部分文件未真正体现源头减量的工作目标，还有部分文件没有明确的工作目标，不利于垃圾分类工作的推进。18份政策法规文件中，有14份文件将城市垃圾分类工作的目标锁定在居民知晓率、投放正确率、垃圾分类覆盖率、回收利用率等指标上，但各指标怎么测度，没有科学合理的衡量标准，还有4份文件没有明确可量化的目标，且除信阳市将控制垃圾增长率作为工作目标之一外，其他地市的工作目标没有很好地体现源头减量的工作思路。

（二）仅个别地市有垃圾分类专项立法，强制推行力度弱

目前，18个地市普遍缺乏对垃圾分类工作的立法，强制推进力度较弱。除焦作、周口等个别地市外，其他地市都未出台完善的指导垃圾分类工作的法律法规，法律保障的不完善不利于垃圾分类工作的开展。

垃圾分类治理关乎居民生活习惯养成，是一场需要全民参与的持久战，垃圾分类见成效，日本用了27年，德国用了40年，且都投入了巨大

的人力、物力成本，强制推行才见成效。而当前河南省大部分社区的垃圾分类工作仍处于建议层面，还没有普遍强制推行。就社区推动情况进行调研，关于"您所居住的社区是否要求分类投放生活垃圾"，回答"没有要求"的占比为28.48%，"建议，但不强制"的占比为68.93%，"强制要求"的占比仅为2.59%。

（三）厨余和可回收垃圾处理硬件配套缺口大，商丘、三门峡还存在无害化处理缺口

当前，河南省城市垃圾处理端硬件配套仍然存在缺口，无害化处理压力仍较大，一方面表现为存在无害化处理缺口，2020年清运的城市生活垃圾中仍有0.7万吨不能得到无害化处理；另一方面表现为无害化处理结构不合理，与垃圾分类处理的需求仍有较大差距。已有研究发现，热值低、含水率高以及餐厨、餐余垃圾占比高是我国城市生活垃圾组成成分的主要特点，并在未来20~30年不会发生根本性改变。[1] 课题组调研发现，河南省城市居民厨余垃圾、可回收垃圾、其他垃圾、有害垃圾占比分别为49.73%、22.47%、23.19%、4.81%。若按照该比例，人均垃圾产生量1.2公斤/日，河南省城镇人口5510万[2]来计算，厨余垃圾终端处理需求至少为32881吨/日，可回收垃圾资源化处理需求至少为14857吨/日，其他垃圾焚烧处理需求至少为15333吨/日，有害垃圾处理需求至少为3180吨/日。这与当前河南省垃圾焚烧处理占比接近68%，餐厨废弃物处理能力1760吨/日的硬件配备情况存在较大差距。

此外，垃圾无害化处理存在区域不平衡的问题，商丘、三门峡还存在无害化处理的缺口。就18个地市垃圾清运量来看，郑州市垃圾清运量远高于其他地市，2020年郑州城市垃圾清运量比全省垃圾清运量排名第2~6位的总和还多出近1万吨。就18个地市垃圾无害化处理缺口来看，2020年仍有

---

[1] 赵振振、张红亮、殷俊、黄慧敏：《对我国城市生活垃圾分类的分析及思考》，《资源节约与环保》2021年第8期。
[2] 数据来源于《河南统计年鉴2021》。

2个地市垃圾无害化处理存在缺口,分别是商丘市(0.49万吨)、三门峡市(0.18万吨)。

(四)分类投放设施实际利用率低,分类投放、收运缺乏监管

河南省城市垃圾分类投放设施覆盖率较高,但实际利用率较低,缺乏有效监管,混合收运情况较为严重。虽然65.37%的被访者所在小区都有四类垃圾收集设施,但其中分类使用的占比仅为24.26%,利用率较低。就投放、收运端设备利用情况进行调研,44.33%的居民认为小区硬件设备不能够支持居民进行垃圾分类,59.22%的居民反映垃圾的收运和处理环节都是混合的(见图2)。终端硬件不完善加之混合收运,会使前端的分类毫无意义,极大地打击居民参与垃圾分类的积极性。

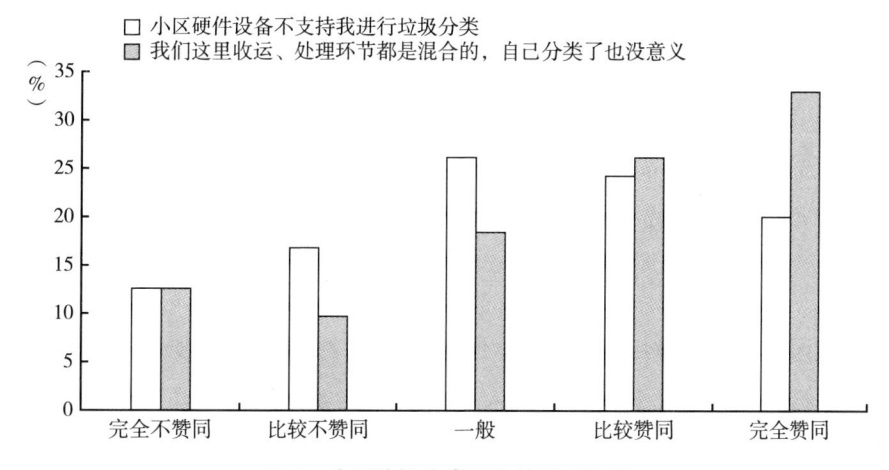

图2　生活垃圾分类设施的居民评价

数据来源:课题组调研数据。

此外,非定时定点的投放方式也折射出当前垃圾分类监管机制还不健全。对居民垃圾投放方式进行调研,69.58%的小区的垃圾投放方式是"固定地点,非智能投放,全天可投放",21.68%的小区的垃圾投放方式是"固定地点,智能投放,全天可投放",只有5.83%的小区的垃圾投放方式

是"固定时间和地方投放"。不固定的投放时间大大增加了垃圾分类投放的监管难度。此外，接近60%的居民认为收运和处理环节都还是混合的，说明还未建立明晰的全过程监管机制。

（五）垃圾分类宣传效果差，缺乏面对面的有效宣传

垃圾分类工作要想长效可持续，需要居民养成分类投放的习惯，这就需要有效的宣传教育，而当前河南省垃圾分类宣传工作不够深入。从宣传教育的供给情况来看，当前垃圾分类宣传教育以"张贴海报、发宣传页、画墙画"为主，宣传效果不佳，19.42%的居民认为没有任何效果。在认为有效果的居民中，62.25%的居民认为宣传效果较差，大部分人都不会正确分类，说明当前垃圾分类工作的宣传教育不深入。从宣传教育的需求情况来看，现场活动、志愿服务等面对面的宣传教育是居民比较认可的方式，占比分别达到51.78%和25.57%，而影音媒体仅是18.12%的居民比较认可的方式。当下垃圾分类宣传教育的服务供给和居民需求不匹配，致使宣传教育不深入，宣传方式亟待改进。

（六）居民实际参与行为较少，奖惩机制不能发挥"指挥棒"的作用

居民垃圾分类参与意愿较高，但实际参与行为较少。就居民家庭垃圾分类情况进行调研，关于"您的家人平时会将垃圾分类吗"，59.87%的家庭回答不会将垃圾分类。对居民个人垃圾分类的频率进行调研，从不分类占比为16.18%，偶尔分类占比为56.96%，经常分类占比为21.36%，总是分类占比为5.50%。总体来看，居民分类投放垃圾的频率都不高，高频率分类投放垃圾的居民占比不足1/3。

奖惩制度作为规范居民行为的重要制度，在垃圾分类制度中可以发挥"指挥棒"的作用，但当前河南省垃圾分类奖惩制度的供给与居民需求存在差距。从需求层面来看，精神奖惩、法律奖惩、物质奖惩和社区约束都会对居民的垃圾分类行为产生影响，其中，居民对社区规范、法律法规的认可度

较高，对罚款、精神奖惩的认可度较低（见表3）。从供给层面来看，社会规范相对缺失，28.48%的居民表示社区对垃圾分类没有要求，68.93%的居民表示社区建议垃圾分类但不强制，社区规范的缺失，降低了居民参与垃圾分类的积极性；而地方法律法规也不健全，大多数地市没有立法规范垃圾分类制度。最后，物质奖励和公开的赞扬或批评在地市文件中出现的较少，而罚款在各地市文件中出现的较多，这与居民比较接受的奖惩方式存在差异。整体来看，当前关于垃圾分类的奖惩制度还不健全，不能很好地发挥"指挥棒"的作用。

表3 生活垃圾奖惩制度的居民感知

单位：%

调研问题	完全不赞同	比较不赞同	一般	比较赞同	完全赞同	平均得分
公开赞扬或者批评会鼓励我做垃圾分类	7.12	12.62	25.24	22.33	32.69	3.61
垃圾分类和回收的法律法规对我起约束作用	5.18	6.80	23.62	29.45	34.95	3.82
有一定的物质奖励会提高我的垃圾分类热情	8.09	5.83	24.60	31.39	30.10	3.70
不按规定分类就罚款会鼓励我做垃圾分类	12.94	13.59	31.07	22.98	19.42	3.22
社区有垃圾分类规定，我会按规定进行分类	2.91	1.94	21.04	33.98	40.13	4.06

数据来源：课题组调研数据。

四 河南省优化城市生活垃圾分类治理对策建议

（一）统筹布局垃圾分类硬件设施，明确垃圾分类标准和目标

针对河南省城市垃圾分类工作组织机构不健全，标准和目标不明确的问题，下一步应该组建一个强有力的组织领导部门，做好统筹规划工作，明确垃圾分类的标准和目标。建议省级和各地市成立专门的垃圾分类工作领导办

公室。省级垃圾分类工作领导办公室的主要工作包括：一是全域的统筹布局，省级层面统一规划，统筹协调资源配置，根据各地市垃圾产生情况、财政情况和垃圾硬件设施建设的规模效应，统筹规划各地市的垃圾分类硬件设施；二是制定统一的垃圾分类标准和明晰的垃圾分类指南。各地市垃圾分类工作领导办公室则根据地市情况，协调部门分工，制定明晰的目标和考核标准并严格监管。

（二）完善地市立法，强制推行垃圾分类工作

针对河南省城市垃圾分类工作强制推行力度弱的问题，下一步应该完善相关法律法规，明确各主体职责，约束主体行为，奖优罚劣，强制推行。垃圾分类涉及每一个公民，分类投放是最基础也最难的环节，虽然大部分社区都按照要求，设置了分类投放垃圾桶，张贴垃圾分类标语，但大部分居民还是不能做到分类投放，因为对大部分人来说，"分好分坏一个样"，这就需要法律法规约束，强制社区推进垃圾分类工作，强制居民分类投放垃圾。同样，对于收运和处理环节，也需要法律法规约束，严惩混合收运、混合处理的情况。各地市要在《河南省城市生活垃圾分类管理办法》的基础上，因地制宜地制定地方法律法规，强制推进垃圾分类工作。

（三）建立生产者责任制、居民付费等制度，加强全过程分类硬件设施建设

针对河南省城市垃圾分类存在的硬件短板，下一步应该补齐短板，建立全过程分类硬件设施。要建立完善的垃圾分类投放、收集、运输、处理硬件体系，这四个环节环环相扣，任何一个环节出现问题，都不能达到垃圾有效分类治理的目的，尤其是要做好末端硬件设施建设工作，后端决定前端，如果没有完善的分类运输和分类处理体系，前端的分类投放和分类收集工作就是白费力气。当然，前端也是后端成功的基础，没有分类投放和分类收集，后端的分类运输和分类处理工作也就无从谈起。针对当前河南省垃圾分类末端处理存在的结构化矛盾，可以通过加大财政投入，通过PPP等模式引入

社会资本,建立生产者责任延伸制、居民付费等制度,广泛吸纳社会资源,完善终端处理设施设备建设。

(四)建立全过程监管机制,提高各环节分类实效

针对河南省城市垃圾分类设施利用率低,缺乏有效监管的问题,下一步应该严格监管,提高各环节分类实效。垃圾分类涉及政府、企业、社区、居民等众多主体,尤以社区、居民为主,政府、企业为辅。要想做好垃圾分类工作,各主体之间应该明确职责,建立全过程监管机制,提高各环节分类实效。政府和企业应该监督社区推进垃圾分类工作,做到不分类不运输;社区应该监督居民分类投放垃圾,做到不分类不收集。而居民和社区也应该监督政府和企业切实做好垃圾分类设施建设,垃圾分类运输、分类处理的全过程信息公开。

(五)持续开展垃圾分类面对面宣传教育工作

针对河南省城市垃圾分类宣传教育不深入,供需不匹配的问题,下一步应该改进宣传方式,深入宣传教育,培养居民分类习惯。垃圾分类工作的长效推进,需要居民培养良好的分类习惯,而居民分类习惯的养成需要深入宣传教育。可以通过广泛招募社区志愿者、社会工作者、学校志愿者,引入社会组织和垃圾分类培训企业等方式,培养垃圾分类宣讲团队,持续开展垃圾分类面对面的宣传培训工作,增强垃圾分类的实效,帮助居民养成垃圾分类的习惯。同时考虑到居民对垃圾分类较强的责任感知和收益感知,宣传培训工作应该重点围绕垃圾分类投放具体操作展开。

(六)完善奖惩机制,保障垃圾分类长效可持续

针对河南省城市垃圾分类居民参与率低,奖惩机制不健全的问题,下一步应该健全奖惩制度,激励包括居民在内的各主体积极参与其中。奖惩是行为的"指挥棒",针对政府部门、企业、社区、居民、社会组织等主体的行为规范,建立明确的奖惩机制。对政府部门和官员,将垃圾分类工作的成效

与地方评优、先进文明评选等挂钩，与官员晋升、评优、奖金等挂钩；对企业，将垃圾分类成效与其服务付费标准和合同续签等挂钩；对社区，将垃圾分类成效与社区文明评定、社区发展基金等挂钩；对居民，将垃圾分类与其声誉、物质奖惩等挂钩。尤其要做好居民垃圾分类的奖惩工作，激励居民持续参与垃圾分类工作，才能保障垃圾分类的长效可持续。

郑州市社工督导人才培养经验探索

王自兴*

摘　要： 本报告围绕郑州市社工督导人才培养这一主题，分析郑州市督导人才队伍建设的主要做法、经验特色以及对策建议。郑州市社工督导人才培养在制度设计、模式创新、选拔考核、使用激励等方面进行了一系列大胆探索，整体采取项目化运营的方式，人才建设具有"非职业化""复合型""以能力建设为本"等特色，也存在人才技术晋升空间不足、评估体系不健全以及退出机制缺失等问题。结合郑州督导人才培养的实践经验，未来河南省督导人才建设应关注以下几个方面：一是加强人才使用环节的制度设计；二是建立成效导向的独立评估体系；三是切实发挥督导专委会的行业规范和发展职能。

关键词： 社工督导　人才培养　郑州

2012年，中央组织部、民政部等19部门联合发布了《社会工作专业人才队伍建设中长期规划（2011-2020年）》，提出到2020年我国计划培养8万名专业督导人才。为达成这一目标任务，全国多个省份和地区开始了督导人才培育工作的探索。河南省则于2012年发布了《河南省社会工作专业人才队伍建设中长期规划（2011-2020年）》。2018年4月，郑州市正式启动

---

* 王自兴，郑州市民政局儿童福利和慈善事业促进处（社会工作处）处长，中级社工师，郑州大学、河南农业大学、河南财经政法大学、信阳师范学院硕士生校外导师，河南省普通高等学校哲学社会学教学指导委员会委员。

"百名督导人才培养工程"，四年来，围绕社会工作督导人才建设与能力培养，从完善人才建设制度、建立人才选拔机制、创新培养模式、规范人才使用、健全评价机制以及形成行业自治等多个层面入手，逐渐打造出一支高水平、专业化的本土社会工作督导人才队伍。2021年河南省开始全面推开乡镇（街道）社工站建设，对社会工作督导的需求量大而迫切。按照《郑州市"十四五"民政事业发展规划》的发展目标，截至2025年，郑州市将培养150名本土社会工作督导。

笔者自郑州市首轮"百名督导人才培养工程"开始深度参与督导人才培养的全过程，追踪研究四年来郑州市督导人才的培养及成效。在此基础上，本报告对郑州市督导人才培养方面的主要做法、实践经验以及存在问题进行了全面梳理，就郑州市乃至河南省社会工作督导人才的培养提出下一步的改进建议。

一　探索过程

郑州市围绕本土社会工作督导人才建设，坚持"从一线选拔""督导不脱离实务""理论和实务相结合""培养和考核相结合"，在人才培养制度设计、人才培养方案制定实施、人才使用激励以及人才引领作用发挥方面进行了一系列探索。具体做法包括制定人才培养政策、启动郑州市"百名督导人才培养工程"、为政府购买项目配置督导以及构建共学网络，建立督导专业委员会等。

一是政策先行，建立人才培养制度。2018年3月，郑州市民政局、郑州市财政局、郑州市人力资源和社会保障局联合出台《关于推进全市社会工作督导人才队伍建设的意见》，从加强郑州市社会工作督导人才队伍建设的意义、原则、目标、选拔培养激励机制和组织领导等方面提出了指导意见。

二是项目化运作，启动郑州市"百名督导人才培养工程"。郑州市民政局对"百名督导人才培养工程"进行项目化运作，委托第三方对全市社会工作督导培养对象开展统一培训培养和考核。同时，建立郑州市市级督导人才库，将考核合格的培养对象纳入人才库。目前，已经有98人通过培养考核，正式入选郑州市社会工作督导人才库，另有81人正在考核阶段。

三是推动人才使用，为政府购买服务项目配置外部督导。为推动市级督导人才的合理使用，营造人才队伍建设的外部环境，郑州市民政局为购买的每个社工服务项目都配置一名外部督导，所有督导均为入选人才库的市级督导。2019年，郑州市又分别在市级层面和行业协会层面出台了《郑州市政府购买社会工作服务资金管理暂行办法》和《郑州市社会工作行业社工督导服务指导意见》，明确了督导经费来源和薪酬指导标准。

四是构建共学网络，建立督导专业委员会。郑州市先是通过开展督导工作坊、组建社会工作讲师团等，为督导人才搭建共学互助的网络和平台，此后于2021年成立了郑州社会工作协会督导专业委员会，将其职能定位于完善郑州市督导体系、促进督导研讨交流、制定各领域督导服务标准、加强督导培养与激励、强化督导服务自律等。以此扩大人才的影响力，通过督导人才引领整个社工行业的发展。

二　具体做法

郑州市社会工作督导人才队伍建设从制度建设、项目化运作、培训内容、考核形式、继续教育以及督导支持等方面进行了探索，逐步形成郑州市本土督导人才队伍建设特色。

（一）部门联动出台人才队伍建设政策

2018年，郑州市民政局、郑州市财政局、郑州市人力资源和社会保障局联合出台了《关于推进全市社会工作督导人才队伍建设的意见》，为郑州市督导人才的培养奠定了制度基础。

一是明确原则目标。提出社会工作督导人才队伍建设的整体原则和具体目标，即坚持党的领导、政府主导，坚持专业导向、一线选拔，坚持培训提升、激励保障。在3~5年内，培养一批熟练掌握专业督导方法与技术、善于解决复杂专业问题的社会工作督导人才，造就一支结构合理、素质优良、充满活力的社会工作督导人才队伍。

二是建立人才机制。提出社会工作督导人才的选拔和培养方法、社会工作督导人才的使用原则以及社会工作督导人才的激励和评价方法。在社会工作督导人才的选拔方面，结合社会工作者的工作年限、学历、实务经验等，从一线社工队伍中选拔督导人才；在人才培养方面，坚持理论教学与督导实务教学相结合的形式，有计划、分领域地对社会工作督导人才进行培训，逐步实现督导培训的常态化、规范化；在督导人才的使用原则方面，坚持不脱离实际和内部使用为主；在督导人才的激励方面，坚持"机构激励为主、政府激励为辅"，明确提出各社会工作服务机构和督导人才使用单位要依据"谁使用、谁补贴"的原则为督导人才发放工作补贴；在督导成效的评价方面，坚持以督导职责为基础，以职业道德、能力和业绩为导向。细化督导参加社会工作实务时长和参与督导服务时长要求，将督导对象的满意度、能力提升情况、督导对象服务评估结果与督导评价挂钩，由社会工作督导所属机构、服务机构、社会工作协会及社会工作相关主管部门进行综合考核评估。

三是壮大人才队伍。明确社会工作机构培养、郑州市各县（市、区）民政局培养以及郑州市民政局培养三条人才队伍建设路径。其中，社会工作机构培养要求建立健全机构内部督导选拔培养机制，坚持从服务一线选拔内部督导，根据机构发展和社会工作督导人才的实际需求，制定社会工作督导人才的培训提升计划，优先提供培训、实务训练、参观、外出交流等机会；各县（市、区）民政局培养要求依托辖区社会工作人才资源，积极引进外部督导人才资源，针对需求量大、专业性强的服务领域培养专业社会工作督导人才，鼓励聘用高校社会工作专家教授等专业人才进入社会工作督导队伍，为一线社会工作者提供更有力的支持。郑州市民政局培养要求相关主管部门实施"百名督导人才培养工程"，并委托第三方对全市社会工作督导培养对象开展统一培训培养和考核。

四是加强组织保障。在督导人才队伍建设的组织保障方面，郑州市形成了民政部门具体负责,人力资源和社会保障、财政等部门密切配合的工作格局。人力资源和社会保障部门负责社会工作督导人才评价与激励保障等相关工作;民政部门负责具体实施,包括加强社会工作督导人才队伍建设,以及各项政策的监督和落实;财政部门负责探索建立对社会工作督导人才的激励保障机制,确保资金使用效益。

(二)项目化运作保障人才培养质量

2018年4月,郑州市"百名督导人才培养工程"正式实施,为更好地达成培养目标,并对已被聘用的督导人才进行有效支持,该工程采取项目制运作方式,分别针对督导人才的培养和使用设立了"社工督导人才培养项目"和"督导培训项目"。郑州市民政局通过招投标形式将项目委托给具有资质的社会工作机构运作。

一是细化项目类别。在督导人才培养项目的设计方面,郑州市民政局进一步细化和区分了督导人才的培养和使用阶段。其中"社工督导人才培养项目"的主要内容是督导人才的选拔和推荐、督导人才的培训和考核两个方面;"督导培训项目"的主要内容是对市级政府购买社工项目所聘用的市级督导进行指导和培训。

二是保障项目资金。2018年以来,郑州市民政局每年投入30万元和15万元分别用于"社工督导人才培养项目"和"督导培训项目",充分保障了督导人才培养和培训工作的顺利开展。

三是强化项目考核。为确保项目成效,项目期满接受第三方评估且合格后方可顺利结项。2018年以来,针对督导人才培养和培训项目,郑州市民政局委托第三方制定了专门针对该项目的评估体系,并分别于项目执行中期和末期进行评估,一方面确保项目质量,另一方面根据评估结果优化人才培养方案。

(三)建立多层次人才选拔审核制度

一是明确推荐原则。郑州市"百名督导人才培养工程"坚持培养对象从一线选拔,通过建立科学、完善的社会工作督导选拔机制切实选拔出职业认同感强、理论水平过硬、实务经验丰富的社会工作督导人才。将社会工作者的工作年限、学历、实务经验等都纳入人才遴选的条件中。

二是设置资格条件。在人才来源方面,确立督导培养对象选拔的三个基础性条件:第一是需要具有助理社会工作师职业资格证书,并有3年以上社会工作实务经验;第二是具有中级社会工作师职业资格证书,并有2年以上社会工作实务经验;第三是各县(市、区)社会工作主管部门选拔培养的督导、有社工实务经验的高校老师、博士及以上高层次人才经单位推荐报市级社会工作主管部门审核,直接成为全市社会工作督导培养对象。各社会工作服务机构及相关单位按照本单位持证社工人数1∶7的比例选拔推荐。

三是设置审核程序。为确保人才选拔过程的公开、公平和公正,郑州市市级督导培养对象在选拔过程中实行机构推荐、县(市、区)审核、市审核并公示的三级组织审核程序。表1为郑州市社会工作督导培养对象的选拔体系。

表1 郑州市社会工作督导培养对象选拔体系

推荐原则	一线选拔
参选资格	助理社工师:3年以上实务经验
	中级社工师:2年以上实务经验
	有社工实务经验的高校老师、博士及以上高层次人才
推荐比例	按照1∶7的比例推荐培养对象
督导资格有效期	2年
审核程序	机构推荐、县(市、区)审核、市审核并公示

(四)建立"闯关式"人才培养考核机制

在培养机制方面,郑州市"百名督导人才培养工程"坚持"理论与实务相结合""培养与考核相结合"的原则,培养对象将接受三个阶段共计72

个学时的培训,并在每个阶段接受一轮考核。师资方面,邀请全国知名专家、先进地区专家、省内知名学者和省内有关领导担任授课教师,确保培训质量,全面提升培养对象的专业化水平。

一是分阶段培训。第一阶段的培训内容以社会工作基础知识为主,培养内容包括社会工作伦理价值观、社会工作专业方法实务与技巧以及督导基础等;第二阶段以特定专业领域知识为主,培养内容包括老年社会工作督导、青少年社会工作督导、残疾人社会工作督导、禁毒及医务社会工作督导等;第三阶段侧重于督导提升知识,培养内容包括各类治疗方法及督导模拟工作坊等。

二是闯关式考核。每个阶段的考核由培训对象的学分和阶段性考试得分两部分组成。每个阶段培训对象如累计旷课或请假超过8个学分,则不能参加本阶段考试,但在本阶段的培养资格可以保留2年。在考试形式方面,第一阶段采取"实务案例+闭卷笔试"方式,第二阶段采取"督导模拟+闭卷笔试"方式,第三阶段采取"督导案例+闭卷笔试+专家面试"方式。最终通过三轮考核的培养对象,被纳入"郑州市社会工作督导人才库"。

(五)建立人才的继续教育制度

为确保已入选的督导人才能够持续获得专业的成长与支持,郑州市建立了一套社会工作督导人才的继续教育制度,通过多样化的继续培养形式,保证入选督导能够与时俱进、开拓创新,不断提升督导能力和水平。

一是创新培养形式。在继续教育的培养形式方面,郑州市一方面将"百名督导人才培养工程"的阶段性课程继续面向已入选督导开放,另一方面采取督导工作坊、专题研修班、专业方法研修班等多样化培养方式,并且与在培对象的考核标准类似,对已入库人才的继续教育也有学分要求。

二是转化培养师资。郑州市在邀请国内、省内行业专家授课的同时,也从入选人才中选拔培训讲师,组建讲师团。一方面壮大本土督导人才的培养师资,另一方面通过充分挖掘郑州市社工人才队伍的智力资源,拓宽社工的职业发展路径。目前已经组建一支结构合理、规模适度、素质优良的本土社工讲师队伍，涉及老年、社区、儿童、青少年、医务以及禁毒等多个领域。

三是提供督导支持。通过设立"督导培训项目"，为被聘用的市级督导提供督导支持服务。采取专家督导、朋辈督导等形式，针对督导者在实务中面临的督导困境进行个别督导和团体督导。以此保证督导者自身的督导需求、督导成效，并稳定督导队伍，形成业内互助网络。

（六）建立完善人才发展的规范化体系

经过四年的探索，郑州市已经制定市级社工督导人才的选拔、使用、考核、评估等政策文件和工作规范，建立了市级社会工作督导人才发展的支持体系。

一是人才培养规范。在督导人才的培养方面，郑州市目前已颁布并实施了《郑州市社会工作督导人才培养手册》《郑州市社会工作行业讲师团培训服务指导意见》，并起草了《郑州市社会工作督导注册制度》《郑州市社会工作督导人才评估制度》《郑州市社会工作督导服务手册》等。通过建立人才培养规范，助力督导服务标准化建设。

二是人才使用规范。在督导人才的使用方面，《关于推进全市社会工作督导人才队伍建设的意见》提出，机构选拔的社会工作督导以机构使用为主，各县（市、区）选拔的社会工作督导以本地使用为主，对内部督导较少、督导需求较大的机构，可以从各级督导人才库和其他社会服务机构中外聘督导人才。同时，要求郑州市各级督导培训项目要优先使用郑州市及各县（市、区）选拔出的社会工作督导。社会工作服务机构和督导人才使用单位从外部引进督导，每督导一位社工给予每月90~150元不等的津贴；社会工作服务机构、社会福利机构等聘用内部督导，每督导一位社工给予每月50~100元不等的津贴。此外，2019年1月，郑州市民政局、市财政局联合印发了《郑州市政府购买社会工作服务资金管理暂行办法》，提出了督导培训经费占项目经费的3%~4%的指导性意见。

（七）建立人才互助共学网络和组织平台

为充分发挥市级督导对社工行业发展的引领作用，郑州市积极推动督导人才互助共学网络和组织平台建设。

一是开展督导工作坊。根据市级督导的专业优势，将工作坊分为督导服务研究、督导支持、项目管理、专业方法和专业领域5个专题组，由每位督导准备一个分享专题，面向全省开放。通过工作坊的开展，建立社工知识库，打造社工、督导互为主体的知识分享平台。

二是建立督导专业委员会。2021年10月，郑州社会工作协会督导专业委员会正式成立。督导专业委员会将在促进完善市级督导体系、社工机构内部督导体系建设方面发挥重要作用，同时也将通过这一平台促进社工行业的研讨交流，推动建立各领域督导服务标准，维护督导合法权益等。

三 主要经验

（一）坚持"非职业化"发展，以"服务学习"为人才培养核心手段

郑州市督导人才的选拔从最初开始就明确了"一线选拔"的总体原则，整个培养目标和过程都具有"非职业化"的导向，即人才的培养方向并非培养一批以社工督导为职业的人，而是培养一支不脱离一线、能够深入实践的督导力量。这一点也是结合郑州市社会工作行业发展的整体需求提出的。针对督导人才的培养路径，我国很多地区都进行了探索。广州、深圳等地区早期采取引进香港、台湾外部督导的形式，一方面满足一线社工的督导需求，另一方面影响、带动本土督导人才的发展。在本土督导发展达到一定的规模后就走向职业化的发展方向，即督导开始成为一种职业，社工督导不再具体做一线服务。郑州地处中原地区，如借鉴广州、深圳的早期发展模式从外部引入督导，首先会存在引入成本较高，难以满足郑州社工整体发展需求

的问题；其次会存在督导成效的问题，因为外部督导大多采取阶段性督导的形式，很难深入项目，也无法给予社工及时、充分的支持。鉴于此，郑州市在督导人才的选拔和培训方面，要求市级督导培养对象必须从一线选拔，必须具备社会工作实务经验。同时，在人才的培养环节、使用环节以及继续教育环节，郑州市也都以"服务学习"为核心手段，要求督导"在学中做，在做中学"，从社工机构选拔出来的市级督导以机构使用为主，确保督导人才能够不脱离实践，服务于一线。

（二）创新培养模式，开辟复合型社工人才培育新路径

一是引入市场机制，实行项目化运营，由熟悉一线人才培养需求的社工机构通过招投标形式承接人才培养项目，在充分考虑郑州市行业发展需要、购买方需要以及督导自身需要的基础上，科学设计培养体系和培养内容；二是创新考核形式，三个阶段的考核除笔试外，还采取了提交服务案例、模拟督导以及专家面试的方式，要求督导培养对象兼具理论素养和实务技能，基础扎实且能够拓展至不同专业领域；三是推动规范化体系建设，郑州市督导人才培养体系的框架以及具体的规范都基于人才培养项目的实践，在培养人才的同时，逐渐建立起人才培养、人才使用以及人才服务的标准和流程，而这些标准流程会进一步引导郑州市督导服务走向专业化和规范化。

（三）以能力建设为本，发挥市级社工督导人才引领作用

首先，通过人才选拔机制、培训考核机制和人才使用机制确保督导人才具备专业技术能力、实务督导能力和项目执行能力。一是在人才选拔机制上设置了1∶7的筛选比例和三级考核机制，确保培养对象具备高级专业人才的基本能力。二是在培训考核上设置了严格的淘汰机制，请假超过8个学分，阶段性考核科目单项或者总分不合格均会被淘汰。三个阶段的培训基本延续一年时间，能够坚持并能顺利通过考核的培养对象往往具备较强的韧性和学习能力。三是在政府购买项目的督导人才配置方面，采取先由督导报

名，再由需求方择选的方式，这种配置方式的基础也建立在督导能力之上。其次，通过内外部督导匹配制度、搭建共学网络和组织平台充分发挥市级督导的引领作用。一是实施内外部督导匹配制度，要求配置外部市级督导的社工机构必须同时配置一名内部督导，内外督导要分工合作，通过市级督导引导和培育机构自身督导人才建设；二是通过组建督导讲师团、开展督导工作坊等多样化形式将督导转化为培训力量，影响和培育更多的专业人才；三是在行业协会中成立督导专业委员会，提升督导人才在整个行业的地位和影响力，高位推动郑州市社会工作走向专业化和职业化。

四　存在问题

（一）督导人才的晋升空间有待拓展

郑州市"非职业化"的督导人才培养方向虽然能够保证督导人才不脱离实践，持续服务于一线，但缺乏督导专业技术职级方面的设置，会对人才的后续发展动力产生影响。在人才培养阶段设置的"闯关式"考核，能够在很大程度上调动培养对象的学习动力，但在入选人才库后，督导在该领域的发展就基本到达了天花板。在督导人才的薪酬标准方面，目前也仅由郑州社会工作协会出台了一个有关督导薪酬的行业指导意见，并未考虑到督导之间的差异而设置差别化的激励机制。此外，也未有相关制度对督导承接的项目数量进行约束性规定，可能会导致部分市级督导为增加收入选择同时接手多个项目，而非选择在一个项目中深耕细作，进而影响督导成效。

（二）督导成效的评估体系有待完善

目前，郑州市采取的是第三方评估方式，对政府购买项目进行整体评估，除郑州市民政局购买的"督导培训项目"有专门针对督导成效的评估指标和评估体系外，大多数项目的评估体系中都缺乏对督导成效的关注。一是评估指标过于形式化，仅将是否配置内部督导以及督导记录文书资料等作为评估依据；二是评估主体过于单一化，较少考虑督导对象、督导聘用机构等利益相关方的评价；三是评估导向和评估结果过于模糊，督导对整个项目发展所起到的作用被隐形化和边缘化，从评估结果中很难看到督导对项目的影响。

（三）督导人才的退出机制有待建立

郑州督导人才队伍建设尚处于发展期，郑州百名督导人才的培养目标是根据国家和地方的相关目标制定的，目前在督导数量上还未达到既定目标，在一段时间内还会将扩大人才规模作为核心任务。但就目前的情况来看，缺乏退出机制，会给督导人才的后续发展带来一定的负面影响。一是导致入选人才因缺乏压力而丧失发展动力；二是导致用人方缺乏约束机制，在督导出现问题时无法追责；三是产生马太效应，使资源和发展机会较多地集中在少数督导手中，给督导人才的可持续建设带来不利影响。

五　对策建议

（一）注重人才使用环节的制度设计

一是要加强技术层面的人才晋升空间设计。在这方面可以参考技术人员的职称评审体系，设计督导人才的技术评审体系，拓展督导人才的专业晋升空间，进一步提升入选督导的学习主动性和专业热情。二是要进一步完善人才激励机制。现有的人才激励制度在人才的选拔阶段具有一定吸引力，但在人才使用阶段，无差别的补贴标准反而会挫伤资深督导的服务热情，因此要尽可能与督导人才的技术晋升体系相结合，建立与其技术级别相匹配的服务补贴标准。三是要建立人才使用的约束机制。为避免督导为增加收入而过度承接项目，进而走向职业化发展的问题，需要在人才的使用环节增加限制性条件，对承接项目的数量上限做出约束性规定。四是要建立人才退出机制。

进一步明确人才退出的条件和形式，基于人才培养成本以及当前人才培养目标的考虑，可以根据情况设置暂时退出和终止退出两种形式，暂时退出要求督导暂停承接督导业务，继续接受一定时长的继续教育和考核，成绩合格后恢复人才称号和项目承接资格。终止退出则会取消人才称号并取消承接各级政府购买项目的优先资格。

（二）建立成效导向的人才评估体系

一是督导去隐形化。在以往的评估中，督导往往被隐形化，督导成效被简单地用督导文书和督导次数取代，很难看出督导在一个服务项目中是否发挥了作用，也很难评估督导成效。在郑州市政府购买社会工作服务项目的第三方评估中，项目督导并不参加评估，项目评估结果也不会对其造成直接影响，带来的不利影响就是有可能造成督导的形式化。因此，需要在整个项目评估体系中体现督导成效，要求内外部督导都要作为项目成员参加项目评估，并在项目汇报中陈述自己的工作内容、方法以及成效。通过去隐形化一方面强化督导的责任意识，另一方面评估督导成效及对行业的引领作用。二是设计独立的督导评估体系。督导成效受到诸多因素的综合影响，项目评估的结果并不一定和督导的投入呈正相关，在评估体系的设计方面，应进一步区分项目评估体系和督导评估体系，项目评估结果可以作为衡量督导成效的指标之一，但不能作为唯一指标。

（三）切实发挥督导专委会的行业规范和发展职能

一是协助建立科学的人才从业规范制度。督导专业委员会需要基于实践，依据民政行业标准《社会工作督导指南》进一步明确和细化社会工作不同领域的基本督导内容，并协助相关部门制定社会工作督导规范化服务指引。一方面这有助于建立督导薪资级别，为购买方提供出资依据和成效评估依据，另一方面也将进一步促进督导服务走向专业化和精细化。二是建立意见投诉和反馈平台，完善督导的信用体系建设。鉴于目前督导服务中出现的无法追责等问题，督导专委会应联合民政部门建立人才使用的意见投诉与反馈平台，在加强行业监督的同时加强社会监督。同时，可以尝试建立社工督导的服务信用体系，并直接与退出机制关联。三是强化对优秀督导人才的表彰激励。通过举办督导案例大赛、选树优秀督导、加强对外宣传等方式进一步提升督导人才的专业价值感和服务热情，形成督导人才培养和发展的良好社会氛围，为发挥督导人才的引领作用奠定行业基础。

登封市完整居住社区建设探索经验及启示[*]

樊红敏　王雪婷　王　刚[**]

摘　要： 本报告课题组围绕"登封市完整居住社区建设"这一主题，分析了登封市完整居住社区建设的主要做法、实践经验以及启示对策。登封市围绕完整居住社区建设工作，从市委整体推进、试点建设、重新调整社区规模、改造社区环境、提升社区服务五个方面进行了一系列大胆探索，具有市级统筹高位推动、以社区调整推动农村社区向城市社区转变、注重人文性和可操作性等特色，但也遇到资金匮乏、多方矛盾难以调解、专业力量薄弱、社会动员和参与弱等困境，未来，河南省各地推进完整社区建设宜从以下四个方面着力：一是高位推动，区县党委政府要发挥统筹协调作用；二是加强顶层设计，制定符合当地实际的完整社区建设规划；三是注重社区特色，探索"一社区一实施方案"的建设路径；四是强化完整社区建设中的资源动员和社会参与。

关键词： 完整居住社区　社区治理　登封

---

[*] 国家社会科学基金项目"县域政府政策变现的政治逻辑及效能提升研究"（项目编号：20BZZ039）。
[**] 樊红敏，郑州大学政治与公共管理学院教授、博士生导师；王雪婷，郑州大学政治与公共管理学院2021级博士研究生；王刚，郑州大学政治与公共管理学院2021级硕士研究生。

"完整社区"是指以居民为中心，通过基础设施、服务设施建设，以及公共空间、社区服务完善，实现生活、服务、文化与居住环境高品质的宜居社区。2019年，国家试点推动完整社区建设。2020年，国家出台《关于开展城市居住社区建设补短板行动的意见》，明确指出要通过打造完整社区，完善服务设施，创造宜居的社区空间环境，体现社区文化，推动建立共建共治共享的社区治理体系[①]，并明确了《完整居住社区建设标准（试行）》，对建设目标、主要内容、建设要求、建设标准进行了详细规定。登封市于2020年开始探索完整居住社区建设，已建成10个完整社区示范点，引起了社会多方关注。课题组基于国家社科基金项目，对登封市完整居住社区试点建设开展了实地调查，通过座谈会、关键人物访谈等全面跟踪观察登封完整社区改革推进情况。本报告以登封市完整居住社区试点建设工作为切入点，全面梳理登封市完整居住社区建设的主要做法、实践经验以及存在的问题，就全省完整居住社区试点建设提出建议。

一 案例概况

（一）登封市社区概况

登封市位于河南省中西部，距离郑州市区77.4公里，辖区总面积1216.8平方公里，城市市区面积59.86平方公里，城市建设用地面积15平方公里。截至2020年底，辖8个镇、3个乡、4个街道，299个行政村、44个城市社区，城镇居民人均可支配收入达到35480元，同比增长2.1%，农村居民人均可支配收入达到21329元，同比增长5.5%。截至2021年底，登封市总人口73.22万，城镇人口44.57万，城镇化率达60%，GDP为466.1亿元。风景秀丽、生态优美，入选中国旅游百强县市。

---

① 中华人民共和国住房和城乡建设部等：《关于开展城市居住社区建设补短板行动的意见》，2020年8月。

（二）登封市完整社区建设过程

在快速城镇化的进程中，沿袭原有的县-乡-村农村治理模式，城市社区与农村社区相互交叠，管理边界混乱。城市社区规模不合理，城区居民28万人，建成城市社区20个，最大的社区人口超过3万人，社区工作人员不足，"小马拉大车"问题十分突出。

2020年上半年，为加强新冠肺炎疫情防控期间社区管理，登封市在城区划分了46个封闭街区，派出2000余名党政机关干部下沉片区，登封市社区空间不合理对社区疫情防控造成很大影响。基于此，2020年下半年，登封市启动社区规模调整和社区规划改革，提出城市社区治理从疫情防控期间临时性社区调整变为可持续的物理更新和治理优化，并形成"登封市完整居住社区建设"初步方案，明确从基本公共服务设施、便民商业服务设施、市政配套基础设施、社区公共活动空间、物业服务和社区管理机制等方面推进完整社区建设。在此基础上，登封市委、市政府将完整社区建设作为市委中心工作，由市委主要领导牵头，社治委统筹协调，住建局、自然资源规划局、教育局、卫健委和3个街道办事处等成员单位参与，经过多次座谈、调研、排查、论证，重新划分城市社区边界，进一步制定了《登封市中心城区完整居住社区建设三年行动计划（2021—2023年）》，启动迎仙阁、中岳庙、塔沟等10个完整社区示范点建设计划。

登封市完整居住社区建设改革取得较大成效，目前，10个试点社区已经初步达到完整居住社区建设标准。2021年5月，郑州市委主要领导肯定了其完整社区建设工作，并要求在全市范围内推广学习，同时，郑州市委、市政府多个部门进行专题调研，2021年下半年，郑州市范围内推广登封经验。随后，登封市完整社区建设经验也获得了党史学习教育中央指导组等上级部门的肯定。

二 具体做法

（一）作为市委中心工作整体推进

一是成立领导小组统筹推进。2020年下半年，登封市委做出战略部署，统筹推进完整社区建设工作。登封市委成立了完整居住社区建设工作领导小组，由市委副书记担任组长，市政府副市长担任副组长，建立了"周推进、月观摩"的工作机制，将完整社区建设情况纳入全市年度目标考核。构建"市级统筹、街道主导、社区配合"三级工作框架，明确了各单位的工作责任、目标任务，发挥街道、社区的主导和沟通协调作用。针对新社区筹备，由市委书记统筹社区"两委"干部，下派机关干部兼任第一书记，设置专职社区工作站，补充新社区工作人员。领导小组确定了制定完整社区建设规划以及试点推进的安排部署。

二是制定完整社区建设规划。登封市委、市政府编制了《登封市中心城区完整居住社区建设三年行动计划（2021—2023年）》，衔接登封市"全域旅游"发展战略，凸显大景区城市特色，提出"旅游发展型社区"的完整社区建设目标。将所有社区纳入景区、城区、街区、社区、小区的"五区"概念。通过三年的建设工作，补齐基础设施短板、完善公共服务设施、优化景观环境、彰显文化底蕴、健全管理机制，打造全国完整居住社区建设示范县市。

三是明确完整社区建设标准。登封市基于大景区城市建设原则，制定了完整居住社区建设标准，构建包括基本公共服务设施、便民商业服务设施、市政配套基础设施、社区公共活动空间、物业服务和社区管理机制六大项的标准体系，提出"七个一、五达标、八完善"的完整社区建设标准。"七个一"主要是指每个社区要有"综合服务站、卫生服务站、幼儿园、托儿所、老年服务站、室外活动场地以及公共绿地"，"五达标"要求在"停车及充电设施、慢行系统、无障碍设施、市政设施、环境卫生"方面达标，"八完善"要求完善超市、邮件快件、便民网点、物业、社区文化等八个方面。基于城市社区建设及需求特征，将社区划分为"基础补缺型社区、改善提升型社区、同步配建型社区"三种类型，明确了不同类型社区建设的要求和内容。

（二）试点推进完整社区建设

一是分类推进。登封市在全面摸清社区建设和发展治理现状的基础上，以街道为单位，分类推进完整社区建设。嵩阳街道办事处以老旧小区"微更新、轻改造"为建设类型，着重于拆改促融合，化整为零，激发社区活力，建设"未来融合社区"。少林街道办事处以旅游休闲为主的"景区型文化社区"为建设类型，以"生态优先、文化彰显、宜居宜游"为目标，致力于提升景观品质，负责登封市旅游组团的风貌形象。中岳街道办事处以"花园式高标准社区"为建设类型，着重于"设施提质、环境优化"的街区生态景观建设，并将"智慧社区"建设纳入完整社区建设中。

二是确立试点社区。登封市根据社区数量、建设水平等因素，从3个街道办事处和1个乡镇，确立了10个不同类型的社区作为示范点建设单位。登封市根据社区情况，从不同种类的社区中选取典型，进行试点，迎仙阁社区位于市委、市政府所在片区，属于权属复杂型社区；阳城路社区内含多类型功能地块，属于"村-社"融合型社区；双溪园社区东西侧分明，东侧已建成，西侧尚未建设，自建房、老旧小区混杂；通达路社区与常青路社区毗邻，二者共享基础设施，社区基础设施较为完备，前者试图打造"智慧社区"，后者追求"健康社区"；中岳庙社区传统文化浓厚，少林寺-塔沟-尚武路旅游景点丰富等。10个示范点社区各有特色，分别代表了不同类型、不同建设水平的社区，以此来试点完整社区建设方案。

三是实施"一社区一特色"。登封市完整社区建设明确了街道办事处的主体责任，街道作为责任单位，党工委书记为第一责任人。在此基础上，要求街道做到"一社区一实施方案"。如迎仙阁社区确立了"小院"变"大院"、"小区"变"社区"的建设方案，实施拆改促融合。阳城路社区内有住宅小区、村民自建住宅、登封汽车客运总站等，确立了"村社融合，管理一体化"的改造思路。双溪园社区停车设施不足、环境差等，确立了"提环境、优管理、亮文化"的建设策略。中岳庙社区坐拥世界文化遗产中岳庙，提出了"弘扬传统文化"的建设方向。新店社区致力于打造"生态智慧社区"，少林寺-塔沟-尚武路社区以建设"景区型文化社区"为目标。

（三）重新调整社区规模和边界

在总结疫情防控期间物理分割的有效治理经验基础上，登封市统筹考虑人口规模、空间边界、服务半径等因素，打破原有的自然边界，以城市主干道为边界，以老年人、儿童步行5~10分钟的距离为标准，以0.5万~1.2万人口规模为宜，对应5分钟生活圈，对主城区的社区进行重新划分，由原来的20个社区调整为44个社区。其中，少林办由原来的2个社区调整为5个，嵩阳办由原来的16个调整为29个，中岳办由原来的2个调整为10个，并初步建立了社区治理委员会管理制度。

2021年，为从人口规模、面积等方面更合理地布局，登封市再次进行社区调整，城市社区调整为77个，其中嵩阳办由原来的29个社区调整为30个，少林办由原来的5个社区调整为8个，中岳办由原来的10个社区调整为13个，卢店镇撤镇设立街道办事处，设7个城市社区。登封市由原来的农村社区治理模式变为"城市-街道-社区"治理模式，逐步适应城市精细化管理需要。

（四）优化硬环境推进街区建设

登封市从道路更新、游园建设、拆墙透绿、老旧小区改造、停车场建设等方面推动街区环境建设。一是实施道路更新。以道路更新带动街区更新，主要开展慢行道、人行道建设，以及畅通社区内部"断头路"等，共解决"断头路"200余条，新增慢行道路65公里、人行道30.9公里，城市规划路机扫率达到100%。二是推进游园建设和拆墙透绿。主要利用社区内废弃地、闲置地、拆除违法建筑等方式，建设"口袋公园""袖珍公园"等，实施街道改造，依路扩绿，以绿连园，增加绿化空间。共新增游园37个、绿地1060亩，拆除违法建设201处，建筑面积达6.1万平方米。如迎仙阁社区利用沿街单位拆墙透绿建成的"明月-慧动"公园，已经成为附近居民新晋网红打卡地。三是推动老旧小区改造。主要改造内容包括小区内道路、排水、供水、供电、供热、供气、停车设施、绿化、照明等。2020年共实施老旧小区改造12个，涉及居民1503户、住宅楼59栋，建筑面积20.56万平方米。四是推动停车场建设。针对机动车的停车规范问题，补充社会停车设施，以提升景城发展的综合承载能力，共统筹建设智慧停车场98处、大型潮汐停车20处，新建、共享停车位2.5万个，共享停车场200余个。

（五）优化社区软服务环境

一是加强党群服务中心建设。结合完整社区环境建设，登封市明确了不低于800平方米完整社区党群服务中心建设标准，采用旧房旧院改造、住宅小区社区用房专项治理等方式，解决了服务中心办公用房问题，新增社区服务用房建筑面积2.72万平方米。服务中心功能涵盖生育服务、高龄津贴、低保、技能培训、医疗保险等几十项服务，在调研中，调研组在少林街道党群服务中心看到一本《便民服务事项办理流本》，明确了各项便民服务的办理流程，工作人员称："起初市民都以为社区只会盖章、出证明，后来发现能办很多事情。现在，我们成了群众眼里的百事通，遇到事首先想着来社区。"

二是推动建立5分钟生活圈。以老年人、儿童步行5~10分钟的距离为标准，完善社区基本公共服务设施，以及便民商业服务设施，要求社区服务中心具有完善的文化活动室、老年照料中心、未成年活动室、康复保健室、医疗卫生室等公共活动中心，实现步行5~10分钟拥有幼儿园、老年服务站等社区基本公共服务，基本满足居民公共服务需求。

三是提升社区服务能力。伴随社区规模调整和改革，出台政策壮大社区工作者队伍，按照每300户或每1000名流动人口增加一名社区专职工作者的要求，公开招聘社区专职工作者245名；并对社区工作者待遇和晋升激励进行明确规定。同时，推进执法力量下沉，将市场监管、公安、应急、自然资源、司法等部门人员直接下沉到社区，参与社区治理。推进专业化物业管理全覆盖，老旧家属院、无主管楼院等引入专业化物业服务，提升老旧小区服务质量。实施社区人员与物业公司交叉任职，倡导物业公司开展线上社区服务。

三　问题和困境

(一) 资金匮乏, 配套资源匹配压力大

登封市完整居住社区建设改革中, 城市社区由原来的20个增加到44个, 2021年进一步调整为77个, 社区数量的增加, 直接增大了社区管理成本和财政负担, 登封市通过申请上级专项资助, 协调住建、妇联、民政部门等多个渠道整合资金, 集中使用, 试点先行。但基础设施提升所需投入资金较大; 基层治理缺乏经费, 社区自治和服务设施总量不足, 人力、财力、物力等配套支持与社区治理需求间存在缺口; 社区数量增加以后, 市财政需要解决办公经费和服务经费, 为入驻社区的工作人员提供各项福利待遇, 这造成很大的财政压力。社区公共财政资金使用缺乏统筹性, 钱出多门, 各顾一摊, 难以发挥集聚效应。

(二) 利益冲突, 多方矛盾难协调

一是原村民与社区居民之间的利益冲突。完整社区建设过程中, 将过去的村改居重新划分, 打破了原有的自然联结, 从以往的乡村服务理念和服务半径, 转变为以地理位置为依据的社区治理理念。这种划分方法打破了原来村民的集体经济单元, 如原来的合作社只具有村庄集体经济性质, 不参与社会管理。重新划分社区后, 村庄的服务半径改变为城市社区, 就形成了村民和社区居民之间的经济矛盾, 如嵩阳办原村民不过4万人, 整个城区居民已达到20万人, 居委会的服务重点是大量的社区居民, 而不是原村民, 造成二者之间的利益矛盾。二是办公场地的矛盾。社区调整后, 每一个社区都有自己的办公场所, 由市委统筹, 将城区内闲置的各种办公用房重新梳理, 经多方协调解决社区办公用房问题。一般情况下, 新建社区都配备了社区用房, 而已建成的老社区大多没有, 这就需要划拨公共资源来提供, 就此产生了原用房单位与新划分社区之间的矛盾。三是水电气暖供应矛盾突出。社区水电气暖设施改造和服务是完整社区建设中居民最为关心的问题之一, 但水

电气暖供给统筹推动不到位，2021年下半年，登封市信访群众的诉求和矛盾大多集中在水电气暖问题。

（三）专业力量薄弱，居委会负担过重

一是居委会行政事务多，负担重，人员不足。如嵩阳办辖区面积59.86平方公里，常住人口23.5万人，流动人口6万人，共约30万人，而机关全体共170人，社区"两委"277人，社区专职工作者102人，管理难度非常大，2022年，嵩阳办拟重新招聘社工，因疫情而未能实施。居委会行政事务过多，没有精力提供特色化、个性化服务。二是专业化干部队伍难以建立。登封市通过招聘选聘，增加了一批学历高、年轻化的社区工作人员，但是由于社区工作服务岗位不明确、不规范，工资待遇等相对偏低，职业地位不高、职业发展空间不畅通等，社区工作人员流失严重，社区干部队伍专业化能力不足，座谈会时登封市街道办领导直言："目前城市社区中我们的干部队伍，人员相对年轻，但是流动性也比较大。"

（四）社会动员能力弱，居民参与不足

一是社会资源动员不足。社会资源参与社区治理不充分，如针对社会组织培育发展的资源配置、资金支持等方面政策措施存在短板，社会组织或社会企业无法形成具有收益保障的运营模式。二是认知不到位。一方面，社区工作者的服务意识有待增强，完整社区建设所带来的从村级管理到社区管理不过一年，社区"两委"干部依旧存在村级管理思维，工作重点、资源配置等优先考虑本地人口，与社区管理理念有较大差距。另一方面，从管理到治理的理念仍需转变，部分街道（乡镇）在具体工作实践中忽视社区的基层群众性自治组织性质（其是实现基层民主的重要组织形式），服务群众和开展群众工作的能力日渐削弱。三是社会参与度低。社区和居民之间的关联始终不强，居民参与社区各类活动的主动性不高，参与人数不多，有时参加活动时很热络，活动过后继续漠视社区治理事务，居委会与社区居民之间没有真正地联系起来，形成社区治理共同体。

四　创新和经验

（一）市委统筹，高位推动

登封市因疫情防控的需要，把临时划分的社区变成完整社区建设的整体行动，成立市委专项工作领导小组，建立"市级统筹、街道主导、社区配合"三级工作框架，明确了各单位的工作责任、目标任务，将完整社区建设情况纳入全市年度目标考核。从全市的层面出台完整社区建设规划，统筹整合涉及完整居住社区建设的各类资源、资金和力量，推进完整社区建设改革。一是市委高位推动，强化了条块协同，有利于形成共识和集体行动。二是市委统筹谋划，有助于资源整合和利益冲突的化解。一方面，完整社区建设需要在基础设施、服务设施、办公用房、社区用地等方面进行投入和改革，需要整合各方面的力量和资源，如国有企业办公用房的搬迁、各种资金的整合投入等。另一方面，完整社区建设因为社区空间和规模的调整，会涉及很大的利益冲突，在推进过程中会形成不同的声音和矛盾，市委统筹推动，有利于从整体上化解矛盾，加快完整社区建设进程。三是高位推动有利于在完整社区建设中制定统一的政策，如新成立社区资金、人员配备等问题。

2021年9月，时任省委常委、市委书记的徐立毅对登封市完整社区建设情况做出批示时表示应加强市级层面的统筹聚集，牢固树立"做平台"的理念，由市里统一把政策、资金和任务、标准等统筹起来一并下沉，集聚资源、集中力量把社区这个服务群众的平台做得更好。而市级统筹、高位推动的做法，贯穿了从完整社区建设标准和三年行动计划的出台，到试点建设的全程，为调配资源、解决利益冲突提供了机制保障。

（二）社区空间重新规划，推动农村社区向城市社区转变

登封市完整社区建设打破了原有农村社区的边界和界限，体现了城市空

间布局的合理性，调整社区规模的同时，登封市制定了社区空间规划指标、公共服务设施规划标准，推进公共服务均等化，提高了社区资源可及性和社区服务效率。在开展完整社区建设前，登封市共有20个社区，按村级设立，实行完全的县-乡-村三级农村治理模式，"登封市实际上就是一个县，街道就是乡，社区就是村，没有社区具备的基本元素"。在这20个社区中，社区规模大小不等，社区人口多的可达3万多人，少的则两三千人，社区资源分配不均衡。统筹考虑人口规模、空间边界、服务半径等因素进行社区调整后，登封市现有社区人数最多不超过1.2万人，改变了过去社区规模大小不均衡的现状，体现了社区规划的科学性，为实现农村社区治理向城市社区治理转型奠定了基础。

（三）"一社区一特色"，注重社区建设人文性和可操作性

登封市完整社区建设在突出规划引领和标准化建设的同时，提出了"一社区一方案"的建设策略，要求各街道办事处根据社区发展实际和社区所在街道功能定位及文化特色，制定每个社区的建设方案，同步开展，各有侧重，各具特色，体现每个社区的环境、文化、理念、独特性。登封市完整社区建设试点中"小院变大院""村社融合""景区型文化社区""生态智慧社区"等既切合社区实际具有可操作性，又体现文化独特性。针对不同地域、多种类型的社区，差异化地提出更加系统性、精细化的社区建设方案，因地制宜推进完整社区建设，使完整社区建设兼具规范性和可操作性，有利于完整社区建设方案的落地，同时有利于形成多样化的社区环境和文化景观，这也是登封市完整社区建设试点成功的重要经验。

五 启示和建议

（一）高位推动，区县党委政府要发挥统筹协调优势

高位推动，统筹协调，可以说是实施完整居住社区建设的前提条件和重

要基础。一是建立高位推动机制。区县政府要成立领导小组，建立条块联动、政社协商机制，纳入年度政府绩效考核，整合各部门力量统筹推进完整社区建设。二是完善政策体系。制定完整社区建设的政策措施，对社区调整带来的资源需求、利益调整等，要从整体上出台政策，保障完整居住社区建设标准统一、措施有效、推进可持续。三是构建多层次联动格局。完整社区建设涉及规划、设计、建设、管理等多层次、多领域，要建立区县、街道等统筹协调机制，统筹街区规划、城市空间及资金等，在建成区范围内集中成片规划和建设管理。

（二）加强顶层设计，制定符合当地实际的完整社区建设规划

一是形成具有科学性和地域特色的完整社区建设规划。将完整社区建设规划和区县发展战略、文化特色有机结合，突出规划的引领性、科学性、系统性、前瞻性，以规划带动县域治理现代化。二是形成完整社区建设的统一标准和规范。要结合地方实际，从社区空间、规模、人口、办公用地、服务设施等方面，制定统一的标准和规范，登封市制定的《完整居住社区建设标准》，从服务设施、服务内容、服务要求等方面建立标准体系，凸显了完整社区建设的统一性和系统性。三是完整社区建设规划要结合当地实际。要因地制宜，结合当地经济社会和城市空间布局的实际，将地方特色和文化融入社区建设规划，突出规划的地方性和操作性。

（三）注重社区特色，探索"一社区一实施方案"的建设路径

一是明确街道主体责任。街道是完整社区建设的第一责任人和责任单位，要统筹推进辖区社区调整和规划，定位每个社区特色和规划方向，整合辖区资源，协调社会力量，推进社区建设。二是给予各个社区充分的自主权，制定社区建设方案。由社区在充分了解本社区特色和短板的基础上，通过社区协商，制定完整社区建设规划方案和行动计划。三是注重社区环境与文化的多样性。在注重完整社区建设系统性、标准化的同时，也要凸显社区

环境、生态和文化的多样性，通过"一社区一方案"的规划建设模式，形成每个社区个性化建设方案，打造不同风格、不同类型的完整社区。

（四）强化完整社区建设中的资源动员和社会参与

一是注重资源动员和整合。现代城市发展，是政府、企业、社会组织和公众通过治理共同建设美好社区的过程，建设完整社区，需要整合行政、市场及社会多方资源和力量，动员社区建设相关利益主体，如辖区单位、企业、社区社会组织、居民等形成共识，参与到完整社区建设中。探索社区资产运营管理平台、组织或机构相关的体制机制，统筹社区内各项资源。支持规范各类企业以政府和社会资本合作模式开展设施建设和改造；引导专业经营单位履行社会责任，出资参与相关配套设备的改造提升及维护更新管理。二是推动社会参与。要完善社区协商平台和机制，加强相关利益主体沟通及参与，形成规划建设共识和合力。通过采购、新增设施有偿使用、落实资产收益等方式，吸引各类专业机构等社会力量参与社区建设和管理。优化社会企业、志愿服务等参与的制度环境，如完善社会企业参与社区运营的制度安排，建立志愿服务积分管理等激励制度，推动社会企业和社区志愿服务的发展和完善。

管城区老旧小区治理"准物业"服务模式实践探索[*]

许冰 申怡凡 周军波[**]

摘　要： 管城区以街道公办物业的"准物业"服务模式探索老旧小区服务品质优化提升，围绕分类引进、党建引领、引入市场机制、资源整合四个方面进行大胆探索，在政府高位统筹协调、老旧小区资源整合、准物业服务长效机制探索等方面积累了丰富的经验，但也存在政策壁垒、身份困境、居民参与不足等问题。未来，河南省推进老旧小区物业服务需要从以下几个方面着力：一是推进物业服务政策空间优化；二是明确街道物业公司准公共服务角色；三是探索契约治理；四是加强街道资源平台建设和居民组织化参与。

关键词： 老旧小区改造　"准物业"服务　社区治理　管城区

随着城市化进程不断加快，老旧小区的治理问题日益凸显。2020年国务院办公厅印发《关于全面推进城镇老旧小区改造工作的指导意见》，提出"到2022年基本形成城镇老旧小区改造制度框架、政策体系和工作机制，到

---

[*] 中共郑州市委城乡社区发展治理委员会招标项目"郑州市城乡社区发展治理规划导则课题"（项目编号：20210288B）；河南省重大软科学研究项目"河南省加快推进市域社会治理现代化实施机制及路径研究"（项目编号：212400410001）；河南省高校哲学社会科学创新团队项目"市域社会治理融合发展研究"（项目编号：2021-CXTD-07）。

[**] 许冰，郑州大学政治与公共管理学院讲师，硕士生导师，研究方向为社会政策与社会工作；申怡凡、周军波，郑州大学政治与公共管理学院2020级硕士研究生。

'十四五'期末，力争基本完成2000年底前建成的需改造城镇老旧小区改造任务"的目标。河南省老旧小区改造工作起步较早，2019年出台文件提出了城镇老旧小区改造工作的制度框架、政策体系和目标任务。同年，郑州市制定了老旧小区综合改造工程实施方案，明确老旧小区的综合改造内容和标准。管城回族区（以下简称管城区）在老旧小区改造中，采取各种举措落实工作部署与改造精神，突出人居环境整治、基础设施改造、功能设施完善、物业管理规范及老旧小区精细服务，在老旧小区治理难题的破解上取得了明显成效。课题组基于郑州市社治委委托课题"郑州市城乡社区发展治理规划导则课题"，多次前往管城区，围绕老旧小区改造、准物业公司运营现状等议题进行了实地调研，采用座谈会、个人访谈、介入式调查等方式系统收集相关资料。本报告在全面调查的基础上，聚焦管城区老旧小区改造中的"准物业"服务模式，对其主要做法、实践经验以及存在的问题进行了全面梳理，针对河南省探索建立老旧小区物业服务的长效机制提出下一步改进建议。

一 案例概况

（一）管城区概况

管城区地处郑州市老城区，总面积107平方公里，总人口约81.9万人，被列入2019~2021年中央奖补台账的老旧小区共471个，老旧小区数量占全区一半以上，占全市近三成。其中，业主自管小区88个、无主管楼院254个，分别占改造小区的18.7%和53.9%。这些楼院普遍存在年代久远、规模小而散、居民收入水平不高、缴费意识不强、社会化物业不愿进驻等问题，成为社区治理难题。为从根本上解决"物业失管"问题，管城区提出重新构建与现代城市管理相适应的住宅物业管理新体制，通过建立以街道为主导的物业公司，对无主管楼院进行托底管理，探索建立了由政府主导的"准物业"管理模式，为河南省老旧小区建立物业管理长效机制提供了经验。

（二）管城区"准物业"服务探索过程

"准物业"服务是指由政府牵头，街道或社区通过成立公办物业公司或物业服务中心，为老旧小区居民提供物业服务，具有"非营利性""福利性"的社区服务模式。管城区为加强老旧小区治理和服务，主要针对无主管楼院以街道兴办物业公司的方式开展服务，2021年以来在3个街道试点推动"准物业"服务。

一是政府牵头，试点先行，成立街道级公办物业公司。按照因地制宜、分类指导的原则，针对无物业进驻、自治基础较差的无主管楼院，由街道牵头成立公办物业公司，引入"准物业"服务进行兜底。将无主管楼院较为集中的北下街、陇海马路、西大街3个办事处作为首批试点，由管城区保障性住房服务中心牵头，先后注册成立了3家街道全资的物业公司。

二是党建引领，制定政策，全面推动"准物业"服务创建工作。在制度层面，结合试点经验，管城区根据《河南省物业管理条例》《郑州市物业管理条例》《郑州市人民政府关于印发郑州市老旧小区综合改造工程实施方案的通知》等文件精神，制定了《管城回族区加强老旧小区物业管理工作的实施意见》；在组织层面，针对老旧小区物业管理问题，构建了区委统一领导、组织部门牵头抓总、职能部门密切配合、街道直接负责的工作机制；在实施层面，成立区级物业管理委员会，通过定期召开例会的形式，推动化解物业管理中的共性问题和疑难问题。

三是需求导向，资源整合，建立"准物业"服务长效机制。首先，针对无主管楼院居民缴费意识不足、物业公司入驻难的问题，管城区以居民需求为导向，通过为试点小区提供阶段性的免费物业服务，设计"一院一策"的物业收费标准，以及与业主签订物业服务管理协议等措施，提升小区居民对街道物业公司的信任度，实现街道物业公司的合法入驻。其次，针对物业公司盈利难的问题，充分发挥公办物业公司在资源整合方面的优势，通过采取"路院共治"、拓宽收入渠道、探索"物业+"服务等方式实现物业公司收支平衡和可持续发展。

四是细化规范，考核激励，建立"准物业"服务规范化质量评估体系。首先，通过深入排查物业服务工作短板和弱项，逐步完善监督管理制度，细化配套政策和标准规范，制定《管城回族区老旧小区物业管理效能补贴、星级评比实施办法》和《管城区"红色物业"工作指导标准（公办物业服务小区）》；其次，鼓励各办事处设立"两站一中心"，即街道物业管理矛盾投诉调解站、应急维修服务站和服务中心，成立街道物业管理办公室，把已改造的老旧小区纳入星级评定范围，完善物业服务考核、评比机制；最后，设置长效物业管理基金，实行利润返还等奖励政策，提高老旧小区物业专业化服务质量。

二　具体做法

管城区老旧小区治理的"准物业"服务模式，在分类引入"准物业"服务、建立党建引领工作机制、引入市场机制低偿服务以及资源整合降低运营成本等方面进行了大量探索，具体做法如下。

（一）分类引入"准物业"服务

一是对小区进行分类治理。对条件成熟的小区引入社会化物业公司；对有业主单位或自治能力较强的小区实行业主单位托管或业主自管；对基础条件较差的小区由街道物业公司托底。

二是建立街道物业公司。在陇海马路、北下街、西大街3个试点办事处分别注册成立了3个街道主导的公办物业管理公司，业务范围涵盖园林绿化、市政保洁、垃圾清运、管网清淤、应急维修、停车管理等多项服务。由办事处熟悉城管和社区工作的城管科、社治委中层干部兼任物业公司总经理，明确经营范围，设立职能部门，市场化配备人员，制定完善了物业规章、岗位职责、量化考核、联席会议等一系列规章制度，确保公司治理规范化。

最先成立的是陇海马路的隆美物业公司，注册资金500万元，现有员工282人，服务覆盖辖区内的102个无主管楼院；其次为北下街的亮典物业公司，注册资金300万元，现有员工100余人，服务覆盖辖区内的46个无主管楼院；最后是西大街的西美物业公司，注册资金300万元，服务覆盖辖区内的3个事业单位家属楼院，共计500多户。

（二）建立党建引领工作机制

围绕老旧小区改造工作，管城区在实践中探索建立了由区委统一领导、组织部门牵头抓总、职能部门密切配合、街道直接负责的工作体制。

一是成立老旧小区物业长效管理工作领导小组。领导小组办公室设在管城区保障性住房服务中心。负责制定相关政策规划，研究解决重大问题，组织协调各职能部门和各街道办事处。同时负责全区老旧小区物业长效管理的指导和监督。

二是成立区物业管理委员会。物业管理委员通过定期召开例会、分析总结、统筹调度，解决物业服务中的普遍性问题和关键问题。

三是构建基层五级党群联动治理架构。推行党组织领导下的社区、业委会、物业公司"1+3"协商运行机制，构建"街道党工委—社区党委（党总支）—楼院（片区）党支部—楼（门）栋党小组—党群中心户"五级党群联动治理架构，推动基层党建向楼院延伸、向末端落实。同时，推动社区"两委"与物业、业主自治组织"双向进入、交叉任职"，形成组织共建、资源共享、实事共治的管理格局。

四是完善制度，制定物业服务规范。首先是建立从业人员培训制度。一方面进行法律知识培训，定期对公司员工进行系统的法律法规培训，帮助他们了解、掌握与社区治理、物业服务密切相关的法律知识，使之能够依法服务居民；另一方面进行职业技能培训，每周定期就公司岗位职责、服务标准、语音规范等方面开展培训，并加强消防安全、应急救援等方面的知识技能培训，推动提升公司员工专业化服务水平。其次是建立监督和激励机制。为确保物业管理资金规范化使用,街道物业公司就资金的使用方式、用途、具体项目的实施、楼院的收支情况等面向居民进行公示,有力促进物业服务职能的发挥和对公共资金运用的有效监督。最后是建立物业管理评估体系,依据《老旧小区物业管理星级标准及评分细则》,把已改造的老旧小区纳入星级评定范围,完善考核、评比机制,分三年对老旧小区改造达标小区给予不超过每月 0.3 元/米^2 的补贴。

(三)引入市场机制低偿服务

一是初期提供免费服务,培养居民缴费意识。管城区首先选取北下街小区等基础较薄弱的无主管楼院作为进驻试点。考虑到无主管楼院居民物业缴费意识的培养需要循序渐进,先从群众最急迫的环境秩序、安保等方面入手,着力解决卫生环境差、车辆停放无序、电动车失窃等问题,24 小时开展便民服务,为小区居民免费提供 3 个月的优质物业服务,让居民切身感受到物业服务的成效。此后,一方面邀请其他无主管楼院的党员、积极分子、居民代表参观试点小区,让居民看到街道物业公司进驻后的显著变化;另一方面结合"红色物业"示范小区、社区、街道创建工作,在物业公司、居民楼院等区域着力打造一批居民看得见、摸得着的"红色物业"党建标识,建设一批"红色物业"宣传阵地,营造浓厚的"红色物业"宣传氛围,提高居民信任度。

二是"一院一策",制定合理收费标准。街道物业公司进驻试点小区前,首先对管理服务的楼院进行摸底调查,运用"一征两议三公开"工作法,就收费和服务内容充分征求居民意见,详细公示收费方案、运行成本等,结合不同楼院的具体情况,"一院一策",明确不同的收费方案和服务内容(见表1)。同时,物业公司还与各楼院产权单位或所在社区签订委托协议,与业主签订物业服务管理协议,聘请专业法律顾问,全程指导公司依法运营,实现街道物业公司依法入驻。

表1　陇海马路街道物业公司收费标准及服务内容

楼院类别	收费标准	服务内容
院内空间大、居民户数多,有停车位	每月每平方米0.5~0.7元	①定岗保安24小时值守; ②全城保洁清扫; ③院内垃圾清运等
院内空间小、居民户数少,没有停车位	每户每年150~350元	①巡逻保安; ②院内保洁清扫; ③院内垃圾清运等
单位代管或居民自治楼院	—	重大活动期间,帮扶开展兜底服务

通过以上举措,街道物业公司得到小区居民的广泛接纳和高度认可,不少自管楼院和无主管楼院开始主动邀请街道物业公司入驻。目前,3个试点办事处物业公司总体入驻率达到90%以上。

三是布局多业态发展,促进形成社区治理共同体。准物业公司建立长效机制的关键在服务。管城区多措并举,列好资源、需求和项目"三个清单",通过构建社区治理共同体,为居民提供充足服务,从根本上提高居民的接受度和认可度。首先,建立资源清单,最大化利用物业资源,开发绿化、消杀、上门维修、养老等多元化服务,提升服务品质。同时,盘活辖区闲置资源,改造成门卫室、居民活动室、群众阅览室、红色驿站等,拓展居民活动空间。其次,建立需求清单,坚持"需求"导向。建立居民物业服务需求和问题反馈机制、物业服务信息发布机制。定期召开物业联合党委会议、社区居民座谈会、物业服务宣讲会等,设立24小时服务热线,深入了解居民诉求、回应居民最关心的资费和服务内容问题。针对居民普遍需求,突出独居老人、残疾人等重点困难群体,与社区共同开展上门服务、便民志愿服务活动,着力解决群众反映强烈的停车难、环境差、治安乱等难点堵点问题,最终把"问题清单"变成"满意清单",参与到老旧小区治理共同体的构建之中。最后,建立项目清单,街道物业公司采取走访入户、会议座谈、设立意见箱和业主微信群等多种方式,广泛征求居民意见建议,细化服务项目,在"物业+养老"等方面涌现出一批优秀项目。

（四）资源整合降低运营成本

一是采取"楼院共治"和"路院共治"模式，降低人力成本，提高服务效率。管城区地处老城区，社区距离较近，基于老旧小区在空间上的布局联系，打破社区间的空间分割，将面积不足500平方米的党群服务中心清零，实施"楼院共治""路院共治"，以路为界，划分大型闭合式居住小区，对辖区内散居楼院、不成形的单体楼院进行合围管理。同时，整合小区内的公益用房等公共资源，为物业提供门卫室、办公室、群众活动室等空间场所。此外，统筹道路保洁、楼院管理、垃圾分类等人力资源，按照实践和交互作用的程度，以胜任力为基础对老旧小区岗位设置进行捆绑式整合，将楼院划分为几个片区，打破原有的"一人一岗"工作模式（环卫工人只负责保洁道路、垃圾分类工作人员只负责垃圾分类的工作机制），实行"一人多岗"制，整合道路保洁、楼院管理、垃圾分类等人力资源，降低人工成本，提高工作效率，形成凝聚效应。

二是整合资源，拓宽物业创收渠道。首先是整合辖区资源。一方面收回被居民占用的社区配套用房，拆除地面违章建筑，盘活楼院闲置空间、废旧仓库等资源，最大限度增加可收费的机动车和非机动车停车区；另一方面将辖区内的多余房产进行营利性出租，增加街道物业公司的收入。其次是扩大物业服务范畴，将园林绿化、市政保洁、垃圾清运、管网清淤、应急维修、停车管理、供暖等服务纳入街道物业的管理范畴，开发绿化、消杀、上门维修、养老、医疗等多元化服务，最大化利用物业公司资源；同时，在物业服务的基础上，与辖区物流快递、水、电、气、暖、通信等运营公司签署战略合作协议，提供增值服务，实现盈利增收。

三　主要经验

（一）发挥区政府统筹协调功能

一是高位推动，充分发挥区委组织、协调优势。管城区在区级层面成立老旧小区物业长效管理工作领导小组，由党政主要负责人出任组长、常务组长，将老旧小区物业长效管理工作置于城乡社区发展治理工作中统筹谋划，出台《管城回族区加强老旧小区物业管理工作的实施意见》高位推动工作开展。同时，将区纪委、组织部、宣传部、政法委、政府办、各街道办等部门主要负责人纳入领导小组。工作小组的建立充分发挥了各部门的职能优势，在相关政策规划的制定、重大问题的解决以及老旧小区物业管理的指导和监督方面各司其职、各尽其能，有效整合各方资源，提升老旧小区物业管理工作的全局性和协调性。二是构建区委统一领导、组织部门牵头抓总、职能部门密切配合、街道直接负责的工作体制。一方面，通过成立区物业管理委员会，统筹调度，推动化解工作中出现的共性问题和难点问题。另一方面，通过构建"1+3"协商运行机制、五级党群联动治理架构，以及推动社区"两委"与物业、业主自治组织"双向进入、交叉任职"等举措，围绕老旧小区物业管理工作形成了基层治理共同体。

（二）推动老旧小区资源整合

一是打破制度壁垒，建立"准物业"服务新形态。3个试点的街道物业公司在性质上都属于公办国有企业，且公司负责人由行政部门的班子成员兼任。我国《行政机关公务员处分条例》第二十七条规定："从事或者参与营利性活动，在企业或者其他营利性组织中兼任职务的，给予记过或者记大过处分。情节较重的，给予降级或者撤职处分；情节严重的，给予开除处分。"可见，管城区"准物业"服务的实践探索是建立在上级党政部门充分认可以及相关部门协调一致基础之上的。在这方面，管城区区委以及区政府向上进行工作汇报，为创新服务争取政策空间，向下则充分赋权，由街道成立公办物业公司，探索准物业服务发展路径。二是发挥协调优势，推动资源整合。目前，物业企业不愿入驻老旧小区的原因就在于物业收缴率低，盈利项目和空间有限。而街道物业公司则借助政治资源和组织资源，充分发挥自身协调优势，打破以往以社区为单位的治理单元，运用"楼院共治"和"路院共治"的方式，从街道层面推动社区间的资源整合，实现了物业公司低成本运营以及兜底服务的可持续供给。

(三)建立"准物业"服务长效机制

一是采取进阶式收费策略,实现物业服务的准商品化。目前,我国不同地市在"准物业"服务方面都有了一定探索,运用最多的模式是在街道或者社区成立物业服务指导中心,政府采购物业服务或直接提供兜底服务,无论是采取哪种具体形式,"准物业"服务都具有显著的"福利性"和"兜底性"特征。管城区街道物业公司较之一般的"准物业"服务,除保持"福利性"和"兜底性"外,还具有典型的市场特征,即服务并非无偿,而是借助进阶式收费策略,从居民的服务需求出发,实现从无偿到低偿的转变。二是拓宽服务领域,增加创收渠道。一方面是从居民的刚需服务入手,通过扩大停车区、与周边便民利民服务企业签署战略协议等方式增加收费项目;另一方面则是从老旧小区的公共服务入手,将以前需要依赖市场或其他主体的服务纳入街道物业管理的业务范围,最大限度增加创收渠道。

四 存在问题

(一)公职人员企业任职的政策瓶颈

管城区街道物业公司一方面具有一般物业服务的"国有公办"特征,另一方面也具有企业的形态,最为特殊的一点是在人事安排方面,由一些熟悉基层治理的行政部门班子成员兼任公司负责人。从积极的方面来讲,这样的人事安排能够最大限度发挥政府的行政优势,实现政治资源和组织资源向物业服务能力的转化,也能确保物业公司服务的"福利性"和"兜底性"。但从消极的方面来讲,这种方式因在一定程度上违反了公职人员的纪律要求,会给负责人以及公司的正常运营带来一定的困扰。从目前管城区街道物业公司已经出现过的问题来看,已有部分居民以"公职人员不能在企业任职"为由质疑物业公司的合法性,拒绝缴纳物业费,并就此事进行上访。

若将街道物业公司作为老旧小区过渡阶段的一种形态，则需要考虑在一定时期内在政策层面给予基层更多的权力和创新空间。

（二）街道办物业公司的身份困境

街道物业公司是肩负社会责任而成立的，虽然管城区的街道物业公司尝试通过资源整合、布局多业态发展建立"准物业"服务的长效机制，但是从长远来看，其发展方向依然不明晰。从其他地区此类国有公司的发展状况来看，发展路径大致有两种，一是保持国有企业的性质继续发展，二是选择市场化转型或被其他物业企业并购。如果保持国有企业性质，则在很大程度上能够保证老旧小区的基本物业服务，满足当前老旧小区治理需求。但从长远来看，这种发展模式可能会因其政治和组织资本优势造成对市场的排斥，对区域内的物业服务形成垄断，进而造成日后社会化程度偏低，缺乏发展动力。同时，由于街道物业公司的内部治理结构也没有经过科学合理的设置，负责人身兼两职，角色冲突的问题也会干扰公司的正常决策，影响公司未来发展。如果是选择市场化转型或者被其他社会性物业企业并购，则其"福利性"势必会被削弱，是否会影响老旧小区改造的成果也是相关部门负责人最为担心的问题。

（三）居民物业服务理念落后及参与不足

虽然管城区街道物业公司从构建基层五级党群联动治理架构、采取"一征两议三公开"工作法、做好"三个清单"等多个方面做到了联系居民，以居民的需求和问题为导向设计和选择服务内容，但以往的联系还较多停留在"意见征集"和"问题协商"方面，在具体服务的供给层面和涉及老旧小区改造的公共事务领域，居民的参与相对不足。并且在参与形式上，多以居民骨干、党员为主体的个体化离散参与为主，组织化参与较少。这样，一方面会令居民对低收费的"准物业"服务产生福利依赖，限制物业公司的发展空间，另一方面也会令街道物业公司缺乏居民组织的支持和监督，不利于双方形成共建共治的合作关系。

五 对策建议

（一）推进老旧小区物业服务政策空间优化

老旧小区治理是一个自上而下、由内到外的长期工作，针对行政力量驱动的"准物业"公司身份合法性问题，有必要为公办物业公司的长效运转留出一定的政策空间。

一是就公办物业公司的合法身份问题，创新制度设计。市级层面要出台将街道物业管理纳入社区治理的政策方案。针对街道物业公司开展服务中的身份合法性问题，赋予街道相应的自主探索空间。同时，完善运行和监管机制，就公办物业公司的支持、运行及收益使用去向进行明确规定，要强化住建局对公办物业公司的监管，对相关方的权利、义务和责任做出明确规定，推动老旧小区公办物业公司运行"依据充分、有法可依"。

二是就公职人员交叉任职问题，探索行政力量退出机制。随着时间推移，"准物业"服务模式应走向一定政策支持的自主运营，以"选聘"物业管理职业经理人的方式，建立公职人员退出机制。现阶段的交叉任职能够加速物业服务责任的履行，但随着兜底服务向标准管理、单一服务向多元服务、一方管理向多方共治的转变，在兜底性服务达到物业公司自主经营的水平后，就需要采取聘用专职物业管理人员替代公职人员的方式，使街道物业公司最终平稳有序完成市场化过渡。

三是探索街道公办物业公司社会企业性质转型。出台制度和政策针对具有兜底性质的公办物业公司可以定性为社会企业，要明确规定公办物业公司的服务性质、服务对象以及收益使用去向等，达到一定的条件给予财政补贴、税收优惠及其他配套支持等。

（二）明确街道物业公司准公共服务角色

首先，在初创期提供"准物业"服务，确保兜底功能。街道物业公司之所以存在的原因就在于缓解老旧小区物业服务缺失的问题,因此在整个老旧小区改造阶段以及完成改造后的一定时间内,街道物业公司都需要围绕这一目标,发挥兜底服务功能。从管城区3个试点街道物业公司的发展阶段来看,其目前尚处于初创期,虽然在增强居民缴费意识、实现物业管理覆盖方面取了显著成效,但此时如果急于转型或者托管,容易在改造成效方面出现反弹。

其次,在发展期依据社区状况进行战略调整。伴随老旧小区改造的推进,社区的基础服务设施和居民自治水平可能会得到一定程度的改善和提升,在这种情况下,街道物业公司可以根据社区的具体情况,确定新的发展战略。如果基础服务设施改善不大,但居民自治水平有显著提升,可以尝试通过服务外包结合居民自治对物业公司进行托管;如果基础服务设施以及居民自治水平均有较大提升,已经达到一般物业企业进驻的环境标准,可以尝试进行市场化转型。

(三)探索老旧小区契约治理

结合老旧小区治理的郑州经验,要建立老旧小区物业服务的长效机制,需要盘活老旧小区公共资源,对老旧小区公共空间等实施委托经营,以契约治理的方式激发老旧小区治理活力。社区契约治理主要是指居委会、社区社会组织、街道、地方政府、物业公司等,以契约化的方式,基于共同的治理目标和认识,通过引入产权机制,借助契约这一治理工具,高效利用社区有限的治理资源,从而提高社区治理效能。

一是盘活资源并赋权街道物业公司,拓宽其经营空间。要立足于老旧小区实际情况,推动街道物业公司赋权扩能,盘活辖区资源,将广场、公共用房、公共停车位等交由街道物业公司管理。除常规的公共服务之外,进一步拓展街道物业公司的操作空间,采取委托经营的方式,将商业服务、金融服务、社会福利等专项服务以及经纪代理、日常代办性质的特约服务纳入经营范围,以人为核心拓展物业管理与服务的广度和深度,实现经济效益的良性循环。

二是以低收费模式取代纯公共服务,降低服务成本。要出台政策明确公办物业收费、收益使用等标准和要求，以低收费模式取代以往的纯公共模式开展老旧小区"准物业"服务，在服务内容的设计上也以政府公共服务为内核，运用契约的理念和方法，在治理的框架之下重构街道、老旧小区和物业之间的关系。

（四）加强街道资源平台建设，促进居民组织化参与

从管城区"准物业"服务模式的经验来看，街道物业公司之所以能够形成高效低偿的服务模式，其关键点就是在于充分发挥各级政府在资源层面的协调作用，实现街道层面的资源共享。这一点也是贯彻河南省2021年发布实施的《关于在全省推行"红色物业"创建工作的实施意见》的相关要求，即一方面充分发挥党建在物业管理中的引领作用，另一方面强化机制引领，促进物业管理服务有效融入基层治理。但在"准物业"服务模式下，老旧小区居民在基层治理层面参与不足，对社区公共议题缺乏响应的问题也亟须解决。针对这一问题，一是要加强街道资源数字平台建设，实现其他治理主体以及居民的便捷化参与。街道资源数字平台将会更加直观、有效率地匹配街道层面的需求和资源，推进物业服务高质量发展。二是要继续倡导"大物业"的概念，在物业服务中拓展一定的公益服务空间。充分发挥街道社工站等的专业引领作用，培育发展居民志愿者和社区社会组织。三是要进一步完善和深化街道项目制发展，促进居民组织化参与。将一些能够动员居民参与并且依靠居民自身力量能够解决的物业服务事项打包为居民自治项目，采取公益创投的形式引导居民组织参与，实现居民由个体化离散型参与到组织化参与的转变。

图书在版编目(CIP)数据

河南社会治理发展报告.2022/郑永扣主编.--北京：社会科学文献出版社，2022.10
（社会治理河南省协同创新中心智库丛书）
ISBN 978-7-5228-0380-7

Ⅰ.①河… Ⅱ.①郑… Ⅲ.①社会管理-研究报告-河南-2022 Ⅳ.①D676.1

中国版本图书馆CIP数据核字（2022）第110364号

社会治理河南省协同创新中心智库丛书
河南社会治理发展报告（2022）

主　　编／郑永扣
执行主编／樊红敏
副 主 编／郑志龙　高卫星

出 版 人／王利民
组稿编辑／邓泳红
责任编辑／张　媛
责任印制／王京美

出　　版／社会科学文献出版社·皮书出版分社（010）59367127
　　　　　 地址：北京市北三环中路甲29号院华龙大厦　邮编：100029
　　　　　 网址：www.ssap.com.cn
发　　行／社会科学文献出版社（010）59367028
印　　装／三河市龙林印务有限公司

规　　格／开　本：787mm×1092mm 1/16
　　　　　 印　张：24.25　字　数：369千字
版　　次／2022年10月第1版　2022年10月第1次印刷
书　　号／ISBN 978-7-5228-0380-7
定　　价／128.00元

读者服务电话：4008918866

▲ 版权所有 翻印必究